ANALYSE GRAMMATICALE

DU

TEXTE DÉMOTIQUE

DU DÉCRET DE ROSETTE,

PAR F. DE SAULCY,

DE L'ACADÉMIE DES INSCRIPTIONS ET BELLES-LETTRES.

———

TOME PREMIER.

PREMIÈRE PARTIE.

PARIS,

TYPOGRAPHIE DE FIRMIN DIDOT FRÈRES,
IMPRIMEURS DE L'INSTITUT, RUE JACOB, 56.

———

1845.

ANALYSE GRAMMATICALE

DU

TEXTE DÉMOTIQUE

DU DÉCRET DE ROSETTE.

LIGNE I. — Iʳᵉ PHRASE.

Texte égyptien :

ℓℓ. ⱷⱷ ⱷⱷⱷℓ ⱷ- ⱷⱷⱷ.

Texte grec :

Αἰγυπτίων δὲ Μεχεὶρ ὀκτοκαιδεκάτη.

Le texte égyptien doit être scindé de la manière suivante :

ℓℓ.   ⱷⱷ   ⱷⱷⱷℓ   ⱷ   -   ⱷ   ⱷ   ⱷ.

Il se transcrit en lettres coptes et en chiffres vulgaires : ū т п. N̄ ϩ ⲕⲩⲉⲣ (2) ϩⲣ (10.4.4 = 18) et se traduit mot à mot : pour faire le mois à la manière de l'Égypte, Méchir le 18.

Voyons maintenant si l'analyse justifie cette transcription et la traduction qui en découle.

Phrase I — I.

ⱷ — м — ц.

La valeur alphabétique de ce caractère est si certaine, que tous les savants qui ont tant soit peu étudié le texte démotique du décret de Rosette ont été forcés de l'admettre. En effet, le nom propre Ptolémée, ⱷⱷⱷⱷ, Pтlomios, abstraction faite du cartouche royal qui l'enveloppe, doit contenir l'articulation м. Or, la comparaison de ce nom démotique avec les autres noms tirés du même texte, comme celui d'Arsinoe, ⟨ signes ⟩, Arsine, d'Areia, ⟨ signes ⟩, Aria, d'Alexandre, ⟨ signes ⟩, Alksantrs, d'Aetus, ⟨ signes ⟩, Aietos, de Pyrra, ⟨ signes ⟩, Pra, nous donne la valeur de tous les signes qui composent le nom de Ptolémée, sauf le cinquième. Nous avons ainsi Ptlo—ios; il est donc bien certain que le cinquième signe indéterminé est et ne peut être que l'équivalent de la lettre м. Ce signe démotique doit donc être pris, une fois pour toutes, pour l'image de l'articulation м (1). On pourrait à la rigueur chercher l'origine du caractère ⊃ dans l'hiéroglyphe ⊏ devenu le signe hiératique ⊐ (Gram. Ég., n° 112); mais j'avoue que cette analogie ne me paraît pas évidente.

Passons à la détermination du sens du mot composé de la seule lettre м. Maint passage du texte égyptien du décret de Rosette prouve jusqu'à l'évidence que le mot м est une préposition identique avec le *in* latin. Je ne citerai que quelques exemples de l'emploi de ce mot, dont le sens doit surabondamment ressortir de l'étude détaillée du texte. Ainsi, ligne 31, nous lisons les mots ⟨ signes ⟩, nmnkmer, qui se traduisent par : les habitants de l'Égypte, et littéralement οἱ ἐν, *ceux dans de* l'Égypte. Ligne 32, nous avons pour représenter les mots : ce qui est légal, le groupe ⟨ signes ⟩, pmnhpf, τὸ ἐν, *le dans de* la loi; en effet, le premier exemple se scinde en quatre mots : n, article pluriel des deux genres (n,ne), м, préposition *dans* (u̅), n, particule de flexion *de* (n̅), kmer, nom propre de l'Égypte (khne, khni); le second se traduit : p, article singulier masculin (п,пі), м, préposition *dans* (u̅), n, particule de flexion *de* (n̅), нpf, substantif signifiant la loi, (ʒʌn avec le q paragogique, ne changeant aucunement le sens des radicaux, ou plutôt avec la con-

---

(1) Chemin faisant, je discuterai la valeur de tous les signes démotiques à mesure qu'ils se présenteront; mais une fois un caractère bien déterminé, je me dispenserai de justifier sa transcription lorsqu'il se rencontrera de nouveau dans un mot quelconque du texte égyptien. Ainsi, par exemple, j'admettrai partout que le signe ⊃ est un M, sans m'arrêter à le prouver une seconde fois.

sonne finale q que le temps a fait disparaître). Il est clair que dans ces exemples la particule м signifie *dans*; et, je le répète, le sens de cette particule égyptienne ressortira pleinement de l'analyse de tous les passages du décret de Rosette, où elle se rencontre.

Voyons maintenant si le copte a conservé quelque trace de l'emploi de cette antique préposition. Souvent des dérivés coptes se forment d'un radical en ajoutant en affixe à ce radical la lettre u ou ɛu. Cette lettre ajoutée ne serait-elle pas la préposition égyptienne м, *dans*? Ainsi, de sor (cωp), *spargere*, répandre, ou être répandu, vient sorem (cωpɛu), *vagari*, errer, qui ne serait alors que : être répandu dans, se répandre dans. Je livre cette hypothèse au lecteur pour ce qu'elle vaut. Voici du reste qui est plus décisif. En copte, suivant Champollion (Gramm., p. 450) et Salvolini, нn ou нɛn (ɛn ou ɛɛн) signifiant *dans*, est quelquefois remplacé par ɛu. ɛɛu, et l'on voit qu'il n'y a de différence entre l'antique préposition et la moderne, que l'aspiration que comporte celle-ci. Or Salvolini (Analyse de quelques textes anciens égyptiens, p. 144), après avoir, d'après Champollion (Gram., p. 450), admis l'existence de la même préposition м, *dans*, *pour*, *in*, *ad*, qui se rencontre à chaque instant dans les textes sacrés ou hiéroglyphiques, remarque que souvent dans les rituels funéraires on trouve la préposition douce ɛm remplacée par la préposition aspirée нɛm, qui est identique avec la particule copte ɛu.

Le même Salvolini, pour donner un exemple de l'emploi récent de la préposition primitive, cite l'adverbe copte ᴎnuro, ɛmpmro, en présence de, comme formée de ɛm, dans, pmro, la présence. Cet exemple me semble peu concluant, parce que la préposition moderne ɛn pour нɛn, *dans* (ᴎ), se change en ɛm, à cause de l'influence de la lettre p qui suit. Il y a en effet une règle générale qui veut que la particule ᴎ (ᴎ) se change en м (ᴎ) devant le p (n).

Revenons au sens de la préposition antique м devenue le нɛm (ɛu) des Coptes. Champollion (Gramm., p. 451), et Salvolini (Analyse, p. 145), citent d'excellents exemples qui prouvent que dans l'idiome sacré la préposition м placée devant un verbe, prenait le sens de *ad, pour,* et constituait ainsi une espèce de gérondif en *dum.*

Je n'hésite pas à admettre que le jeu de cette particule était exactement le même dans l'idiome vulgaire, et que lorsqu'on rencontre M suivi d'un infinitif, il faut le traduire comme on traduirait le gérondif en *dum* du verbe latin qui représente l'action exprimée par le radical égyptien. Nous allons voir que c'est précisément le cas qui se présente dans la phrase que nous analysons.

En résumé, le signe ⊃ , lorsqu'il faut le détacher du groupe qui le précède, et de celui qui le suit, doit se transcrire invariablement M (u̅), et se traduire : *dans,* à moins que le mot qui le suit ne soit un verbe, auquel cas il faut alors le traduire : *pour,* comme l'on ferait du *ad* latin placé devant un gérondif en *dum.*

Phrase 1 — 2.
⌡ —т— т.

Commençons par établir la valeur de ce caractère. Un groupe très-fréquent dans le texte démotique du décret de Rosette est le mot ⌡ı qui se trouve tantôt isolé et représentant le *qui* relatif, tantôt mis en préfixe aux verbes radicaux, pour former des participes. Or, ce mot, par suite du double rôle qu'il joue, ne peut être que le mot copte ET (ѳт), qui signifie *qui, quæ, quod,* et qui se place devant les verbes radicaux pour former les participes. D'un autre côté, nous trouvons plusieurs fois le caractère ıı isolé, et indiquant le temps présent. C'est donc le E copte (ѳ) qui a cette signification, et par suite le signe ⌡ doit être un т. La légitimité de cette double transcription est d'ailleurs constatée par le Papyrus de Leyde, dans lequel les deux signes ⌡ et ıı sont constamment rendus par le tau et l'epsilon ou l'éta grecs. Nous avons donc à nous rendre compte du radical égyptien, composé de la seule lettre т. Je dis que ce mot se compose d'une seule lettre, parce que celle qui le précède est, à n'en pas douter, la préposition antique M (ū), *dans*, et que le groupe qui le suit se trouvant employé plusieurs fois dans le texte, pour représenter l'idée *mois,* doit, par conséquent, se lire isolément. Qu'est-ce dès lors que le mot т? Précisément le radical copte т, qui entre en composition dans une foule de mots, comme TSABE (TCABE, TCABO. т. M.), instruire, de т et SABE (CABE), prudent, sage, instruit; THEBBIO (ӨEBBIO. т. ӨEBIO. M. ӨEBIA. B.), humilier, de т et HOBE (ƨOBE), humble, humilié; TADJRE (TAXPE, т. M.), rendre ferme, solidifier, de т et de DJOR (XWP), fort, ferme, solide. Ici le т ne pouvant se prononcer devant la lettre DJ (X), on a dû intercaler entre les deux consonnes la voyelle A, comme prise de son.

Des exemples qui précèdent, que résulte-t-il? Que le verbe qui forme tous ces composés ne peut avoir qu'un sens, celui de *faire.*

Ce radical т a été constamment confondu jusqu'ici avec le radical TI (+), donner. Nous verrons, en avançant dans l'étude de l'idiome démotique, que c'est à très-grand tort, et que les Égyptiens savaient parfaitement distinguer le radical т, faire, du radical TI ou TA (+, TAA), donner, dont l'orthographe était nettement différente, puisque la voyelle était radicale dans le second mot.

Chacun des deux premiers signes conservés du texte démotique du décret de Rosette représente donc un mot, et ces deux mots M т (ū т) signifiaient : *pour faire.* Si l'on n'admettait pas la distinction nécessaire que je viens d'établir entre les radicaux égyptiens т et TI, qui, plus tard, ont été confondus en un seul TI, donner, on aurait un sens plus simple encore, puisqu'on trouverait les mots *pour donner,* au lieu de *pour faire.* Quelque envie que je puisse avoir de préférer ici le sens donner au sens faire, pour le verbe *ƨ* , je maintiens le dernier, parce que les nombreux passages où chacun de ces deux radicaux égyptiens est constamment employé avec une justesse absolue, démontrent qu'il serait imprudent, pour améliorer le sens d'un seul de ces passages, de renoncer à une règle qui me paraît très-fondée, sur la nature et l'emploi des deux mots primitifs т

et TI. Quant au signe démotique ⌡ , je ne lui connais pas d'analogue dans les alphabets de l'idiome sacré.

————

Phrase 1—3.

Le groupe dont nous allons nous occuper se rencontre trois fois
dans le décret : à la 1re ligne, à la 28e et à la 29e. Chaque fois on
doit reconnaître *à priori* qu'il représente l'idée mois, et tous ceux
qui se sont occupés du texte démotique du décret de Rosette, sont
d'accord sur ce point. Reste à lire et à transcrire ce mot; c'est ce
que personne n'a fait jusqu'ici, et ce qui, je l'avoue, me paraît bien
difficile à faire. Néanmoins j'essayerai de rendre compte de ce groupe,
après avoir fait observer que lorsqu'il s'agit de représenter une idée
très-fréquente et très-simple, l'emploi d'une abréviation conventionnelle n'aurait pas lieu de nous étonner, s'il pouvait être démontré
que ce groupe est une abréviation plutôt encore qu'un groupe symbolique. J'ai peu de propension, on le sait, à chercher des symboles
dans une écriture destinée aux usages les plus vulgaires d'un peuple
dont le langage était aussi simple que logique ; j'aime donc mieux établir la valeur des signes qui entrent dans ce groupe, sauf à ne rien
affirmer, si les résultats auxquels je parviens ne me paraissent pas
suffisamment précis. Voyons d'abord si la forme des caractères qui
constituent ce groupe, est constante et invariable. La première fois
(ligne 1) il se présente écrit $\frac{2}{o}$; la 2e et la 3e (lignes 28 et 29) $\frac{2}{.}$.
On voit que le signe circulaire inférieur est, dans les deux derniers
passages, remplacé par un gros point rond qu'il devient difficile alors
de prendre pour une lettre (1).

Maintenant, n'est-il pas plus naturel d'admettre que s'il y a quelque

————

(1) A la ligne 28, le groupe *mois* $\frac{2}{.}$ est suivi d'un groupe de deux signes ⌐ . ⲟⲩⲧ,

part une incorrection de gravure, relativement au tracé du groupe démotique *mois,* c'est dans les deux derniers passages, et non dans le premier, qu'on doit s'attendre à rencontrer cette incorrection? Sans doute, la première ligne a été gravée avec plus de soin que les dernières : l'artiste ayant, comme cela arrive toujours, singulièrement négligé le travail de son ciseau, à mesure que la fatigue est survenue. Un fait que présente cette même première ligne, semble légitimer l'opinion qui, du signe circulaire inférieur, fait un simple point abréviatif; le dernier groupe de cette ligne est le nom symbolique du soleil; cela est indubitable; il se compose de l'initiale ⊙, R, (ρ), du nom RA (ρΛ), d'un signe circulaire, et du signe symbolique qui termine tous les noms démotiques abrégés des divinités égyptiennes. Ce nom se retrouve un peu plus loin (ligne 2), et, comme dans le groupe *mois,* le signe circulaire y est remplacé par un simple-point abréviatif; donc, le graveur, en commençant son travail, a tracé élégamment un cercle, où plus tard il n'a plus mis qu'un point. C'est qu'apparemment il s'est fatigué de ce luxe de gravure, et que le point nécessaire a seul été tracé par lui, pour que sa besogne devînt plus expéditive.

Ceci posé, quel est le signe supérieur du groupe de notre première ligne? C'est le signe initial du nom Ptolémée; c'est donc un P, et, en définitive, le groupe pourrait se lire P.

Examinons cette première hypothèse, puis nous passerons à celle qui, du signe circulaire, ferait une lettre. Nous avons donc le groupe ⊥, c'est-à-dire, un P suivi d'un point seulement, pour représenter l'idée *mois.* En copte, un mois se dit ΛΒΟΤ, ЄΒΟΤ (ΛΒΟΤ. M. ЄΒΟΤ. T.); et comme on sait que la lettre Β, dans les textes coptes, est quelquefois remplacée par ses congénères Φ, q, Π, il n'y aurait rien de bien étonnant à ce que la consonne dure d'un mot primitif ΛΠΟΤ, se fût adoucie avec le temps pour donner ΛΒΟΤ, ЄΒΟΤ.

Rappelons-nous maintenant que, suivant le témoignage d'Horapol-

---

qui ne peuvent en aucune façon se relier à la partie du texte qui les suit, et qui à eux seuls constituent un mot que, plus tard, il nous faudra étudier à part et avec soin.

lon, le symbole par lequel les Égyptiens représentaient un mois, était une pousse de palmier, et que la raison pour laquelle ils avaient adopté ce symbole, était le mode de végétation de cet arbre qui jette douze pousses par année, c'est-à-dire, une pousse chaque mois. Le savant abbé Peyron, frappé de cette assertion, se demande (Lexique, page 32, v°. ⲉⲃⲟⲧ) si le nom ⲉⲃⲟⲧ du mois chez les Coptes, ne viendrait pas du mot ⲃⲏⲧ, par lequel, dans les dialectes thébain et memphitique, on désigne la pousse du palmier (au pluriel memphitique, on dit ⲍⲁⲛⲃⲁⲧⲓ). Je n'hésite pas à admettre que M. Peyron a eu parfaitement raison, et qu'il a deviné l'origine du mot copte ⲉⲃⲟⲧ, mois. Enlevez à ce mot la voyelle initiale dont il aura été affublé à une époque assez récente, et vous retombez sur un mot ⲃⲟⲧ, dont notre texte égyptien nous présenterait l'abréviation la plus naturelle, celle qui consiste à n'écrire que l'initiale du mot à abréger. Bien que cette lecture soit peut-être la plus naturelle, parce qu'elle est la plus simple, je vais actuellement examiner la seconde hypothèse, qui, du cercle inférieur, ferait un disque solaire, image de l'articulation ⲣ, initiale du mot ⲣⲁ, *soleil*. D'ailleurs, il est impossible de négliger cette hypothèse, puisque, dans cette même première ligne, ce cercle est indubitablement employé avec la valeur ⲣ, dans le mot ⲛⲧⲁⲣⲟⲓ, les diadèmes.

Nous aurions, dans ce cas, le groupe ⲡⲣ à expliquer. En copte, l'idée mois se trouve exprimée par le mot ⲟⲟϩ (ⲟⲟϩ), lune, aussi bien que par ⲉⲃⲟⲧ (ⲉⲃⲟⲧ). Or on trouve, pour rendre le mot *lunaticus*, ⲡⲉⲣⲙⲟⲩ (ⲛⲉⲣⲙⲟⲩ. ⲙ.), qui se décompose peut-être en ⲡⲉⲣ, *lune*, et ⲙⲟⲩ, *splendeur*. D'un autre côté, un des mois égyptiens porte le nom ⲡⲁⲣⲙⲟⲩⲧⲉ (ⲛⲁⲣⲙⲟⲩⲧⲉ, ⲫⲁⲣⲙⲟⲩⲑⲓ), et à ce mois présidait la déesse *Rannou*, à laquelle appartenait la protection des fruits de la terre. Le nom du mois égyptien pourrait donc se décomposer en ⲡⲁⲣ, *lune*, et ⲙⲟⲩⲧⲉ, *mère*, *mois* de la *mère*; l'article féminin du radical ⲙⲟⲩ (ⲙⲁⲩ), *mère*, étant, suivant la coutume égyptienne, rejeté à la fin du mot, comme Plutarque nous l'apprend en citant précisément le mot ⲙⲟⲩⲑ, par lequel les Égyptiens rendaient l'idée *mère*. Enfin, le septième mois de l'année égyptienne, PHAMENOTH, dont le nom copte est ⲫⲁⲙⲉⲛⲱⲑ ou ⲡⲁⲣⲙⲟⲧ, est écrit برمهات, BER-MAHAT, par les Arabes d'Égypte; ce nom pourrait donc bien n'être autre chose qu'un composé du même mot ⲡⲁⲣ, et d'un autre radical, comme ⲙⲟⲉ, ardeur, *arsio*, *accensio*, par exemple. Ce mot étant féminin, nous aurions encore, en plaçant l'article féminin après le substantif qu'il accompagne, pour le nom du mois Phamenoth, le sens *Lune* de la *chaleur*, et l'on remarquera que Phamenoth était sous la protection de la divinité nommée ROKH-KOUI, la petite chaleur. Le mot PER, PAR, PHAR, pourrait donc bien avoir eu primitivement la signification de *lune*, et, par extension, de *mois*, et dès lors le groupe démotique en question se lirait PAR. Quelle est maintenant la véritable lecture du groupe démotique *mois*? C'est ce que je ne me permettrai pas de décider; quelque hasard heureux nous le fera peut-être connaître un jour, mais jusque-là contentons-nous de savoir ce que signifie ce groupe.

Champollion (*Mémoires de l'Académie royale des inscriptions et belles-lettres*, tome XV, 1ʳᵉ partie, p. 84) voit dans ce groupe « les formes abrégées du croissant lunaire et du caractère soleil. » Il n'y a donc ici pour lui qu'un symbole binaire, qu'il assimile au groupe hiéroglyphique correspondant ☽ (1). Mais est-ce bien la forme abrégée du croissant lunaire qui forme le premier signe du groupe démotique? Je n'en crois rien, et je reconnais ce signe pour ce qu'il est réellement, c'est-à-dire pour la lettre P, la plus ordinaire, celle même qui sert d'initiale au nom démotique de Ptolémée.

(1) A propos de la valeur certaine de ce groupe, il ajoute : « On lit, en effet, dans les *Hiéroglyphiques d'Horapollon* (liv. 1ᵉʳ, chap. IV) : Μῆνα δὲ γράφοντες, βάϊν ζωγραφοῦσιν, ἢ σελήνην ἐπεστραμμένην εἰς τὸ κάτω. Pour écrire mois, les Égyptiens peignent une palme, ou bien la lune tournée en bas. »

Phrase 1—4.

— — N — M̄.

Ce signe représente l'articulation N; ceci est démontré par l'orthographe du nom d'Alexandre,   ⪋ ⌣ ⌇ / ᴗ , AL$_{SNR}^{KAT}$, et par les transcriptions grecques du manuscrit de Leyde.

Cette lettre isolée se trouve comprise entre deux groupes dont le sens est indubitable *à priori*, et auxquels il n'est pas possible de la rattacher; il faut donc trouver la valeur essentielle qu'elle comporte à elle seule. Or, si nous ouvrons une grammaire ou un lexique copte quelconque, nous trouvons que la particule N (N) n'est autre chose qu'une particule de flexion, servant à établir la corrélation entre un sujet et un régime, et devant s'interpréter suivant les cas: *de, à, par, en* ou *dans*. C'est ce dernier sens que comporte le contexte de la phrase analysée, ainsi que nous allons le reconnaître.

Phrase 1—5.

Þ — H — Ꝝ.

Ce signe se présente plusieurs fois dans le décret démotique, soit droit, soit penché, et je me hâte de faire observer que, dans la plupart des cas, l'inclinaison plus ou moins grande d'un signe démotique n'en change pas la valeur; l'étude la plus superficielle du texte du décret de Rosette le démontre du reste. Or, ce signe se trouve placé en initiale du nom d'Irène,   ᴗᴐ Ꝝ / ρ , HRENE (ligne 4). On serait donc tenté de le prendre pour un I, si le protocole du papyrus n. 1, publié par M. Champollion-Figeac dans le journal asiatique de Paris, année 1823, ne nous donnait, pour le nom de la même prêtresse, la variante ᴐ/Ꝝρ, HERN... Le premier caractère est donc bien une simple aspiration, c'est-à-dire, l'équivalent de la lettre copte *Hori*, ⲋ.

Ceci d'ailleurs est démontré par les transcriptions grecques du manuscrit de Leyde, qui représentent les lettres doubles ⳍ/ρ , ⳍ/ρ , ⳍ/ρ , de certains mots étrangers entrant dans les formules cabalistiques, par les lettres grecques aspirées θ, φ, χ. Or, de ces lettres doubles démotiques, les signes supérieurs seuls diffèrent, le signe inférieur restant invariable; et puisque les signes supérieurs sont les lettres τ, ρ et κ, il faut bien que ce soit une aspiration н, représentée par le caractère démotique ρ , qui par son adjonction assimile ces trois groupes bilittères aux aspirées grecques θ, φ, χ. Le mot dont nous avons à trouver le sens est donc bien composé de la seule radicale ⲋ, que peut suivre une voyelle quelconque.

Si maintenant nous ouvrons le lexique copte, nous trouvons immédiatement le mot féminin ⲏⲉ (ⲍⲉ. ⲧ. ⲃ.), qui signifie *modus*, *ratio*, d'où se forment ⲑⲉ ⲛ̄, *sicut* (pour ⲧⲍⲉ ⲛ̄), ⲕⲁⲧⲁ ⲑⲉ, *sicut*, et enfin ⲛ̄ ⲑⲉ ⲛ̄, *sicuti*. C'est là précisément ce que nous trouvons en reliant au radical en question la particule ⲛ̄ de flexion que nous avons déterminée tout à l'heure. Seulement l'article féminin, qui dans le mot copte accompagne le substantif ⲍⲉ, ne paraît pas dans l'exemple égyptien, non plus que la particule de flexion qui s'interpose dans le copte régulièrement écrit, entre le mot ⲛ̄ⲑⲉ et le nom de la chose avec laquelle on établit une comparaison. Or, puisque les articles et la particule de flexion surtout sont le plus souvent supprimés dans l'écriture démotique, il n'y a pas de ma part la moindre hardiesse à affirmer que nos deux mots égyptiens ρ– , ⲛⲏ, ⲛ̄ⲍⲉ, sont les équivalents des mots coptes ⲛ̄ ⲑⲉ ⲛ̄, à la manière de, comme, *sicuti*.

Phrase 1—6.

ᴗ ᴜᴗ ᴎ̲ — KMER — KⳈⲈꝒ.

Ce groupe revient tant de fois dans le texte démotique du décret de Rosette, qu'il n'est pas possible de se refuser à y voir le
nom de l'Égypte. Reste à prononcer ce nom.

Le premier caractère est incontestablement l'image de l'articulation ᴋ. En effet, le papyrus de Berlin n. 51 nous donne le nom
de Cléopâtre, ᴢ /ᴌᴢ /ᴢᴌ , ᴋʟᴏᴘᴛʀᴀ, tandis que les deux papyrus publiés en 1823 par M. Champollion-Figeac, dans le journal
asiatique, nous présentent le nom d'Alexandre écrit ⟨ᴜ ᴌᴢ ᴢ/ᴜ
ᴀʟᴷᴬᵀꜱꜱ. La comparaison de ces deux noms propres suffit pour établir la valeur du signe ᴢᴌ , quand bien même les transcriptions
grecques du manuscrit de Leyde ne constateraient pas cent fois
pour une la légitimité de cette lecture. Le premier signe est donc
bien un ᴋ; le deuxième nous est déjà connu, c'est un ᴍ; le troisième, formé de deux barres verticales, entre dans le pronom relatif ᴊ ᴜ , ᴇᴛ, ᴏᴛ, dont nous nous sommes servis pour trouver
la valeur du signe ᴊ ; c'est donc l'image de la voyelle ᴇ, et ainsi
que je l'ai déjà dit, cette valeur se vérifie nombre de fois dans le
manuscrit de Leyde. Reste enfin le dernier signe semi-lunaire. Or,
dans le nom démotique du soleil, ce signe est le premier du
groupe; il y a donc une forte présomption en faveur de la valeur ʀ
donnée à ce signe, puisqu'en égyptien le nom du soleil est ʀᴀ, ʀᴇ
(ᴘᴀ, ᴘᴇ); dans l'écriture hiératique, le cercle, qui n'est autre chose
que l'abrégé du disque solaire, ayant la valeur ʀ dans les textes
hiéroglyphiques, a précisément la même valeur. Or ce signe, par
cela seul qu'il était l'image de l'astre du jour, était un de ceux qui
pouvaient le plus naturellement entrer à la fois dans les deux systèmes graphiques égyptiens, c'est-à-dire dans celui qui était la peinture de l'idiome sacré, et dans celui qui servait à tracer les mots
de l'idiome vulgaire. Pour ce signe donc, j'admets assez volontiers

que du cercle hiératique on est venu au demi-cercle ouvert par le haut, de l'écriture démotique. Nous verrons, du reste, cette valeur se confirmer partout. Mais ici je me hâte d'énoncer une restriction qui paraîtra sans doute bien étrange, et qu'une étude obstinée a pu seule me faire admettre. Ce signe semi-lunaire, ouvert par le haut, a bien la valeur ʀ, mais il ne l'a que dans les radicaux égyptiens, car c'est précisément le même signe, sans aucune différence, qui représente l'article singulier masculin. Je n'essayerai pas d'expliquer ce fait, devant l'autorité duquel je m'incline; il est certain que le même signe, suivant la place qu'il occupe dans un radical ou devant ce radical, doit être pris pour l'articulation ʀ ou pour l'article copte ᴘ, singulier masculin. Ceci, je le démontrerai chemin faisant par des centaines d'exemples (1).

Au reste, l'écriture démotique ne présente pas cette seule anomalie; elle en offre une seconde tout aussi bizarre, tout aussi inexplicable, mais tout aussi constante. C'est que le même signe ⅄ , qui dans les radicaux représente une voyelle vague, telle que ᴀ, ᴇ, ᴏ, devient, lorsqu'il est placé devant un radical, l'article pluriel des deux genres, ɴ (ɴ, ɴᴇ). Hâtons-nous d'ajouter que ces complications de valeur n'amènent aucune incertitude de lecture, et qu'on se familiarise très-promptement avec l'emploi double des deux signes qui jouent le rôle d'articles, avec une consonnance toute différente de celle qu'ils comportent lorsqu'ils ne fonctionnent plus comme articles déterminatifs.

Je reviens au sixième mot de la première ligne. Nous venons de voir qu'il se transcrit ᴋᴍᴇʀ (ᴋⳘᴇp), et à l'ʀ final près, c'est préci-

---

(1) Champollion, dans son *Mémoire sur les notations du temps*, lit le mot ⳡ𝟤𝟤ᴏ , ᴘʜᴘs, ᴨ𝟸ᴨс (au lieu de ᴨ𝟸ᴨꞯ, qu'il y a réellement). Il n'en résulte pas moins que, pour lui, le signe ᴜ joue ici le rôle de l'article singulier masculin, et qu'il en comporte le son. Salvolini a copié ce passage du Mémoire de Champollion (*Des principales express.*, etc., etc., I, 21). Donc il admettait aussi que le signe ᴜ pouvait représenter l'article copte ᴨ, ᴨɪ.

sément le nom égyptien de l'Égypte, que les Coptes écrivaient
ⲕⲏⲙⲉ.ⲧ.ⲕⲏⲙⲓ.ⲃ. (1). Ce nom vient probablement de ⲕⲉⲙ (ⲕⲏⲙ), *niger
esse*, d'où ⲕⲁⲙⲉ, *niger*. Le nom national de l'Égypte signifiait donc
la noire, ainsi qu'on l'a reconnu depuis longtemps. Mais ce qu'on
ignorait, c'était que ce nom fût, dans l'idiome vulgaire, terminé par
la consonne ⲣ qui est tombée, de telle sorte que de ⲕⲏⲙⲉⲣ, qui était
primitivement ce nom, il n'est plus resté que ⲕⲏⲙⲉ. Les textes
coptes nous offrent parfois une syllabe paragogique ⲉⲣ à la fin
des radicaux, et dans les dialectes thébain et memphitique, la
syllabe ⲡⲉ paragogique peut aussi se placer en suffixe à la fin des
mots, sans en changer aucunement la valeur, de sorte que ⲩⲁ, ⲩⲉ,
ⲭⲉ, deviennent ⲩⲁⲣⲉ, ⲩⲉⲣⲉ, ⲭⲉⲣⲉ. Peut-être le ⲣ final de notre mot
ⲕⲙⲉⲣ n'est-il autre chose que cette syllabe ⲉⲣ ou ⲡⲉ paragogique.
Je ne sais quelle valeur Champollion accordait à ce dernier signe
semi-circulaire, dans le cas où il termine le nom démotique de
l'Égypte; je suppose qu'il y reconnaissait une dégénérescence du
caractère ciculaire ⊕   , image, suivant lui, d'un pain consacré (2) qui accompagne très-souvent les noms hiéroglyphiques de
villes et de contrées. C'est là un point que je ne saurais admettre,
par la raison que dans l'écriture démotique, qui devait nécessairement être la plus simple possible, le même signe ne pouvait être à
la fois le disque solaire et le signe déterminatif des noms de lieux.
J'aime beaucoup mieux n'y voir qu'une simple consonne, et toujours la même (3).

---

(1) Cette dénomination a été transcrite par les Hébreux םה, et par Plutarque, χημία,
ainsi que M. Quatremère l'a fait voir.

(2) Plus probablement, c'est le plan d'une ville, munie d'une enceinte.

(3) Champollion étudiait trop bien les textes hiéroglyphiques pour que l'existence de
ces consonnes finales, qui sont tombées avec le temps, pût lui échapper. Aussi lisons-nous
dans sa Grammaire (pag. 63, § 81) :

« Nous devons ajouter aussi que l'étude des inscriptions hiéroglyphiques a démontré que
« certains mots terminés par l'articulation ⲡ (ⲣ), selon l'orthographe antique, ont perdu
« cette désinence en passant à la forme copte : nous citerons pour exemples les mots égyp-

En résumé, l'Égypte était appelée ᴋᴇᴍᴇʀ ou ᴋᴇᴍɪʀ par le peuple, au moment où le décret de Rosette fut rédigé ; cela ne me semble pas douteux. Ainsi que je l'ai fait remarquer déjà en m'occupant de la transcription du mot qui précède celui-ci, il faudrait, pour rétablir une analogie complète entre les expressions coptes et les expressions égyptiennes que nous venons de passer en revue, intercaler la particule de flexion ɴ̄ entre les mots ⊳_ , ɴʜ, (ɴ2ᴇ) et le mot ꙩ ıꙅ 2⎯ , ᴋᴍᴇʀ, (ᴋʜᴜᴇᴘᴇ), pour avoir le sens rigoureux *à la manière de l'Égypte*. Cette particule, qui peut-être se prononçait toujours en pareil cas, s'omettait si souvent dans la langue écrite, que je ne crois pas permis d'affirmer que, bien qu'elle ne parût pas, il fallait en tenir compte en lisant un texte égyptien à haute voix ; très-probablement on lisait ce qui était écrit, et l'on ne lisait rien de plus. Quant à l'article féminin que l'écriture rejetait à la queue des substantifs, je ne crois pas non plus que le lecteur fût obligé de le rétablir de-

---

« tiens ⧀☖ (2ᴋᴘ), la faim, ⫪☗ (ɴᴛᴘ), dieu, ⫪☗ (ɴᴛᴘ1), déesse, et ⧀☗ (2ᴛᴘ),
« cheval, qu'on trouve simplement écrits : 2ꙍᴋᴇ, ɴᴏʏᴛᴇ ou ɴᴏʏ✝, et 2ᴛᴏ, dans les
« livres coptes, où l'on rencontre cependant aussi les formes primitives 2ꙍᴋᴘ et
« 2ᴛꙍꙍᴘ. »

Il est indispensable de remarquer ici, que la transcription des groupes ⫪☗ et ⫪☗ , donnée dans le passage précité, est probablement inexacte. Le signe initial est l'image de la hache, adoptée comme symbole de la divinité, parce que cet instrument portait le nom ᴛᴀᴘ, ᴛꙍᴘᴇ, et que *un dieu*, dans la langue égyptienne, s'appelait ᴛᴇᴘ, comme l'a démontré Peyron. Salvolini (*Camp. de Rhamsès*, pag. 95, 96) reproche à Rosellini la même faute de lecture ; et pour prouver que ce symbole ne saurait représenter l'articulation ɴ du mot moderne ɴᴏʏᴛᴇ, qui s'est substitué à la forme antique ɴᴏʏᴛᴇᴘ, il cite (pl. II, n. 63) le groupe ⫪〰〰 , qui se rencontre dans les inscriptions du tombeau de Rhamsès V, et qui se lit en toutes lettres ɴᴛʀ pour ɴᴏᴜᴛᴇʀ, d'où est venu enfin ɴᴏᴜᴛᴇ, par la chute de l'ʀ final. Quant à la présence de l'ɴ initial de ce mot ɴᴛᴘ équivalent du mot ᴛᴘ, il est fort difficile, je crois, de s'en rendre compte d'une manière satisfaisante. Nous avons bien, il est vrai, des exemples d'une dentale ᴛ entraînant la nasale ɴ, comme dans le nom Darius, qui est écrit par les Égyptiens ɴᴛᴀʀɪᴏs, et comme dans une foule de mots à transcriptions grecques du manuscrit de Leyde ; mais rien n'autorise à affirmer que c'est un fait du même genre qui se présente ici.

vant le substantif qu'il caractérisait. Pour opérer de semblables
inversions orales, il eût fallu une attention extrême, qui, en outre,
eût empêché nettement de lire à haute voix deux lignes de suite,
sans commettre de *lapsus linguæ*. Il n'était pas possible, ce me
semble, que la bouche suivît une autre marche que les yeux, et je
crois fermement qu'un Égyptien lisait les mots et les caractères qui
composaient les mots, précisément dans l'ordre que le texte écrit
lui présentait. Quelque respect immense que j'aie pour les assertions
de notre illustre Champollion, je ne puis sur ce point partager sa
conviction, qui était que l'idiome égyptien se lisait en reconstrui-
sant plus ou moins exactement du copte moderne.

————

Phrase 1—7.

ـﻭـﺐ — 2. HR — 2. ?p.

A Champollion appartient l'honneur d'avoir découvert le système numérique des Égyptiens, et d'avoir fait connaître les notions
qu'ils employaient pour représenter dans leurs différentes écritures
les idées, *heure*, *jour*, *mois*, *année* et *jours complémentaires*.

Chacun connaît le magnifique travail que cet illustre savant avait
lu dès 1831 à l'Académie des inscriptions et belles-lettres, travail
qui, après avoir été perdu pendant plusieurs années, n'a été retrouvé qu'en 1840; il n'a pu être, par suite, imprimé que dans le
tome XV (1re partie) des Mémoires de cette Académie. Ce qu'il y a
de perspicacité et d'érudition dans ce travail est immense, et le plaisir qu'on éprouve en le lisant est aussi grand que les notions que
l'on y puise sont variées et piquantes. Le système de notation des
mois égyptiens dans les trois écritures hiéroglyphique, hiératique
et démotique, y est donné dans le tableau lithographié qui forme
la planche V. Aujourd'hui donc cette notation est du domaine de la
science, et grâce à Champollion, les dates égyptiennes se lisent

avec autant de facilité qu'une date quelconque écrite en chiffres romains ou arabes. Toutefois le tableau V annexé au mémoire de Champollion présente quelques légères incorrections de détail, sur lesquelles il est bon de revenir ici. D'ailleurs je me suis imposé la tâche de débrouiller de mon mieux l'écriture démotique des Égyptiens; je ne dois donc absolument rien négliger, pas même ce qui a été examiné et éclairci déjà par Champollion; ainsi je vais donner d'après lui, le plus brièvement possible, la théorie de la notation des mois de l'année égyptienne, puis je chercherai à interpréter les groupes qui servent de nom à ces mois.

L'année égyptienne se composait des douze mois suivants : Thoout, Paôpi, Hathôr, Khoiak, Tôbi, Mekhyr, Phamenoth, Pharmouthi, Pachons, Paôni, Épip, Mesori.

Les noms de ces douze mois n'étaient jamais écrits en toutes lettres dans les textes égyptiens; aussi ces noms ne sont-ils parvenus jusqu'à nous que par les livres coptes et par la tradition orale.

Trois tétrades de mois, ou tétraménies, constituaient l'année égyptienne. La première comprenait les quatre premiers mois; la deuxième les mois Tôbi jusqu'à Pharmouthi; enfin la troisième, les quatre derniers mois. Un nom spécial et caractéristique étant appliqué à chacune des trois tétraménies, il n'y avait plus qu'à faire précéder le nom de tétraménie du chiffre 1, 2, 3 ou 4, pour désigner fort nettement le premier, le deuxième, le troisième ou le quatrième mois de cette tétraménie. Tel est tout le mécanisme de la notation des mois égyptiens, et l'on voit que pour les écrire tous, il suffisait de savoir écrire trois mots, et les chiffres de 1 à 4.

Ceci était applicable exactement de la même manière à l'écriture hiéroglyphique, à l'écriture hiératique et à l'écriture démotique. Les quatre chiffres qui servaient dans ce dernier système graphique à caractériser les mois de chaque tétraménie, étaient les suivants:

Quant aux noms démotiques de ces tétraménies, ils étaient: pour la première, pour la seconde, et enfin pour la troisième.

3

Tout. le monde reconnaîtra au premier abord que je ne donne pas le même groupe que Champollion pour le nom caractéristique de la deuxième tétraménie. Cela tient à ce que Champollion prenait le signe semi-circulaire du groupe ⊍⌒, désignant le mois Mékhyr, pour le symbole du soleil, « déterminatif obligé des noms, « soit symboliques, soit phonétiques, exprimant toutes les divi- « sions du temps sans aucune exception (1), » (Mém. précité, t. XV, p. 86), et ne cherchait, par conséquent, la transcription à opérer que dans le groupe ⌒, qu'il prenait pour une ligature des deux lettres HR (ϩⲣ), et qui, pour moi, n'est en réalité qu'une seule lettre, le ϩⲟⲣⲓ des Coptes.

Champollion, ne s'occupant d'abord que des noms hiéroglyphi-ques des tétraménies, a reconnu que la première était celle de la végétation, la seconde celle des grains ou des moissons, la troi-sième celle de l'inondation. Mais ces interprétations ne me parais-sant pas déterminées ou démontrées assez rigoureusement, je suis obligé de revenir sur ce point, en établissant la comparaison des notations adoptées dans les trois systèmes d'écriture, et en étayant sur de nouvelles preuves l'opinion de Champollion.

Les noms des trois tétraménies sont représentés par les signes suivants :

TEXTES HIÉROGLYPHIQUES.	TEXTES HIÉRATIQUES.	TEXTES DÉMOTIQUES.
1re ⊔⊔⊔⊔ ou ● .	⟟⟟ .	⊍⌒ .
2e ▭ .	/⟟⟟ .	⊍⌒ .
3e ▭ .	⤳▭ .	⋎⌒ .

Champollion a établi que l'hiéroglyphe formant le nom de la première tétraménie est un scheï ⤳; le caractère hiératique corres-

_____

(1) Comment se fait-il alors que le nom de la troisième tétraménie ne comporte pas ce déterminatif obligé? Champollion aurait dû l'expliquer, puisque ce fait ne pouvait lui avoir échappé.

pondant est aussi un ϣ, tandis que le groupe démotique correspondant doit se lire ɴʀ, parce que le premier signe est l'articulation
ɴ du nom d'Arsinoé, ϩ‿ϫ ιιι ⟨ιι/ϫ, ᴀʀsιɴο, et le dernier l'ʀ que
nous avons reconnu pour initiale du nom ʀᴀ du soleil (1).

Champollion, en tenant compte de la valeur phonétique des
noms hiéroglyphiques et hiératiques de cette tétraménie, en fait la
tétraménie de la végétation, à cause des mots cʜᴇ (ϣε), bois, ou
cʜÈɴ (ϣϣʜɴ, ϣʜɴ), plante, arbre, arbuste, végétal. Enfin, il voit
de même la lettre ϣ dans le groupe démotique correspondant.

Les noms sacrés de la deuxième tétraménie se lisent ʜʀ, et il est
bon d'observer que l'ʀ est rendu par le signe *bouche,* et non par le
signe *disque solaire.* Quant au nom démotique, Champollion coupe
la première lettre en deux pour en faire le même mot ʜʀ, et il re-
jette le demi-cercle ouvert par le haut, comme un symbole déterminatif de toute expression du temps. Le fait est que le premier
signe, dédoublé à tort, je crois, par Champollion, est une Hori (2),
et le second l'ʀ démotique équivalent de la bouche (en copte ρω),
employé dans le groupe hiéroglyphique. Pour la deuxième tétraménie donc, le nom sacré et le nom vulgaire sont identiques.

Enfin, pour la troisième tétraménie, le nom hiéroglyphique se
compose du bassin dont la valeur phonétique est ϣ, et du symbole
ordinaire de l'eau. Le nom hiératique se compose du bassin image

---

(1) Champollion (Mémoire précité, pag. 93) s'exprime ainsi, à propos du groupe démotique offrant le nom de la première tétraménie :

« Le texte démotique (fig. 29) offre signe pour signe la transcription exacte de ce groupe
« (𝕃𝕃𝕃 𝔩). On y trouve, en effet, la forme démotique du chiffre *un,* suivi d'une
« des formes démotiques de l'articulation ϣ. Ce groupe se termine par le caractère détermi-
« natif *soleil,* particularité déjà notée dans le nom démotique du mois *Méchir.* »

Je ne crois pas que cette lecture soit bonne, parce que jamais le signe   n'est autre
chose qu'un ɴ. D'ailleurs, le tracé du groupe, tel qu'il est donné dans le passage que je viens
de transcrire, n'est pas très-exact; et en recourant au texte même du décret démotique
(fig. 29), on trouve en réalité le groupe   ʊ‿ϡ , qu'il faut absolument lire comme je viens
de le faire (1) ɴʀ, [(1) ɴᴀρε.]

3

du ⲩ, et d'un second signe dans lequel Champollion (Grammaire,
p. 168) reconnaît le signe caractéristique du pluriel et l'équivalent
du signe hiéroglyphique ⁝ . Quant au groupe démotique correspondant, Champollion y reconnaît la dégénérescence du signe hiératique le bassin, ayant la valeur phonétique ⲩ. Je ne sais sur quelle
preuve ce fait est avancé, et jusqu'à ce que j'aie reconnu bien positivement le contraire, j'admettrai que ce signe est complexe et formé
de deux lettres ⟋ⲭ, ⲓ , qui nous donnent le mot ⲏⲓ (ⲉⲓ), dont je discuterai plus loin la valeur. Je passe actuellement à ce que je crois une
détermination plus rigoureuse de ces noms des tétraménies égyptiennes. La première se nommait dans l'idiome sacré ⲥⲏⲀ ou ⲥⲏⲉ
(ⲩⲁ); dans l'idiome vulgaire, ⲛⲣ, ⲛⲀⲣⲉ (ⲛⲀⲣⲉ). Il y a donc là une
première discordance bien claire et bien précise entre les deux dialectes des prêtres et du peuple. Voyons ce que signifient ces mots.
Je trouve dans le lexique de Peyron ⲥⲏⲉ (ⲩⲉ), *ire, venire;* ⲥⲏⲀ (ⲩⲁ),
nasci, oriri, de sole dicitur; ⲥⲏⲀ (ⲩⲁ), *ortus solis;* en composition,
ce mot désigne le commencement, le principe.

ⲛⲀ (ⲛⲀ. ⲧ. ⲙ.), *ire, venire,* d'où ⲛⲀ ⲉⲛⲩⲱⲓ. ⲙ. *ascendere, ascendere in altum,* ⲛⲀ ⲉⲍⲣⲏⲓ. ⲙ. *ascendere,* ⲛⲏⲧ ⲉⲍⲣⲀⲓ. ⲧ. *ascendere,
oriri, de sole dicitur.*

Maintenant, étudions les deux mots ⲩⲁ et ⲛⲀ seulement; tous les
deux signifient : aller, venir. Admettra-t-on qu'une langue mathéma-
tique et sévère comme la langue égyptienne ait eu deux radicaux
essentiellement distincts, pour représenter identiquement la même
idée ? Ou plutôt, en voyant l'un de ces mots employé dans l'écriture
hiéroglyphique et l'autre dans l'écriture démotique, pour peindre
exactement la même chose, ne faudra-t-il pas admettre que c'est là
une première preuve de l'existence simultanée d'un idiome sacré et
d'un idiome vulgaire en Égypte ? Pour moi, ce fait ne saurait être
douteux, et j'espère dans le cours de cette analyse avoir beaucoup
d'autres exemples semblables a citer à l'appui de mon opinion.

Je reviens au nom démotique de la première tétraménie. Ce nom
se termine par ⲣ, et on pourrait à la rigueur faire de cet ⲣ l'initiale

du mot ʀᴀ, soleil; mais je crois que c'est plutôt la syllabe paragogique ᴇᴘ ou ᴘᴇ des textes coptes. Il est difficile d'y voir le mot soleil, qui nous donnerait dès lors pour le nom démotique de la
première tétraménie la venue ou la naissance du soleil, parce que
dans ce cas le nom du soleil, toujours écrit ſ.ʊ, serait privé de
l'indice obligé de toutes les sigles ou abréviations (1). ·

Quant au nom hiéroglyphique, je le traduis aussi, la venue, la
naissance; mais comme cette fois le nom du soleil ne paraît pas, il
pourrait à la rigueur être question de la naissance des végétaux,
comme la nature du signe employé le plus fréquemment l'a fait
présumer à Champollion. Je dis le plus fréquemment, parce qu'il

---

(1) Kosegarten, il est vrai (*Comm.* I, pl. 14, dernière ligne), nous fournit à ce sujet un
précieux document. Voici ce que j'y trouve :

Exordium Papyri Berolini 55, qui maxime nomina propria continere videtur.

ꭗ꒒ ☉ ꭍꭓꝫꭒ̃ ꝫꜫ .ǀ

xxiii Choiak 16 anno :

Cette interprétation est fort juste; mais la transcription n'est pas rigoureuse, je crois. En
effet, il faut lire : anno [16] [4] ɴᴀ ɴ ᴘ [23], et alors le premier sens que je donnais au
groupe ʊꝫ, ɴʀ (ɴᴀ ɴ ᴘ), venue du soleil, se trouverait confirmé; mais le groupe
qui, dans le Papyrus 55 de Berlin, représente le nom de la tétraménie et du mois, aurait
besoin d'être vérifié avec le plus grand soin. En effet, pour retrouver le groupe démotique
ordinaire, il faut reconnaître dans le signe ꝫ, ꝫ qui est un ɴ dans le manuscrit de
Leyde, et dans une variante du nom d'Alexandre, tiré du Papyrus 46 de Berlin. D'un autre
côté, le mot ǀꝫ signifie *jusqu'à*, et se lit (ʃᴇ) ᴄʜᴇ dans le texte démotique du décret de
Rosette; avec cette leçon nous retomberions sur la valeur exacte du groupe hiéroglyphique correspondant. Il faut donc, jusqu'à plus ample informé, conserver des doutes sur
le vrai tracé du groupe en question, doutes qui d'ailleurs tiennent à l'incertitude que présentent toujours les textes démotiques manuscrits. Quoi qu'il en soit du sens à donner à cette
première partie du nom de la tétraménie, il deviendrait très-probable, par le fait seul de
l'existence du texte publié par Kosegarten, qu'il s'agissait réellement de représenter dans le
dialecte démotique *la venue du soleil*. Mais l'observation que j'ai faite plus haut subsiste;
l'indice qui accompagne d'ordinaire les sigles divines démotiques manque ici, et dès lors on
serait conduit à établir une distinction entre le soleil considéré comme dieu, ou seulement
comme astre, et cette distinction est assez subtile pour que je m'abstienne absolument de la
proposer. Je préfère donc, jusqu'à plus ample informé, m'en tenir au sens simple du mot
ɴᴀᴘᴇ écrit pour ɴᴀ, en tant qu'il s'agit du décret de Rosette.

existe des textes où le nom de cette tétraménie comporte le signe
du cercle strié ayant la valeur du ꭥeι copte, au lieu du signe homophone le jardin. Je citerai pour exemple la légende qui accompagne
la représentation de la prise du Schent du roi Rhamsès Meïamoun,
à Médinet-Abou.

Passons à la deuxième tétraménie. Je dois rappeler ici tous les raisonnements qui constituent la théorie sur laquelle est basée l'interprétation de Champollion. Les noms hiéroglyphiques, hiératiques
et démotiques, se lisent ʜʀ (ꙅp) tous les trois, et ainsi que je l'ai fait
observer plus haut, le signe ʀ employé dans le texte hiéroglyphique
est la bouche, et non le disque solaire. Champollion admet cette
lecture pour les trois groupes en question ; mais voici comment il
décompose le groupe démotique (Mémoire précité, p. 90) :

« Ce nom se trouve exprimé par quatre signes :

« 1° 𝟐 , par un caractère numérique répondant dans tous les
« textes démotiques à notre chiffre 2, auquel il est tout à fait sem-
« blable par la forme.

« 2° 𝝺 , par l'équivalent démotique du parallélogramme, ouvert
« par son côté inférieur, et qui répond à l'aspiration ʜ, le ꙅopι des
« Coptes, comme nous l'avons déjà fait observer.

« 3° ╱, par le signe démotique de l'articulation ʀ (p).

« 4° ◡ , par la forme démotique du caractère soleil.

« En résumant cette analyse, le groupe des caractères démoti-
« ques répondant au mot Μεχείρ du texte grec, se compose de deux
« caractères idéographiques : le chiffre *deux*, caractère initial, et
« le signe *soleil*, caractère final, entre lesquels on a placé un mot
« phonétiquement exprimé par les articulations ꙅp. »

Cette analyse, toute vicieuse qu'elle est à mon avis, a, comme
je l'ai déjà dit plus haut, conduit Champollion à la vraie lecture
du groupe démotique en question. Mais elle lui a fait rejeter le dernier signe comme étant inutile à la prononciation du groupe, et
comme jouant le simple rôle de *déterminatif obligé* d'une division
du temps.

Ce serait peut-être ici le cas de s'étonner de ce que le signe hiéroglyphique le *croissant renversé*, que nous fait connaître Horapollon comme étant le symbole ou déterminatif de l'idée *mois*, symbole que les dates hiéroglyphiques nous presentent invariablement, ne se retrouve plus dans l'écriture démotique qui, à la place de la lune, aurait adopté le soleil pour déterminatif de l'idée *mois*.

N'est-il pas naturel de voir dans ce fait un argument de plus contre la filiation prétendue des écritures sacrées et de l'écriture vulgaire? J'en fais juge tout lecteur impartial.

Champollion assimile avec raison le nom hiéroglyphique de la deuxième tétraménie au mot 🜍 qui, comme on le voit, est affecté de l'article féminin, et se lit нʀт (ᴣᴩт) dans les exemples qu'il cite; ce mot signifie nourriture, aliment, et il est très-vraisemblablement l'équivalent du copte нʀʙ, нʀʙ̀ (ᴣᴩʙ, ᴣᴩн, memphitique ʙᴩн), qui est également féminin, et qui a la même signification.

Ceci posé, il établit, par la nature des déterminatifs, une *charrue* et des *grains*, que prend ce groupe dans une inscription du musée royal du Louvre, que la nourriture désignée par le groupe нʀ (ᴣᴩʙ) ne devait s'entendre que des aliments ou de la nourriture tirée des grains ou des plantes céréales; puis il ajoute (Mém. précité, p. 104):

« Il y a plus : dans les temps anciens, le mot égyptien 🜍 , ᴣᴩʙ,
« comme le mot grec σῖτος, étant pris dans un sens général, expri-
« mait l'idée nourriture, *alimentum, cibus*, et, employé dans un sens
« plus restreint, il signifiait réellement blé ou froment. C'est le mo-
« nument de Rosette qui m'a dévoilé cette dernière particularité;
« partout où le texte grec de cette triple inscription emploie les
« mots ΣΙΤΙΚΑΣ ΠΡΟΣΟΔΟΥΣ (lig. 11), ΣΥΝΤΑΞΕΙΣ ΣΙΤΙΚΑΣ (lig. 14),
« ΔΑΠΑΝΑΣ ΣΙΤΙΚΑΣ (lig. 21), et ΣΙΤΟΥ (lig. 29), le texte démotique
« de la même inscription, lignes 6, 8, 12 et 17, exprime le mot
« grec σῖτος, blé ou froment, et l'adjectif σιτικὸς, *frumentarius*, qui en
« est formé, par un groupe de caractères ᴑ⋏ qui se lit cons-
« tamment ᴣᴩ, transcription du groupe hiéroglyphique phonétique
« 🜍 ᴣᴩʙ, et qui ne diffère du groupe démotique exprimant le

« mois de Méchir (1), que par la seule absence du chiffre 2, lequel
« précède le groupe lorsqu'il est employé comme nom du second
« mois de la seconde tétraménie.

« Le texte hiéroglyphique n'a point rendu phonétiquement le
« mot ꭡρꭩ; son rédacteur s'est contenté d'exprimer l'idée blé ou
« froment ꭡρꭩ dans le texte démotique, et σῖτος dans le texte grec,
« par un groupe figuratif formé d'un épi et de trois grains isolés
« ⟨symbole⟩ , et cette variante, qui dérive de l'extrême diversité de
« ressources et de l'heureuse flexibilité du système d'écriture sa-
« crée, qui pouvait user de trois méthodes diverses pour la notation
« d'une seule et même idée; cette variante, disons-nous, lève toute
« espèce de doute sur l'antique emploi du mot ꭡρꭩ dans le sens du
« grec σῖτος, blé, froment. Et comme c'est précisément ce même mot
« ꭡρꭩ que les Égyptiens ont aussi employé pour caractériser la se-
« conde tétraménie des mois de leur année, il reste démontré que
« cette seconde tétraménie, composée des mois de Tôbi, Méchir,
« Phaménoth et Pharmouthi, formait la division de l'année agri-
« cole dans laquelle le blé en général ou les céréales parvenaient
« à leur maturité complète : c'est donc la tétraménie des grains ou
« des récoltes. »

Toute cette théorie, fort ingénieuse d'ailleurs, a besoin d'être
plus solidement étayée, ainsi qu'on va le voir. Remarquons d'a-
bord que Champollion reconnaît pour l'équivalent égyptien démotique du grec σῖτος et σιτικός, *le groupe* ⟨symbole⟩ *qui se lit constamment*
ꭡρ, *suivant lui, et qui ne diffère du groupe démotique représentant*
le mot de Méchir que par la seule absence du chiffre 2.

Ceci implique de sa part une contradiction difficilement explicable. En effet, si le groupe qui représente le mois Méchir se compose du chiffre 2, d'un mot ⟨symbole⟩ se lisant HR (ꭡρꭩ) et du symbole
soleil, que ferait ce symbole soleil dans le groupe ⟨symbole⟩ , n'ayant

---

(1) Le texte porte Mesori ; c'est une erreur d'impression ou une inadvertance.

plus que la valeur blé, nourriture, *cibus*, *alimentum*, et se lisant également нʀ (ϩʀⲉ)? Le signe semi-circulaire ouvert par le haut, lequel est en réalité l'articulation ʀ correspondant à la bouche ⊂ du groupe hiéroglyphique jouant le même rôle, est donc encore un symbole. Mais le symbole de quoi? A ceci la réponse serait facile; il serait en effet assez convenable que le mot nourriture eût pour déterminatif un pain consacré, le même qui sert de déterminatif aux noms géographiques, si cette double valeur accordée à un seul et même déterminatif, n'en devait forcément exclure une.

Cherchons donc à préciser nettement le sens du groupe ⊃⋋ , ϩʀ, à l'aide des textes égyptiens du décret de Rosette.

Plusieurs passages de ce décret parlent des taxes payées en argent et en blé; je vais les citer avec la contre-partie grecque.

1° Ligne 6. ⊃⋃⟋⌇⋋⫽⫽ ≙⟋ ⟋ ⫽⫽Ζ[⊃⋋] ⫽⫽Ζ [⌣] .... ⫏⊃   (1)

Ἀνατέθεικεν εἰς τὰ ἱερὰ ἀργυρικάς τε καὶ σιτικὰς προσόδους.

Il a attribué, il a imputé aux temples des revenus en argent et en blé.

2° Ligne 8. ⊦⫽⫽⟋⫽⫽ ⅀⫻ ⌁ ⟨⫏ʳⲣ⊃[⟋⊃⋋⟋ ⌣⌇]⊃⫽⟋

Καὶ τὰς διδομένας εἰς αὐτὰ (τὰ ἱερὰ) κατ' ἐνιαυτὸν συντάξεις σιτικάς τε καὶ ἀργυρικάς.

Et les impôts donnés chaque année aux temples, en blé et en argent.

3° Ligne 12. .... ⫼⫽⟋ ⫘⟨⟨⫏[⊃⋋⫶]⫶]⫽⫽Ζ ⊃⫽⋌⫏

Ὑπομείνας δαπάνας ἀργυρικάς τε καὶ σιτικὰς μεγάλας.:.

Ayant supporté des dépenses en argent et en blé très-considérables. .

4° Ligne 14. [⊃⋌⫖] ⌁⫽⫽Ζ .....

Χρημάτων πλῆθος οὐκ ὀλίγον.

Des sommes non médiocres, considérables.

5° Ligne 17. ⫽⫽Ζ[⊃⋋⌁[⌣]⟨⫶⌁⫖⫏⫶......

Ὄντα εἰς σίτου τε καὶ ἀργυρίου πλῆθος οὐκ ὀλίγον.

Formant en blé et en argent une somme considérable.

---

(1) Je ne transcris pas en lettres latines ou coptes les membres de phrase démotiques cités dans ce passage, parce que les transcriptions que j'en donnerais ne doivent ni ne peuvent être acceptées qu'après que ces passages auront subi à leur tour une analyse sérieuse. Il me suffit ici de reproduire les textes, en interceptant entre guillemets les groupes sur lesquels porte mon argumentation.

6° Ligne 19. ⲙⲌ[ʋ/λ[ʋ]ⲟⲅⲓⳕⳕ

Χορηγήσας εἰς αὐτὸ χρυσίου τε κ(αὶ ἀργυρί)ου καὶ λίθων πολυθελῶν πλῆθος οὐκ ὀλίγον.
Lui ayant fourni en or, en argent et en pierres précieuses une somme considérable.

Voyons maintenant ce que l'examen de ces différents passages nous apprend. D'abord, toutes les fois qu'il est simultanément question de blé et d'argent dans le texte démotique, les deux groupes ᴠ et ʋ/λ , qui représentent ces idées, sont classés dans le même ordre ; cela a lieu cinq fois, lignes 6, 8, 12, 17, 19 ; au contraire, dans le texte grec, dans quatre des cinq passages correspondants, l'argent passe deux fois avant le blé et deux fois après ; dans le cinquième, il n'est pas question de blé. Il n'y a donc, dans l'explication mécanique du texte démotique, aucune raison de choisir l'un des deux groupes plutôt que l'autre, pour l'appliquer au mot blé ou au mot argent ; et pourtant Champollion s'est servi de ces passages pour attribuer au groupe ʋ/λ , le sens *blé*, *denrée*.

Mais un autre passage dont il n'a pas tenu compte semble ne pouvoir mentionner que de l'argent, et ce passage est celui que je viens d'extraire de la ligne 14. Dès lors, il semble qu'il n'y ait point de doute possible et que le groupe ʋ/λ , qui paraît y signifier l'argent, doive conserver le même sens dans les autres passages précités. Heureusement cette fois le texte hiéroglyphique vient à notre secours, et c'est lui seul qui peut prouver que le groupe démotique ʋ/λ a le sens du grec σῖτος, c'est-à-dire de *denrée récoltée*, plutôt que le sens restreint de *froment*. En effet, dans le passage grec qui mentionne les dons faits à Apis par Épiphane, nous lisons χορηγήσας εἰς αὐτὸ (τὸ ἀπιεῖον) χρυσίου τε καὶ ἀργυρίου καὶ λίθων πολυθελῶν πλῆθος οὐκ ὀλίγον, tandis que le texte démotique porte : ⲙⲌ ʋ/λ ʋ ⲟⲅⲓⳕⳕ , il a donné or, argent, denrées beaucoup, et le texte hiéroglyphique (lig. 1 de Salvolini)

`.... argent et denrées, en grand nombre.

Il est donc question de présents en denrées dans les deux textes égyptiens, bien que le texte grec n'en dise absolument rien. Dès
lors, rien ne s'oppose à ce que le sens σῖτος, denrées, soit attribué au
groupe ⌣⁄λ . Quant au texte de la ligne 14, ⌣⁄λ_ɪɪɪ⅂ , correspondant aux mots grecs χρημάτων πλῆθος οὐκ ὀλίγον, les choses dépen-
sées, χρημάτων, peuvent parfaitement s'entendre de denrées distribuées
en payement; c'est donc du texte hiéroglyphique seul que Champollion pouvait tirer la véritable preuve que le groupe démotique
⌣⁄λ signifiait denrées et non argent, tandis que le texte démotique, pris isolément, pouvait mieux servir à démontrer le contraire.

Il est donc constant que la deuxième tétraménie a porté chez les
Égyptiens le nom de tétraménie de la nourriture, des récoltes, des
moissons. En effet, le groupe 🖳 est identique avec le nom
hiéroglyphique de la deuxième tétraménie; et puisque l'orthographe
de ces deux mots est la même, c'est qu'ils représentent un seul et
même radical. De plus, le passage où ce groupe est caractérisé par
la charrue et les grains de blé, semble légitimer l'opinion émise
par Champollion, que la nourriture dont il était question était bien
celle qui se tirait des fruits de la terre. Il y a coïncidence entre les
noms sacrés et démotiques de cette tétraménie; donc le mot ⌣⁄λ,
dans le nom de la deuxième tétraménie, signifie aussi denrées, fruits
de la terre, récoltes (1).

_____

(1) Voici qui compliquerait la question relative au vrai sens des groupes 🖳 et
⌣⁄λ , si l'idiome sacré eût été le même que l'idiome vulgaire; le mot Épiphane est rendu
par le même groupe 🖳 dans le texte hiéroglyphique du décret de Rosette comme dans une
foule d'autres textes, et il est bien difficile de deviner quelle est la relation qui existe entre
les idées _nourriture_ et _manifestation_. Toutefois, ce groupe est toujours alors accompagné
du déterminatif hiéroglyphique _les deux jambes_ ⋀ , symbole attaché de fondation à
toute idée qui implique celle de marche ou de locomotion; il n'y a donc pas de confusion
possible dans l'écriture hiéroglyphique; mais si dans l'écriture démotique, le même groupe
⌣⁄λ devait signifier Épiphane, comment s'en pourrait-on douter avec l'absence à très-peu
près absolue des déterminatifs? La lecture eût été, avec ces conditions, le plus fatigant des
problèmes, même pour un Égyptien. Heureusement, le groupe signifiant Épiphane est rendu
d'une autre façon dans l'idiome démotique, ainsi que nous le verrons plus loin.

4.

J'arrive enfin à la troisième et dernière tétraménie.

Ainsi que je l'ai déjà dit, le groupe hiéroglyphique comporte le signe phonétique le bassin, qui est un ϣ, et le symbole de l'eau. Le groupe hiératique offre le même signe le bassin, image de l'articulation ϣ, et un second caractère qui, suivant Champollion (Grammaire, page 99), est tantôt l'équivalent hiératique du signe hiéroglyphique 〰️, symbole de l'eau, tantôt le chiffre 3, qui est un des signes hiératiques du pluriel (Grammaire, page 168) le plus fréquemment employés. Quant au groupe démotique que Champollion regarde comme un tracé plus expéditif du bassin, et que par conséquent il lit également CH (ϣ), je le crois plutôt composé de deux caractères ⟩ʌ, ꞁ , qui forment le mot HI (ⲉⲓ), et cela parce que jamais je n'ai rencontré ailleurs le caractère qui résulterait de la ligature de ces deux signes. Voyons s'il est possible d'expliquer ces différents groupes.

Le groupe hiéroglyphique se lit CH (ϣ), et nous avons vu que le radical ϣⲁ, ϣⲉ, signifie *ire, venire, ascendere, nasci, oriri;* ce radical se représenterait donc peut-être ici avec le même sens que nous lui avons trouvé dans le nom de la première tétraménie; mais comme il s'agit cette fois de la venue des eaux que désignent les trois traits ondulés, ce radical aurait été représenté par une figure en relation évidente et directe avec l'eau, c'est-à-dire par un bassin au lieu du jardin orné de fleurs qui représentait la même articulation ϣ, lorsqu'il s'agissait de la première tétraménie, celle de la végétation, comme l'a pensé Champollion.

Le mot copte CHÈI (ϣHⲓ) signifiant un puits, et probablement un réservoir, un bassin, une citerne, un canal, son initiale aura naturellement été représentée par l'objet que ce mot désignait, de même que le jardin aura représenté la même articulation servant d'initiale au mot CHNE (ϣⲏⲉ ou ϣⲛH), jardin. On peut donc à la rigueur traduire ce groupe hiéroglyphique par *venue des eaux.* Le groupe hiératique se compose aussi d'un chéi (ϣ), qui est la reproduction de celui du groupe hiéroglyphique, et d'un second signe qui rem-

place le symbole de l'eau (1). Sa signification est donc la même. Or,
en copte CHEEI (ϣⲉⲉⲓ), signifie fluctuation, CHEI (ϣⲏⲓ. T. M.), canal,
et CHOUO (ϣⲟⲩⲟ. T. M.), *fluere, defluere, effundere se.* Il semblerait
assez probable que CHEEI (ϣⲉⲉⲓ), qui veut dire fluctuation, ou quelque mot tout à fait voisin, et ne différant de celui-là que par une
modification des voyelles attachées à l'articulation radicale ϣ, CH,
eût signifié dans la langue égyptienne *les flots*, et, par extension,
l'*inondation*. Nous aurions donc, dans cette seconde hypothèse,
pour le nom sacré de la troisième tétraménie, celui de tétraménie
des flots, des canaux, et, par extension, de l'inondation. Nous
allons voir que le sens du groupe démotique correspondant justifie
complètement cette seconde hypothèse, et nous force d'abandonner
celle qui du signe sacré ϣ ferait le verbe ϣⲁ, ϣⲉ, venir, aller.

Voyons donc ce que nous apprend le groupe démotique. Si Champollion a eu raison de le considérer comme n'étant autre chose
qu'un tracé négligé du bassin hiéroglyphique et hiératique, ce signe
doit encore se lire ϣ et se rendre par *venue;* mais alors, puisque le
déterminatif manque, de quelle venue s'agit-il? Il faudrait donc,
pour tirer ce premier sens du groupe en question, admettre que le
signe bassin, image de l'idée venir, impliquait forcément l'idée de
l'eau. Certes il ne faudrait pas être difficile pour adopter sans scrupule cette explication; mais si, comme je le crois, l'existence des
symboles ne doit être admise dans l'écriture démotique qu'en désespoir de cause, on est amené à décomposer le nom de la troisième
tétraménie en deux lettres ⟋, ⎮ , qui nous donnent le mot HI (21),
dans lequel des voyelles peuvent venir s'intercaler. Or, si mainte-

_____

(1) Le second signe, suivant Champollion, peut être aussi le signe caractéristique du
pluriel, et s'il en était ainsi, il faudrait nécessairement que le radical ϣ, représenté par le
bassin, fût un substantif. De là résulterait la nécessité de ne point donner au groupe 〰〰〰 ,
formé des trois lignes ondulées du nom hiéroglyphique, un autre rôle que celui de déterminatif d'espèce et de nombre du mot ϣ, qu'il s'agirait alors d'expliquer.

nant nous avons recours aux lexiques coptes, nous trouvons les mots
ⲎⲞⲞⲨⲈ (ⲍⲱⲟⲩⲉ. ⲧ.), *fluctus aquarum.*

ⲎⲞⲒ (ⲍⲟⲓ. ⲧ.), *aquæductus, canalis,* d'où est venu le mot ⲢⲈⲪⲎⲒⲞⲒ
(ⲣⲉϥⲍⲓⲱⲓ), *irrigator.*

Personne, je le crois, ne contestera que ces mots sont en relation toute naturelle avec le mot égyptien démotique ⲎⲒ (ⲍⲓ), qui
peut être lu ⲍⲟⲓ comme ⲍⲱⲟⲩⲉ, et qui représente le nom de la troisième tétraménie égyptienne. Donc probablement, ⲍⲟⲓ, dans l'idiome
vulgaire, était l'équivalent du mot ⲩⲎⲒ de l'idiome sacré.

En résumé, les trois tétraménies s'appelaient :

En langue sacrée.	*En langue vulgaire.*
La 1re : tétraménie de la naissance, de la venue des végétaux, suivant Champollion.	De la naissance, de la venue du soleil, si le ⲣ final n'est pas paragogique.
La 2e : tétraménie des récoltes ou des denrées.	*Idem.*
La 3e : tétraménie des eaux, des flots, de l'inondation.	*Idem.*

De plus, sur les trois noms, un seul, celui de la deuxième tétraménie, était représenté par le même mot dans le dialecte sacré et
dans le dialecte vulgaire, les deux autres l'étant par des mots totalement différents, et propres à chaque dialecte.

Nous sommes tout à fait en mesure maintenant de nous rendre
un compte satisfaisant du septième mot de la première phrase de
la première ligne. Ce mot se transcrit (2) ⲎⲢ ([2] ⲍⲣ), c'est-à-dire le
deuxième des denrées, des moissons.

Quant à la valeur du signe ⟋ⲗ , elle nous est donnée par les
mots ⟋ⲭⲓⲍⲭ , ⲈⲢⲀⲎ (ⲉⲛⲁⲍ), après, (copte ⲉⲛⲁⲍⲟⲩ), ⟋ⲭⲍ⊃ , ⲘⲢⲎ (ⲙⲣ̄ⲍ),
devant, en face de, (copte ⲙⲣ̄ⲍⲟ), etc.

D'ailleurs, dans le manuscrit de Leyde, les deux signes ⲗ, ⲣ,
sont tous les deux représentés par l'ⲩⲯⲓⲗⲟⲛ grec, surmonté de l'esprit

rude; et comme le second est bien certainement le ϩορι copte, le premier doit également représenter cette lettre.

Phrase 1—8.

ϩϩ∕. — 10. 4. 4. — 18.

Champollion a bien constaté, et Young a constaté de même, que le signe ∕ représente notre chiffre 10, et le signe ϩ notre chiffre 4, dans l'écriture des dates de jour; de sorte que le groupe qui se présente ici se composant de 10+4+4, nous donne précisément le 18, date qui coïncide avec celle que nous offre le texte grec.

Récapitulons maintenant ce que notre analyse nous a fait reconnaître. La première phrase démotique du décret de Rosette se transcrit :

M T P. N H KMER 2. HR 10+4+4.

Transcrivant de nouveau cette phrase en lettres coptes, et rétablissant les voyelles supprimées, nous trouvons :

‾ıı τ π ou в (pour евот?) ‾н ϩе кнιιєρє 2 ϩρє 18.

Enfin, en rétablissant les articles et les particules de flexion supprimées, nous avons ‾u ϯ παвот? мɵɵ ‾н кнιϲρє (2)‾н тєϩρє 18.
De là à du copte, il y a certainement bien près.

Champollion (Mémoire sur les notations du temps, p. 89) s'exprime ainsi au sujet de cette même phrase : «Les premiers mots
« encore subsistant, d'après la valeur incontestable de chaque signe,
« soit phonétique, soit symbolique, reconnue et prouvée par une
« longue et minutieuse comparaison des trois textes du monument,
« répondent aux mots égyptiens ou coptes .... ‾нтє р̄ ou єιρє πєвот
« ‾н нєριιнкнιιє ιιϣιρ coτ ιιнτϣιιнн, qui est le mois des Égyptiens
« Méchir, le jour XVIII. »

Ceci n'est évidemment pas une *transcription* de la phrase démotique; ce n'est, ainsi que l'a déclaré le savant A. Peyron, qu'une traduction copte du texte grec faite par Champollion, et ajustée le mieux possible au sens qu'exigeait la décomposition du texte démotique en groupes significatifs déterminés par le tâtonnement.

En effet, le texte démotique nous offre le nom de l'Égypte, tandis que le texte grec nous donne l'Ethnique Αιγυπτίων, que représente bien l'Ethnique ⲛⲉⲣⲙ̄ⲛⲕⲏⲙⲉ. D'ailleurs, on chercherait vainement dans le texte démotique les mots égyptiens représentés par les mots coptes ⲛ̄ⲧⲉ, ⲣ̄ ou ⲉⲓⲣⲉ, ⲛⲉⲣⲙ̄, ⲩ̄ϣⲓⲣ, ⲥⲟⲧ ⲙ̄ⲛ̄ⲧϣⲩⲏⲛ; ce sont autant de mots nécessaires à la construction d'une phrase copte équivalente de la phrase grecque, et que la phrase égyptienne ne contient pas.

LIGNE I. — IIe PHRASE.

Texte égyptien :

〈⌐✓ ⲓ⟨⟩⟨⟩ ⲓⲯⲓⲓⲓ ⳽⟩ Ⴄ/ ⎰Ɛⲓ ✓⎰ⲁⲓⲍⲍ ⲟ⎰⟨Ɛⲡ⟩ ⎰Ɛ⳽ⲓⲓ ⲍ/ⳝⲟⲟ ⲟ⎰⟨Ɛⲡ⟩

Texte grec :

Βασιλεύοντος τοῦ νέου, καὶ παραλαβόντος τὴν βασιλείαν παρὰ τοῦ πατρός, κυρίου βασιλειῶν μεγαλοδόξου.

Cette phrase se scinde en groupes de la manière suivante, ⲟ⎰⟨Ɛⲡ⟩ · 〈⌐✓ ⲓ⟨⟩⟨⟩ ⲓⲯⲓⲓⲓ⳽⟩ Ⴄ/ ⎰Ɛⲓ⎰ ⲁⲓⲍⲍ ⲟ⎰⟨Ɛⲡ⟩ ⎰Ɛ⳽ⲓⲓ ⲍ/ⳝⲟ et se traduit mot à mot : sous la majesté ou étant roi l'enfant illustre, majesté ou roi après son père, seigneur des diadèmes, resplendissant par sa présence.

Procédons à l'analyse de chacun des mots de cette phrase égyptienne.

Phrase 2—1.

ⲟ⎰⟨Ɛⲡ⟩. — Matôar. — ⲙⲁⲧⲱⲁⲣ.

Longtemps j'ai considéré ce groupe comme symbolique, et j'ai pensé qu'il me faudrait renoncer à en obtenir la transcription; puis, en me laissant guider par les lettres elles-mêmes, et en dépouillant toute idée préconçue, je suis arrivé à une transcription qui, ne dépendant pas de mon caprice, m'a fourni, comme on va le voir, un mot tout à fait convenable. Mais procédons méthodiquement.

Ce groupe se présentait tant de fois dans le texte du décret de Rosette, et toujours aux points où devaient nécessairement se trouver exprimées les idées roi ou royauté, qu'il n'était pas possible de se méprendre sur son véritable sens ; mais comme il restait invariable, soit qu'il eût à représenter l'idée roi, soit que ce fût l'idée abstraite royauté qu'il fût chargé d'offrir au lecteur, j'avais été conduit à penser qu'il y aurait chance d'erreur à y chercher un mot ayant la signification absolue *roi;* en cela, je me trompais.

Tous ceux qui se sont occupés de l'écriture démotique ont été d'accord sur le sens général de ce groupe ; mais sa décomposition en éléments n'avait conduit à aucun résultat bien positif. Champollion avait cru y retrouver le mot soutᴇɴ (coττᴇɴ), signifiant guide, directeur, rectificateur, plutôt que roi, car le verbe coττᴇɴ a le sens *dirigere, tendere, dirigi, rectus esse, extendere, porrigere, offerre, extendi, extendere, erigere se,* et cooττɴ le sens de *rectitudo, directio, æquitas,* tandis que jamais ces mots ne sont pris dans le sens de *regnare,* de *gubernare.* Salvolini (camp de Ramsès, p. 19) lisait également ce groupe démotique sτɴ. Enfin, avant Champollion, on y avait cherché les éléments des mots coptes oᴜpo, roi, epoᴜpo, régner, ᴜᴇτoᴜpo, royaume, en lisant ᴜɴoᴜpo ou ᴜᴅoᴜpo (1). Mais tout cela, je le répète, ne

___

(1) Champollion ayant trouvé, dans les manuscrits de Turin, les groupes ⵣ╪ⳛ, ⌐╪╕ , que Young (*Elem. of a dict.,* etc., pag. 6 et 7) rapporte d'après lui, et ayant publié antérieurement un groupe ∕ſⵣ╪ , qu'il a placé sous le n° 269 de son Précis, avec cette désignation : Forme hiératique des groupes ⌐╪ ou ⌐╪ ; Champollion, dis-je, lit ce mot sτɴ. Kosegarten, qui rapporte cette opinion, déclare ne pas la partager ; il penche plutôt pour la lecture *mporh* ou *mforh* de Young ; mais cependant il doute encore de la possibilité d'attribuer au signe ⵣ╪ la valeur ʙ ou ᴘ. Je crois, pour ma part, que le groupe n° 269 du Précis est incomplet, et qu'il y manque un ᴍ initial et un ʀ final ; quant aux deux premiers groupes, leur incorrection, à mon avis, est due tout entière à l'écrivain, et ces groupes

donnait rien de précis, rien de positif, ou pour mieux dire rien de convaincant. Voyons, à notre tour, si nous serons plus heureux ; cherchons donc quelles sont les lettres qui composent le mot, et quand nous les aurons bien reconnues et transcrites, il ne nous restera plus qu'à trouver ce que signifie le groupe en question.

Dans le décret même de Rosette, ce mot est écrit de plusieurs façons, et l'inspection seule des variantes que ce décret nous offre, nous amène à penser que la ligature qui commence le groupe doit être décomposée en trois caractères distincts ᘔ, I, Ɔ. Ceci, du reste, est bien mieux prouvé encore par les variantes suivantes du même groupe, que j'extrais du livre posthume de Young, intitulé : *Rudiments of an Egyptian Dictionary in the ancient enchorial character*, page 49.

H. 82. L. 6. Unpublished tablet. Br. ms. ₹ᘔᑊᶴᘔᑊᑐ

H. 26. XXIV. Queen. ᑕᵧᶴᘔᑐᘔ.

H. 34. B. 13. ᶭᶴᘔᵣᑐ.

Il serait inutile de multiplier ces exemples, et tout le monde, je l'espère, sera convaincu de la réalité de ce que j'ai avancé sur la ligature qui commence le groupe dont je cherche la transcription.

Ceci posé, quels sont les éléments qui composent ce groupe?

Le premier signe nous est bien connu déjà; c'est l'image la plus ordinaire de l'articulation M. Le second, formé d'une barre verticale

---

doivent encore se lire MATÒAR, ayant été écrits d'une façon expéditive par des hommes qui ne cherchaient pas à mouler leurs caractères. Reuvens, dans sa lettre à M. Letronne sur les manuscrits du musée de Leyde, cite le groupe ᑊᵡᑊᑊᶴᘔᑐ qu'il a trouvé sur l'un d'eux, et de la présence duquel il conclut que le groupe démotique Roi est réellement composé des seuls caractères ᵡᑊᑊᶴᘔᑐ , les autres signes étant les parties antérieures et postérieures d'un cartouche royal. Je doute fort que cette opinion soit juste; jamais, en effet, le titre Roi n'est environné d'un cartouche dans l'écriture hiéroglyphique, et l'on ne voit pas trop pourquoi cela eût eu lieu dans l'écriture démotique. Si d'ailleurs ce fait était une fois bien reconnu, ce que je ne crois pas, le groupe lisible deviendrait ⲈⲦⲰⲎⲢ, et signifierait : étant chef, étant grand, puissant.

isolée, est l'initiale du nom 𝄓 , ᴀᴘ (ᴀⲡ) d'Apis, dieu : c'est donc
un ᴀ; d'un autre côté, c'est la finale de tous les pluriels, c'est donc
aussi un ɪ. Cela tient à ce que les voyelles vagues égyptiennes comportaient indifféremment le son ᴀ, ᴇ, ɪ. Nous avons à choisir entre
ces trois valeurs. Nous remarquerons, du reste, que comme dans
l'écriture hiéroglyphique une plume isolée se prononce ᴀ, et deux
plumes ᴇ, la même chose avait lieu dans l'écriture démotique, où
les plumes étaient simplement remplacées par des traits verticaux.

Le troisième caractère est un ᴛ; ceci est constaté par la lecture
des mots : 𝄋 , ɴɪᴛɪ (ⲛⲉⲓⲁⲧⲓ), les devins, les voyants; 𝄌 ,
ꜰᴛɪᴋ (ϙⲟⲧⲓⲕ), extermination ; 𝄌 , ᴇᴛᴏ, ᴀᴛᴏ (ⲉⲧⲟ, ⲁⲧⲟ), père.

Le quatrième est un ᴏ qui nous est donné par le nom même de
Ptolémée.

Le cinquième est le trait vertical isolé, valant ᴀ, ᴇ ou ɪ.

Enfin, le sixième est le demi-cercle ouvert par le haut, ayant la
valeur ʀ.

En résumé, donc, nous devons lire le groupe en question ᴍᴀᴛᴏ̂ᴀʀ
ou ᴍᴇᴛᴏ̂ᴇʀ (ⲙⲁⲧⲱⲁⲣ, ⲙⲉⲧⲱⲏⲣ.)

Cherchons maintenant ce que signifie ce mot.

Toute idée de traduction mise à part, il me paraît évident qu'il
doit se décomposer en deux parties distinctes. La première pourrait être la particule abstractive ᴍᴇᴛ (ⲙⲉⲧ), à l'aide de laquelle,
dans la langue copte, les radicaux sont transformés en noms
abstraits ; et la seconde est certainement un radical ᴏᴀʀ, ᴏᴇʀ,
qui, dans la langue primitive, devait signifier *grand, puissant,
chef*.

La langue copte nous a conservé des traces de l'existence de ce
mot; car le mot ᴏᴜᴇʀ (ⲟⲩⲏⲣ. ᴛ. ᴍ.), signifie *quantus*, combien,
combien grand! ᴀᴜᴇ̀ʀ (ⲁⲩⲏⲣ. ᴍ.), signifie *quantus*, et ɴᴏᴜᴇ̀ʀ (ⲛⲟⲩⲏⲣ,
ⲙⲁⲟⲩⲏⲣ. ᴛ.), *quantùm*.

Dans cette première hypothèse, notre mot ⲙⲉⲧⲱⲏⲣ ou ⲙⲉⲧⲟⲩⲏⲣ,
pourrait bien signifier grandeur, et ce serait alors une expression

5.

concordant merveilleusement avec notre propre expression Majesté,
que nous employons pour désigner les personnes royales. Mais il
est une seconde décomposition de ce groupe, pour laquelle j'ai une
préférence marquée ; la voici : Si l'м initial est pris pour la préposition *dans*, il nous reste les mots ат҄. ато (ато), multitude, et оυѐʀ
(отнр), grand, souverain, chef ; de sorte que le mot entier signifierait
à la lettre, grand, puissant, chef suprême dans la multitude. De là
à l'idée *Roi* il y a bien près, on en conviendra. J'avoue que je tiens
à cette analyse, d'autant plus que le mot ≀⧧, multitude, que
nous trouverons dans le groupe ‹⁄⋋≀⧧≀, demeure de multitude,
ville, offre précisément la même forme orthographique.

Je ne puis me dispenser de rappeler à mon tour, après tant d'autres, l'existence des mots coptes отро. м., roi ; отрω, reine ;
отрас. т., diadème ; еротро. м. , régner ; нетотро, royaume ou
royauté.

Certes, ce dernier mot est bien voisin du mot égyptien que nous
venons de lire. Quelle est maintenant la véritable origine de tous
ces mots ? Ne découle-t-elle pas assez naturellement de l'existence
d'un radical primitif отнр, signifiant : chef, puissant, grand ? Je
crois ceci fort probable (1).

---

* (1) Ici se présente naturellement un fait qui est digne d'appréciation, et sur lequel on n'a
encore proposé aucune explication. Kosegarten, en publiant une assez grande série de protocoles extraits de papyrus démotiques du musée de Berlin, a bien reconnu que les noms
démotiques des personnes royales offraient constamment à leur suite une série de signes
qu'il ne se hasarde pas à prononcer, et dont il fait connaître toutes les variantes qu'il a pu
recueillir ; mais il n'a pas fait une remarque intéressante, et qui établit une analogie très-
grande entre la forme du groupe démotique Roi et celle des noms démotiques manuscrits
des personnages royaux. Je me hâte de dire que cette analogie disparaît entièrement dans
le texte du décret de Rosette.

Voici en quoi consiste cette remarque : dans tous les contrats démotiques, c'est précisément le groupe final du mot roi ʊ⁄ʃ , qui clôt les noms de roi et de reine ; de telle sorte
que si ce mot, qui se lit отнр, signifie grand, puissant, chef, à chacun des noms propres
royaux on accolait cette même épithète dans l'écriture courante. Voici maintenant un fait

On a quelquefois pensé que tout l'arsenal des mots qui, en copte, ont trait à la royauté, se rattachait au nom du serpent sacré, au nom de l'Uræus, qui était l'insigne royal par excellence chez les Égyptiens; mais je crois qu'on a commis une véritable méprise, et que ce serpent ne s'est appelé *Uræus* que parce qu'il était l'insigne de l'Ouro, comme il s'est appelé βασιλίσκος, du mot βασιλεὺς, roi. Ce qui le prouve, c'est que le véritable nom copte du basilic ou serpent royal, est ѕıт (cıт. т.), le nom générique du serpent étant ноғ (ƺоq. т. м., ƺов. т.).

Quant à l'existence du radical оυὲв ayant la signification de chef, de puissant et de grand, elle résulte de l'analyse d'une énorme quantité de textes hiéroglyphiques où se présente le groupe ⟨hiéroglyphe⟩ du dictionnaire de Champollion (pages 150, 151), groupe que ce savant lisait ωнр, ωнрı, вврı (1).

Si ce mot existait dans la langue sacrée, il pouvait fort bien aussi, il devait même, à cause de la nature de l'idée dont il était l'image, se retrouver dans l'idiome vulgaire. Nous admettrons donc,

---

qui constate que les scribes avaient l'intention formelle de reproduire à la fin des noms propres des personnages royaux le groupe par lequel ils terminaient le mot roi.

Dans tous les contrats de Berlin, les noms propres et le mot roi sont terminés par ϱſ , ʊıſ , ou ϱſ , qu'il faut bien lire оʏнр; mais dans le contrat 43, a, je trouve les

groupes ⎰ /∴ ⌈ʊ—ıιı ⏟ ᴧ/4⌉ ⟨·∴ ⌈Ⴛ⎎⟩Ⴛ . ᴇᴍᴀᴛo ∴ᴛ (ʙʀɴıᴋ ô·ᴧ
⎱ /∴ ⌈ʟıııɔ ᴧ⌐42⌉ /∴ ⌈Ⴛ⎎ɟ ᴍᴀᴛo ·ᴧ (ᴘᴛʟᴍıѕ ô·ᴧ

Il n'est pas possible de nier qu'ici le scribe ait voulu terminer le mot roi par le même groupe que celui par lequel il prétendait clore les noms de Bérénice et de Ptolémée. Donc, il en était de même dans les autres contrats; et de même qu'on devait lire ᴍᴀᴛoυὲʀ le groupe Roi, il fallait lire ʙᴇʀᴇɴıᴋᴇ oυὲʀ , Bérénice la grande, la puissante, reine, et ᴘᴛoʟoᴍıoѕ oυὲʀ, Ptolémée le grand, le puissant, roi. Je dois me borner à constater ce fait, sur lequel j'aurai certainement à revenir quand j'aurai coulé à fond le texte démotique du décret de Rosette, et qu'il me sera permis alors d'entreprendre le déchiffrement des contrats démotiques que contiennent les différents musées de l'Europe.

(1) Cette dernière leçon me paraît étrange; en effet, en copte вврı veut dire nouveau, jeune, et ce mot ne peut en aucune façon être rapproché du radical primitif оʏнр, ᴧʏнр.

et je suis convaincu que nous ne serons pas éloignés de la vérité en
le faisant, que le mot démotique que nous venons d'étudier, se
prononçait MATOUÈR OU METOUÈR, et signifiait, grand, puissant
dans la multitude, c'est-à-dire, roi, reine.

— — —

Phrase 2 — 2.

ﾐ/ᴊᴏ. — PRLO — ΠΡΛΟ.

Ce mot est un de ceux sur le sens desquels je conserve des doutes
fort légitimes, et que je ne chercherai à dissimuler en aucune façon.
La première lettre est mutilée, ainsi que j'ai pu le constater sur le
plâtre qui existe à la Bibliothèque du Roi; toutefois, la gravure de
ce texte précieux, publiée d'après l'original par la commission
d'Égypte, et les traces que le plâtre m'a permis de saisir, ne me
laissent presque pas d'incertitude sur la forme réelle du caractère
en question. Très-probablement c'était le demi-cercle ouvert par
le haut, dans lequel nous avons reconnu jusqu'ici l'image de l'articulation ʀ. Mais, ainsi que je l'ai déjà fait observer, ce même signe,
dès qu'il ne fait plus partie intégrante d'un radical, et qu'il se trouve
placé en préfixe devant lui, ce signe, dis-je, change de valeur et
devient l'article singulier masculin. Or, par cela même que dans
les trois dialectes coptes cet article a conservé la forme ᴘ, ᴘɪ (ɴ, ɴɪ)
que nous reconnaissons à chaque pas dans les textes hiéroglyphiques, il devient probable, *à priori*, qu'il avait la même consonnance dans l'idiome vulgaire, et que le signe qui le représente devait
se prononcer ɴ ou ɴɪ. L'article singulier masculin est extrêmement
facile à déterminer dans le texte démotique du décret de Rosette,
indépendamment de sa prononciation; et comme il est indubitable
qu'il est représenté par le demi-cercle ouvert par le haut, signe qui
est déjà pour nous l'image de l'articulation ʀ, il faut bien admettre
que ce même signe pouvait avoir deux consonnances tout à fait dis-

tinctes l'une de l'autre : celle de l'ʀ dans les radicaux, et une autre
qu'il s'agit maintenant de déterminer positivement, en procédant à
sa recherche avec la présomption très-naturelle et très-plausible
qu'elle devait être celle du ᴘ, article singulier masculin copte. Le
manuscrit de Leyde nous offre bien en maint endroit l'article singulier masculin représenté par ce signe, et transcrit en grec par ʀ.
Mais il est bon d'ajouter que, dans ce cas, le demi-cercle est ordinairement accompagné d'un appendice tangent à la partie gauche, ap-'
pendice qui est quelquefois si faible qu'il s'oblitère presque entièrement. Peut-être cet appendice qui paraît sur le manuscrit de Leyde,
dont l'âge est de cinq siècles à peu près plus récent que celui du
décret de Rosette, n'a-t-il été ajouté au demi-cercle que pour
le distinguer dans le cas où il représentait l'article ᴘ, ᴘɪ (ʀ, ꜱɪɪ).

Heureusement les textes des papyrus démotiques déposés dans les
musées de l'Europe, nous fournissent bon nombre de noms propres
dont la transcription grecque force à reconnaître dans ce signe
demi-circulaire initial, l'image de l'articulation ᴘ, et par suite de
l'article singulier masculin ʀ, ꜱɪɪ.

Il est facile de s'en assurer en examinant (pages 88 et 89 du Dictionnaire de Young) les noms propres que ce savant avait recueillis
et interprétés, sans les transcrire ; par exemple :

PETEARPRES . . . .
PETEARPOCHRATES . . . . .
PETECHONSIS . . . .
PETEMESTUS . . . .

Kosegarten, et Young lui-même (page 88), en examinant la structure de ces noms, ont reconnu que la syllabe démotique Ɩᴜ
devait être la représentation de la syllabe ᴨᴇᴛᴇ des mêmes noms
grécisés, et effectivement cela n'est pas douteux. D'un autre côté,
il est bien certain que dans l'écriture hiéroglyphique, un très-grand
nombre de noms égyptiens se présentent avec cette particule pré-

fixe bien nettement écrite, comme les deux suivants que j'extrais, pour exemples, de la page 310 de la Grammaire de Champollion (1).

         — PTAMN. — Petamon. — (ⲡⲉⲧⲁⲙⲟⲛ.)

         — PTECHNS. — Petechons. — (ⲡⲉⲧⲉϣⲟⲛⲥ.)

Mais il me paraît tout à fait impossible d'admettre que la syllabe démotique ⲓⲟ puisse se lire autrement que PA, PE ou PI; que devient alors le T, si formellement exprimé dans les transcriptions grecques, ainsi que dans les textes hiéroglyphiques? Je l'ignore complétement, et je ne me charge pas d'expliquer cette étrange anomalie, qui, plus tard, s'éclaircira peut-être, mais qui, jusqu'à présent, me paraît présenter une difficulté réelle.

Il est fort possible, du reste, que cette particule ⲡⲉⲧ ou ⲡⲉⲧⲉ ait été composee de l'article possessif égyptien, identique avec le ⲡⲁ copte, et d'une syllabe ⲧⲉ, qui signifie encore *être, étant*, dans les dialectes coptes, thébain et memphitique, et qui, bien que se construisant d'ordinaire avec le féminin, se trouve parfois aussi employé dans le même sens en construction avec le masculin. Peut-être l'emploi de ⲧⲉ au lieu de ⲛⲉ dans ce cas était-il motivé par la rencontre des deux syllabes identiques de forme ⲛⲉ, ⲛⲉ, signifiant, l'une *le de lui*, ὁ τοῦ, et la seconde, *étant*, ὤν, et destiné à éviter une assonance fâcheuse. Il est donc possible qu'on ait, dans l'usage, substitué le ⲧⲉ féminin au ⲛⲉ masculin; mais je laisse à de plus habiles à discuter ce point de doctrine grammaticale.

Ce que je voulais, c'était constater l'emploi du signe ⲟ, destiné à représenter l'article singulier masculin, et comportant dans ce cas le son P ou PI.

J'espère que ce fait sera considéré par tout le monde comme

---

(1) Malheureusement, Champollion ne s'est pas expliqué sur l'origine et le vrai sens de cette particule hiéroglyphique.

constant, et les preuves à l'appui se présenteront d'ailleurs en si grand nombre dans le cours de cette analyse, que la plus légère incertitude sur ce point ne pourra persister dans l'esprit du lecteur.

Le second signe de notre mot, tel qu'il est tracé, est un м; le troisième est l'articulation ʟ, des noms de Ptolémée, d'Alexandre et de Philinos, et, dans les transcriptions grecques du manuscrit de Leyde, ce signe se reproduit sans cesse avec la même valeur.

Le dernier est la voyelle vague ᴀ, ᴇ, ᴏ. En rassemblant ces valeurs, j'arrive à un mot ᴘᴍʟᴏ, qui ne donne aucun sens.

Ce mot est donc en définitive un de ceux sur le compte desquels je ne puis affirmer qu'une seule chose, c'est que sa valeur précise ne m'est pas connue. Mais si je ne dois absolument rien avancer de certain, je puis au moins proposer les hypothèses plus ou moins admissibles que le contexte du passage grec correspondant m'a suggérées.

Le grec contient le mot fort significatif τοῦ νέου, qui ne peut avoir été mis là sans dessein, et dont l'emploi, suivant l'opinion tout à fait plausible de mon savant confrère M. Letronne, démontre qu'au moment où le décret de Rosette était rédigé dans le style le plus élégant et le plus pur de la chancellerie grecque, Ptolémée Épiphane était encore mineur. Que ce soit le texte grec qui ait eu l'honneur d'être composé le premier, que ce soit au contraire le texte égyptien, ou, ce qui est peut-être plus exact, que le même canevas ait été à la fois soumis aux trois rédacteurs du décret, il ne demeure pas moins fort probable que l'idée qui se rattache à l'expression remarquable τοῦ νέου aura dû paraître aussi bien dans les textes égyptiens que dans le texte grec. La traduction hiéroglyphique nous manque; mais comme en ce point la traduction démotique est complète, il paraît assez naturel d'y chercher l'équivalent du τοῦ νέου de la rédaction grecque. Dès lors, si cette idée n'est pas cachée sous le groupe démotique ⟨ ⟩ , je ne crains pas de le dire, elle n'est nulle part, ainsi que nous serons obligés de le reconnaître.

6

Si maintenant nous admettons que le mot égyptien signifie le jeune, l'enfant, le mineur, comme cela est d'ailleurs vraisemblable, deux solutions se présentent; mais toutes deux, hâtons-nous de le dire, ont le grave inconvénient de forcer à considérer ce mot démotique comme entaché d'une incorrection de gravure.

Il est bien vrai qu'en plusieurs passages il est facile de démontrer, ainsi que je le ferai plus tard, que le texte démotique comporte des incorrections de ce genre, ou, si l'on aime mieux, des fautes d'orthographe; mais l'admission d'une erreur de gravure est un trop mauvais auxiliaire pour que je veuille jamais m'en servir afin de me tirer d'embarras.

Je prie donc le lecteur de se bien pénétrer de l'idée qu'ici, comme en tous les points où je ne me croirai pas en mesure de lui présenter des explications tout à fait naturelles et découlant de la lettre elle-même, je ne lui offrirai que de simples hypothèses, auxquelles je n'attacherai pas la moindre importance, et dont il pourra faire justice à son gré.

En copte, l'idée enfant se trouve représentée par le mot ALOU (ⲁⲗⲟⲩ. T. M. B.), qui signifie *infans*, *puer*, *adolescens* (1). D'un autre côté, le thébain LILOU (ⲗⲓⲗⲟⲩ, *puer*, ⲗⲉⲗⲟⲩ, *puella*) a le même sens. Or, admettons que la première lettre du radical ait été inscrite par erreur à la place de l'un des deux signes , , qui ont d'ailleurs une assez grande ressemblance avec le signe  que porte en réalité le texte, et nous retomberons sur les deux radicaux coptes que je viens de citer, et qui représentent l'idée enfant.

En effet, si nous examinons la première supposition, nous avons le groupe PALO, l'enfant, le jeune; si nous préférons la deuxième, nous avons PRLO, qui nous ramène immédiatement au mot ⲗⲓⲗⲟⲩ, puisque en copte les liquides L et R se permutent avec une extrême

(1) Peyron, dans son Lexique, constate l'emploi de ce mot pour désigner un enfant de douze ans et un jeune homme de vingt ans.

facilité, et que d'ailleurs nous reconnaîtrons que les mots coptes modernes ALOLI raisin, (ⲀⲀⲞⲀⲒ. M. ⲈⲀⲞⲀⲈ. T. d'où ⲒⲀⲌⲀⲀⲞⲀⲒ, vigne); GLIL, holocauste (ⲤⲀⲒⲀ. T. M. B.) sont écrits en démotique (ligne 18-29), de telle façon que la première L est remplacée par une R.

Nous aurions donc ici, dans le mot RLO pour RILOU et LILOU, un fait entièrement analogue.

On voit que, dans l'une ou dans l'autre hypothèse, le mot égyptien en question nous offrirait l'équivalent rigoureux du grec τοῦ νέου; remarquons enfin que la présence de l'article P nous permet de croire qu'il s'agit ici d'un substantif: par conséquent on peut admettre que le mot MATÔAR qui précède et ce substantif, donnent le sens : étant roi l'enfant.

Phrase 2—3.

〔⊥ⳤⳉⳊ.— ETSTO. — ⲈⲦⲤⲦⲞ.

Ce mot n'est pas un des moins embarrassants de tout le décret.

S'il n'eût été écrit qu'une seule fois, je ne crains pas d'affirmer qu'il eût été impossible d'en deviner la transcription. Nous allons voir cependant que cette transcription est certaine. Cherchons d'abord les différentes formes sous lesquelles ce mot se présente dans le texte démotique du décret de Rosette. Ici, ligne 1, il est précédé de la particule ⳤⳉⳊ que nous savons lire déjà, et sur le compte de laquelle nous allons avoir à nous expliquer.

Ligne 24 et ligne 29, nous le trouvons sous la forme 〔⊥⳽, après le substantif pluriel qui doit désigner les cérémonies religieuses, les panégyries. Dans la même ligne, et dans la ligne suivante, nous trouvons le groupe 〔⊥⌃〔⳽ⳝ, auquel nous serons forcés d'attacher le sens, on célébrera, on solennisera, tandis que dans

6.

cette même ligne 25, le mot ⌐±⌐ se représente, mais débarrassé de la particule préfixe ⌐⌐ qui implique le sens impératif, ainsi que je le démontrerai en temps et lieu. Ligne 26, nous retrouvons ⌐±⌐ . Enfin, ligne 28 et ligne 29, nous trouvons le mot isolé ⌐±, après le substantif *panégyrie* écrit au singulier.

La comparaison des différentes formes de ce mot démontre d'une manière incontestable que le mot à étudier, c'est-à-dire le radical dont la valeur est à chercher, est tout entier dans le groupe

Une fois la valeur de ce radical reconnue, ainsi que sa consonnance, tout le reste en découlera, et il n'y aura pas une seule des formes différentes que je viens de signaler, qui ne s'explique facilement d'elle-même, dans le texte démotique du décret de Rosette.

Ce groupe curieux n'est pas toujours écrit avec soin en traits nets et biens définis; souvent les traits sont arrondis, mous et lâchés : vraisemblablement ce défaut d'uniformité tient à ce que la matière sur laquelle le graveur avait à exercer son talent, était fort dure, et par conséquent malaisément maniable. En examinant le spécimen de ce mot placé à la première ligne du texte, et par conséquent dans une position où je devais m'attendre à en trouver les linéaments plus rigoureux et plus précis, je fus de suite tenté de décomposer le premier signe en deux autres qui se trouvaient réunis en ligature, comme les trois premiers caractères du mot ⌐⌐⌐ , majesté, roi.

Ceci posé, il n'était plus difficile de procéder à la détermination de la valeur des éléments de cette ligature : le premier se présentant dans le nom d'Alexandre ⌐⌐⌐⌐ , AL$_{SNR}^{KAT}$, entre la syllabe AL et la syllabe ANTR, devait de toute nécessité faire partie de l'articulation représentée par la lettre grecque Ξ, que ne connaissait pas l'idiome égyptien, et que, par conséquent, on devait *à priori* considérer comme devant être composée des éléments K et S réunis. Ceci s'est trouvé démontré sur-le-champ, grâce à la comparaison du nom

Alexandre avec le nom de Bérénice, ⟨ ⟩ ⟨ ⟩, BRNIKE, tiré de la ligne 3 du même texte démotique.

Le ᴋ ayant été reconnu ainsi dans le groupe de deux signes superposés ⧍, qui représentaient forcément l'articulation Ξ, ᴋs, il a bien fallu de toute nécessité attribuer au signe inférieur la valeur s, qu'il comporte encore à la fin du nom ᴀʟᴋsᴀɴᴛʀs. Donc le signe cruciforme en question était une s, et dans la ligature initiale du groupe ⧍, le premier signe devait se lire s; le second, qui nous est bien connu déjà, est un ᴛ; le troisième nous est donné par le nom de Ptolémée, c'est un ô. En définitive, nous devions forcément lire sᴛô, en admettant que le premier signe du groupe fût un signe composé de deux lettres.

Si cette hypothèse n'était appuyée sur aucun fait, j'avoue qu'elle pourrait, à bon droit, être regardée comme une de ces inventions plus ou moins adroites à l'aide desquelles on esquive une difficulté.

Aussi, suis-je heureux de pouvoir annoncer que cette lecture est pleinement confirmée par l'existence d'un fait contre lequel il serait fort difficile d'argumenter. Un des noms que nous trouvons dans les papyrus démotiques dont la traduction grecque contemporaine nous est connue, est le nom πετεμαστους, que contient le papyrus Casati. Des transcriptions démotiques de ce nom se retrouvent, avec variantes, dans ce papyrus, dans le papyrus 36 de Berlin, publié par Kosegarten (pl. X), et dans le papyrus 42 du même musée. Young, qui avait recueilli les différentes formes de ce nom égyptien, les a publiées page 89 de son dictionnaire; les voici :

Décomposons actuellement ce nom égyptien : il est clair que la première syllabe ⟨ ⟩, qui nous a déjà occupé, étant mise à part, la syllabe qui suit est précisément la sigle ⌠.Ȝ , que Kosegarten a le premier reconnue comme donnant l'abréviation conventionnelle et constante du nom divin AMON. L'ensemble de ces deux premières parties du nom doit donc se lire rigoureusement PAAMON ou bien PETAMON, si, à la syllabe ⏐ ʋ , qui ne contient en réalité que les éléments P et E, l'on admet que l'usage ajoutait en affixe un T, que l'orthographe sacrée et l'organe grec intercalaient dans les mêmes noms.

Maintenant, pour assimiler le nom grécisé πετεμεστους au nom égyptien, dont nous avons l'orthographe démotique, et dont, pour un Égyptien, la première partie se prononçait PAAMON ou PETAMON, il faut bien admettre que le reste des signes disponibles du nom démotique constituait une désinence qui a donné naissance à la terminaison στου; du nom grec correspondant (1).

Le savant Peyron ne s'est pas mépris sur la formation primitive de ce nom, dans lequel il a démêlé les éléments PET-AMON-SO-N-TO (ⲡⲉⲧ-ⲀⲨⲞⲚ-ⲋ-Ⲛ-ⲧⲞ), qu'il traduit, celui qui appartient à Amonsonto, ou à Amon, générateur du monde, ce nom divin ne se distinguant du nom plus vulgaire AMONRASONTER, que par la substitution du nom Amonra au nom Amon, et de la finale SONTER, générateur des dieux, à la finale SONTO, générateur du monde. (Illustrazione d'una stela greca del Museo di Torino, Mémoires de l'Académie de Turin, tome XXXIV.)

Salvolini (Campagne de Ramsès le Grand, p. 94 et suiv.), est revenu sur l'interprétation donnée par M. Peyron: et il a prétendu qu'il fallait lire, non pas AMONRA-SO-N-TER, mais bien AMONRA-SONT-TER, en voyant dans l'N intercalé par les Grecs, non pas la parti-

---

(1) Quant à l'N final du nom AMON, que nous ne retrouvons plus dans l'équivalent grec, il est bien probable que cette consonne se sera éteinte, à cause de la difficulté pour les Grecs de prononcer de suite et sans voyelle d'intercalation les trois articulations NST; ainsi, de *petamensto*, qu'ils auraient dû avoir et qui leur paraissait trop dur à prononcer, ils auront fait le nom πετεμεστους.

cule égyptienne de flexion, mais bien l'un des éléments essentiels du radical SNT (ⲥⲱⲛⲧ), créateur, de SONT (ⲥⲱⲛⲧ), *creare, efformare, invigilare* (1).

Pour nous décider, en connaissance de cause, entre ces deux explications, il faut absolument recourir aux textes. Or, les noms Amonrasonter et Amonsonto sont exprimés de la manière suivante dans l'écriture hiéroglyphique.

AMNRAS (NTÈR). ⎫
⎬ Dict. de Champollion, p. 196.
AMNRAST (NTÈR). ⎭

AMNRASTN (NTÈR). Précis du syst. hiér., 1ʳᵉ édit., groupe 336.

AMNSNN (TO). Salvolini, Camp. de Ram. le Gr., pl. II, 71, d'après la légende d'une statue naophore du Musée de Turin.

Dans l'écriture démotique, les mêmes noms se présentent sous les formes suivantes :

⎧ papyrus 36 de Berlin, Kose-
⎪ garten, pl. XI.
Amonrasonter ⎨ Young, Hieroglyphics, pl. 35
⎪ (Dict., p. 80).
⎪ Young, Hieroglyphics, pl. 32
⎩ (Dict., p. 80).

---

(1) Aussi Salvolini (*Camp. de Rams.*, p. 100), pour expliquer les noms démotiques correspondants, fait-il du signe ⵣ l'équivalent de l'initiale ╪ du mot ⵔ╪, ⲥⲛⲧ, créer, former, tandis que, dans un passage du manuscrit Sallier (*Camp. da Ramsès le Grand*, pl. II, n° 88), il admet que le signe hiératique ╪ est précisément l'équivalent du groupe hiéroglyphique ⵥ.

(hieroglyphic/demotic characters)

Amonsonto.

Formes tirées du nom dé-
motique, équivalent du
grec πετεμεστους.

D'abord les noms hiéroglyphiques ne nous donnent en aucune façon un radical analogue au mot SNT que Salvolini prétendait y retrouver. Champollion, en voyant entrer dans la composition de ce nom le signe   *(sign)* , qui, pour lui, était constamment l'initiale du mot *(sign)*, CTN, qu'il assimilait au copte corten, et qu'il interprétait Roi au lieu de Rectificateur; Champollion, dis-je, a traduit le groupe hiéroglyphique équivalent du nom Amonrasonter, Amon-ra roi des dieux. Il est certain que les trois variantes doivent se lire

AMONRA S (NTER).

AMONRA ST (NTER).

AMONRA STN (NTER).

Quant au nom d'Amonsonto donné par Salvolini, s'il était bien copié, je n'hésiterais pas à le lire AMON-S-N-NTO. en admettant que le substantif TO est ici au pluriel; mais je crois plutôt qu'il y a une faute dans la transcription donnée par Salvolini, et que le signe ⁓⁓⁓, placé au bas du groupe *(sign)*, s'y trouve mis par erreur à la place de ⌒ , auquel cas nous aurions AMON-ST-N-TO.

La traduction donnée par Champollion pour le groupe ST, paraît tout à fait naturelle quand on examine l'immense quantité de textes hiéroglyphiques où ce groupe *(sign)* se trouve intercalé avec le sens indubitable roi; il faut donc lire avec lui ces deux noms hiéroglyphiques, Amonra roi des dieux, et Amon roi des mondes ou du monde.

Quant à la forme ⚹⌓ , cᴛɴ, je doute qu'elle soit la forme ordinaire du mot, l'ɴ final me paraissant n'être le plus souvent que la particule de flexion. Ce qui me le fait croire, c'est que l'idée royauté est rendue dans le texte hiéroglyphique du décret de Rosette, par le groupe ⚹ⵔⵔ , sᴛɪ, dérivé certain du groupe ⚹⌓ , roi, et dans lequel il n'y a certainement pas eu d'ɴ radical (1). Plutarque (Traité d'Isis et d'Osiris, chap. 36), ainsi que le remarque Salvolini (Analyse, p. 256), nous a fait savoir le sens du signe initial de ce mot ; en effet, il dit Θρύῳ βασιλέα καὶ τὸ νότιον τοῦ κόσμου γράφουσι; ils peignent un roi, ou le midi du monde par un jonc (θρύον, jonc, herbe de marais). Nous venons de voir que le mot roi, dans l'idiome sacré et dans l'écriture hiéroglyphique, est représenté quelquefois par le jonc ⚹ initial des mots ⚹⌓ , sᴛ, roi, ⚹ⵔⵔ , sᴛɪ, royauté ; et le témoignage de Plutarque n'est pas moins exact pour la deuxième partie de son assertion, car le midi est désigné dans les textes hiéroglyphiques (sur le zodiaque circulaire de Denderah, par exemple), par le groupe ⚹ qui se lit ʀs, et nous donne immédiatement le mot ʀès (ᴘʜc) qui, en copte, signifie midi.

En résumé donc, les noms hiéroglyphiques me paraissent avoir été parfaitement interprétés par Champollion, à cela près que le mot signifiant roi s'écrivait sᴛ (cᴛ), plutôt que sᴛɴ (cᴛɴ) (2).

---

(1) Ce mot se trouve dans la ligne ᴠɪɪ et dans le membre de phrase suivant :

𓏤𓈖𓏏𓊪𓋴 , ū ꙗⲡ ⲛ̄ϥ cᴛɪ ⲓⲁ ⲧⲟⲧⲉϥ, afin de prendre pour lui la royauté à la place de son père.

(2) Je n'ignore pas que le *Dictionnaire* de Champollion (pag. 226) nous offre le groupe ⚹⌓ ou ⚹⌓ comme pris dans des exemples où il représente l'idée Roi; mais si le mot ⚹⌓ n'est qu'une abréviation, comment expliquer alors la formation du groupe ⚹ⵔⵔ , sᴛɪ, royauté, et surtout l'existence des groupes ⚹ ,où la place était naturellement trouvée pour insérer l'ɴ qui manquait, si cet ɴ eût été partie intégrante du radical (p. 224, *Dict.*)? Du reste, les exemples du *Dictionnaire* dans lesquels entre le groupe ⚹⌓ , et qui sont censés tirés de la *Grammaire* (p. 3⁻⁹ et 487), ne se trouvent pas aux pages indiquées. De plus, celui qui est tiré d'une stèle du musée de Vienne donne en réalité le groupe ⚹⌓ suivi de la particule de flexion ▬ , ɴ. Enfin, dans la multitude de noms et de prénoms royaux

Mais quelle est l'origine de ces mots sᴛ, sᴛɪ, roi, roÿauté? Je l'ignore. Y a-t-il eu une relation entre ces mots et le nom sɪᴛ (ᴄɪᴛ) du serpent Basilic ou Uræus, que les rois d'Égypte portaient sur leur diadème comme insigne royal? Cela est possible, et dans tous les cas il ne serait pas plus extraordinaire, on en conviendra, de chercher une affinité entre les mots sᴛ, roi, et sɪᴛ, basilic, serpent' royal, qu'entre ouro et uræus, βασιλεὺς et βασιλίσκος, Rex et Regulus.

Il faudrait maintenant constater que les noms démotiques correspondant aux formes Amonrasonter et Amonsonto se prêtent à la même analyse; mais ici se présente une difficulté grave.

Les formes démotiques de ces mots ne nous sont connues que par des manuscrits dans lesquels chaque écrivain a dû contourner, comme il en avait l'habitude, les signes qui, sur la pierre, se fussent présentés avec des formes peut-être toutes différentes. En effet, il est bien certain que les scribes égyptiens auxquels nous devons les contrats démotiques que nous possédons, étaient loin

---

connus, et qui sont constamment précédés du titre royal   jamais le premier groupe ne se présente sous une forme autre que celle qui se lit simplement sᴛ. Je persiste donc à croire, malgré l'autorité des exemples cités par Champollion (pag. 226 de son *Dictionnaire*), que la véritable forme radicale du mot sacré représentant l'idée Roi, était sᴛ pour sᴇᴛ, sɪᴛ, soᴛ ou sᴀᴛ, et non sᴛɴ. Quant à l'ɴ qui paraît se rencontrer quelquefois à la fin de ce radical, c'est peut-être une lettre que le temps a fait disparaître du radical en question. Il est clair que l'étude de l'âge relatif des textes où les deux variantes se rencontrent pourrait seule trancher cette dernière question. Peut-être encore le nom de la déesse Sᴀᴛᴇ, la Junon égyptienne, signifiait-il simplement *la reine;* en effet, Sᴀᴛᴇ étant la forme féminine régulière du nom sᴀᴛ, et la déesse Saté étant dans la mythologie égyptienne la compagne d'Amon, qui, ainsi que nous venons de le voir, portait le nom de Sat-n-ter, roi des dieux, et de Sat-n-to, roi du monde, il n'y a évidemment rien que de très-naturel dans le choix de ce nom significatif. Remarquons de plus que l'emblème ordinaire de la déesse Saté est l'Uræus femelle, qui en copte s'appelait Sité ou Siti. Voilà, je crois, des coïncidences qu'il serait difficile d'expliquer en ne les attribuant qu'au hasard. Je terminerai en faisant ici un singulier rapprochement, qui n'est peut-être que fortuit. Les éléments sᴛɴ du mot qui représente l'idée Roi dans l'idiome sacré, sont précisément ceux du nom qui fut donné au chef des anges déchus, au roi de l'enfer, au serpent tentateur, à Sᴀᴛᴀɴ enfin, le שׂטן, l'adversaire, l'ennemi, l'audacieux, suivant les Hébreux, et le شَيْطان, l'homme superbe, opiniâtre, le démon, suivant les Arabes.

d'être des calligraphes. Ce qui le prouve, c'est l'énorme quantité de variantes que les mêmes noms propres, que les mêmes mots nous offrent dans leurs œuvres.

Il est donc toujours fort difficile de s'expliquer catégoriquement sur la véritable constitution d'un mot démotique dont nous n'avons qu'une copie manuelle. Dès qu'il s'agit d'une inscription lapidaire, au contraire, l'incertitude diminue énormément, et les traits que le ciseau n'a pu entamer que péniblement, doivent, par le fait même, avoir conservé des formes plus pures, plus régulières, puisque, dans ce cas, le graveur n'eût rien gagné à altérer les signes pour en accélérer le tracé ; en un mot, il doit exister entre l'écriture démotique gravée sur pierre et l'écriture démotique manuelle, la même différence que l'on rencontre en comparant une écriture lapidaire quelconque à l'écriture cursive et manuelle qui est censée la reproduire. Un seul texte démotique lapidaire contenait le nom *Amonrasonter*, c'est l'inscription de la stèle bilingue du musée de Turin, et par une fatalité déplorable, le texte égyptien semble avoir été mutilé à plaisir, si bien qu'on n'en saurait extraire un seul mot avec certitude. Nous restons donc, en définitive, en face des variantes manuscrites que j'ai rapportées plus haut, d'après les publications de Young et de Kosegarten.

Ce dernier, qui coupe le nom Amonrasonter en Amon-ra-schomt-ter (1), Amon-ra *conditor universi* (Comm. I, p. 31-32), avoue qu'il ne sait comment la dernière partie du nom démo-

tique peut représenter schomt-ter.

Il ne pouvait échapper à la sagacité de ce savant philologue qu'il existait une analogie frappante entre la fin de ce groupe et le

---

(1) Je présume que c'est le radical CWNT *creare*, que Kosegarten a transcrit Schomt par inadvertance, le mot ϣOUT n'étant qu'un équivalent thébain et memphitique du mot régulier ϣOMNT, trois.

groupe ⲝⲅⲩⲍ , qui, dans un papyrus de Berlin (n° 41 b.), représentait en maint passage l'idée *dieux*.

Aussi Kosegarten, après avoir constaté ce fait, rapporte-t-il la
forme hiéroglyphique de ce nom tiré du Précis de Champollion
(pl. 18, n° 368), et transcrit-il la traduction Amon-ra *princeps
Deorum*, qui accompagne le groupe hiéroglyphique en question.

Cette remarque de Kosegarten était de toute justesse, et rien
n'est plus fréquent dans tous les papyrus démotiques que la présence des groupes ⲝⲅⲩⲍ (pap. Berl., n° 36), ⲍⲅⲩⲍ (pap. Berl.,
41, b.), ⲅⲍⲅⲩⲍ (pap. de Paris, Journal asiatique de 1823, n° 1),
ⲅⲍⲅⲩⲍ (*Id.*, n° 2), etc., etc.; groupes dans lesquels le premier
signe est certainement l'article pluriel initial ⲛ (ⲛ,ⲛⲉ); en le retran-
chant, il ne nous reste que le groupe cursif ⲍⲅⲩ qui est sans
doute un symbole représentatif de l'idée *dieux*, et l'équivalent
du groupe démotique lapidaire ⲍⲅⲩⲍ que nous fournit à chaque
pas le texte démotique du décret de Rosette, abstraction faite de
l'article pluriel initial ⲍ, ⲛ (ⲛ,ⲛⲉ). Comme nous allons bientôt avoir
à étudier à fond ce groupe intéressant, je dois me contenter d'indiquer ici la signification du groupe qui termine le nom démotique
d'Amonrasonter. Ainsi notre analyse nous a déjà conduit à distinguer dans ce nom les éléments abréviatifs et symboliques ⲅⲍ,
Amon, ⲅⲩ, ra, ⲍⲅⲩ ou ⲍⲅⲩ , dieux.

C'est encore à M. Peyron qu'appartient la démonstration de ce
fait indubitable, qu'un dieu, dans l'idiome sacré, s'appelait ⲧⲉⲣ (ⲧⲏⲡ),
et que si cette idée était représentée dans les textes sacrés par un
instrument assez semblable à une hache, c'est qu'un instrument
de ce genre s'appelait dans la même langue ⲧⲁⲣ, ⲧⲱⲣⲉ, ⲧⲱⲣⲓ (ⲧⲁⲣ,
ⲧⲱⲣⲉ, ⲧⲱⲣⲓ), et que la consonnance l'avait fait choisir vraisemblablement pour représenter l'idée dieu (1). Nous pouvons donc enle-

---

(1) Salvolini (Camp. de Rams. le Grand, page 93) affirme que « la *hache* reçoit encore
aujourd'hui le nom de ⲧⲉⲣ dans la langue des Nubiens. » J'ignore où il a puisé ce renseignement, et quelle confiance il est permis de lui accorder.

ver au groupe démotique qui représente le nom Amonrasonter, les groupes qui se prononçaient Amon, ra, ter.

Il nous reste alors à retrouver dans les seuls signes actuellement disponibles $\int \pm$, $\int \tau$, l'équivalent du mot que les Grecs ont représenté comme ils l'ont pu par la syllabe Σον.

L'analyse du même nom en écriture hiéroglyphique nous a forcément conduit à admettre l'existence dans ce nom du groupe SAT, SET, SOT ou SIT, signifiant roi; nous devons donc retrouver ce mot dans notre nom démotique : or, qu'arrive-t-il? que nous rencontrons précisément le signe dans lequel j'ai cru reconnaître une ligature équivalente à ST, en m'occupant de l'analyse du troisième mot de la deuxième phrase du texte démotique du décret de Rosette.

Le nom démotique d'Amonrasonter se décompose donc en quatre parties distinguées et terminées par un même signe final qui joue là le rôle d'indice chargé d'appeler l'attention du lecteur, rôle qu'il conserve perpétuellement dans le manuscrit de Leyde; en effet, dans ce manuscrit, tous les mots étrangers des formules cabalistiques sont terminés par ce même signe, qui paraît bien destiné à prévenir le lecteur que le mot qui le précède n'appartient pas au texte courant, mais qu'il doit être lu avec une attention particulière ; nous avons donc pour ces quatre parties du nom démotique :

1° A. Abréviation du nom Amon, et recevant l'indice par cela même que c'est une abréviation.

2° R. Abréviation du nom Ra ou Rè, et se trouvant dans le même cas que la sigle d'Amon.

3° ST. Mot sacré représentant l'idée Roi, et recevant l'indice parce qu'il passe dans l'idiome vulgaire où l'idée Roi était rendue par le mot MATOUER.

4° TER. Groupe symbolique représentant l'idée Dieux, et accompagné de l'indice, précisément parce qu'il est symbolique.

En définitive, le groupe démotique nous offre exactement les mêmes mots que le groupe hiéroglyphique, et il doit se lire comme lui Amon-ra-sat-ter (1).

J'aurais voulu pouvoir éviter toute cette longue digression ; mais il m'importait d'établir d'une manière suffisante que le signe démotique ⰶ était une ligature composée des éléments bien connus ⊥ et ∠ , devant se lire sᴛ ; j'espère y être parvenu, et je reviens au troisième mot de la deuxième phrase du décret de Rosette. Nous savons maintenant que le premier signe est une lettre double, et qu'il se lit sᴛ. Le troisième n'est autre chose que l'ô du nom propre ∠ⵏ ⵣ ⵏⵏⵄ ⷉ⦊Ⴚ , ᴘᴛʟôᴍɪᴏs, Ptolémée. Nous avons donc un radical sᴛo, dont il s'agit actuellement de débrouiller l'origine et le sens.

Le texte grec, dans la partie correspondante, contient les expressions βασιλεύοντος τοῦ νέου, καὶ παραλαβόντος τὴν βασιλείαν παρὰ τοῦ πατρὸς, κυρίου βασιλειῶν μεγαλοδόξου.

Il nous faut retrouver quelque part l'idée représentée par l'expression μεγαλοδόξου, et cette idée, nous-allons voir que très-probablement elle est renfermée en partie dans le groupe ⌈ⱬ⳽ⵏ , ᴇᴛsᴛo.

En effet, abstraction faite encore de toute comparaison de ce mot avec un radical conservé dans la langue copte, voyons un peu si le sens, illustre, célèbre, qui conviendrait fort bien ici, conviendrait de même dans les autres passages du décret où nous avons reconnu la présence du même groupe.

A la ligne 24, ce mot, écrit au pluriel, suit le groupe pluriel qui, indépendamment de toute transcription, doit signifier les panégyries. Le sens panégyries *illustres, célèbres,* pour *solennelles,* est convenable.

---

(1) Quant à la prononciation grecque Amonrasonter, elle aura été formée en contractant les sons Amon-ra-sat-n-ter, trop durs pour l'organe délicat des Grecs; il en aura été exactement de même pour Amon-sat-n-to, devenu Amon-sonto, et signifiant Amon, roi du monde.

Ligne 25, il est évidemment question de célébrer, d'honorer Épiphane, de lui rendre le même culte qu'aux dieux, et c'est l'impératif d'un verbe composé du radical ʀ (ᴘ̄), qui signifie faire, et du radical en question, qui deux fois de suite représente cette idée; donc, cette fois encore, *illustrer, honorer, célébrer,* est le sens propre. Ligne 26, il est question d'exalter la majesté du roi; c'est le même mot qui se présente. Lignes 28 et 29, c'est encore lui qui est employé pour rendre l'idée établir et accomplir une panégyrie solennelle, ou des panégyries solennelles.

Il serait donc impossible de trouver un rapport entre notre mot égyptien et un mot copte nous fournissant les sens que je viens d'énumérer, qu'il n'en faudrait pas moins attribuer au radical ⌐𠂉, sᴛᴏ (ᴄᴛᴏ), la signification louer, célébrer, illustrer (1). Heureusement cette analogie si désirable ne manque pas de se présenter, et elle corrobore toutes les conclusions que je viens d'adopter *à priori.*

Du radical sôᴛ (ᴄⲱᴛ. ᴛ. ᴍ.), qui signifie étendre, est venu sᴏɪᴛ (ᴄⲱⲓᴛ. ᴍ. ᴄᴏⲉⲓᴛ. ᴛ.), *fama, laus, celebritas.* ᴇʟsᴀɪᴛ (ⲑᴀᴄᴀⲓᴛ. ʙ.), célèbre, fameux; ᴇʀsôɪᴛ (ⲉᴘᴄⲱⲓᴛ. ᴍ.), être loué, être célébré; ᴇʀsᴏᴇɪᴛ (ᴘ̄ᴄᴏⲉⲓᴛ. ᴛ.), devenir célèbre, s'illustrer; ᴛɪsôɪᴛ. ᴛɪsᴏᴇɪᴛ. (ϯᴄⲱⲓᴛ. ᴍ. ϯᴄᴏⲉⲓᴛ. ᴛ.) louer, célébrer, devenir célèbre; et enfin ᴇᴛᴛɪsôʜ (ⲉᴛϯᴄⲱⲓᴛ. ᴍ.), célèbre, fameux.

On me permettra, j'espère, d'avancer que notre mot égyptien sᴛᴏ n'a pas d'autre origine que tous les mots que je viens d'énumérer, et dans lesquels le rôle des voyelles est assez peu déterminé; en intercalant, en effet, la diphthongue ôɪ entre les deux premières radicales, nous obtenons un mot ᴇᴛsôɪᴛᴏ, qui est bien voisin du memphitique ᴇᴛᴛɪsôɪᴛ. En résumé, le mot que nous venons d'ana-

---

(1) Je mentionne ici, pour mémoire seulement, l'existence du radical sanscrit sᴛᴏᴜ, qui, par une coïncidence probablement fortuite, a précisément le même sens, louer, célébrer.

lyser doit se lire sôɪᴛᴏ, à en juger par les mots coptes dérivés du même radical, et il signifie illustre, célèbre, solennel.

Avant de passer au mot suivant, il faut maintenant que j'explique le jeu de la particule ϫ11, qui représente le pronom relatif *qui*. En copte, les adjectifs et les participes se forment en faisant précéder le radical du pronom relatif ᴇᴛ (ᴇᴛ), qui est exactement celui que nous trouvons dans l'idiome démotique. Ce pronom relatif joue précisément ici le même rôle, et nous avons le verbe primitif sᴛᴏ, être illustre, illustrer, louer, célébrer ou être célèbre, qui, précédé du pronom relatif ᴇᴛ, devient le participe ᴇᴛsᴛᴏ, loué, illustré, ou l'adjectif célèbre, illustre; de même qu'en copte, ᴇᴛᴛɪsôɪᴛ (participe de ϯcⲱɪᴛ. ᴍ. ϯcoⲉɪᴛ. ᴛ.), signifie célèbre, illustre, aussi bien que célébrant, illustrant. Quant à l'origine première de la forme ϫ11 du pronom relatif, je ne sais jusqu'à quel point il serait audacieux de la chercher dans le radical ϫ, faire, dont nous avons déjà reconnu l'existence, lequel, précédé du son ϫɪ, ᴇ, ⲉ, caractéristique du présent des participes coptes, serait exacment l'équivalent de notre mot faisant : de la sorte tout participe présent égyptien reviendrait à : *faisant* l'action désignée par le radical qui serait mis au participe. Quelque vraisemblable que soit cette analyse, elle paraîtra peut-être un peu subtile, et comme il n'y a pas d'inconvénient à la rejeter, je déclare n'y tenir en aucune façon.

———

Phrase 2 — 4.

ʊ/ϧϟϩ — ᴍᴀᴛôᴀʀ — ᴜᴀᴛⲱᴀᴩ.

Je n'ai rien à ajouter à l'analyse de ce groupe qui comporte ici la même consonnance et la même valeur que plus haut (phrase 2 — 1).

———

Phrase 2 — 5.

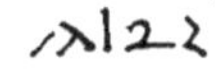 — EPAH — ⲉⲡⲁϩ.

La première lettre est la voyelle vague A, E, O, dont nous avons reconnu l'emploi dans les noms Ptolémée, Pyrrha et Bérénice, qui s'écrivaient 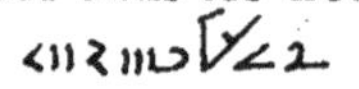, PTLÔMIOS; 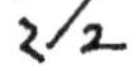, PRA; 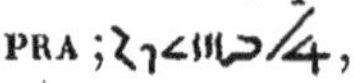, BRNIKE. La deuxième lettre est un P, la troisième une voyelle vague A, E, I, et enfin la quatrième, l'aspiration H, le ϩⲟⲣⲓ des Coptes. Le groupe en question se lit donc EPAH. Si maintenant nous cherchons les sens de ce mot dans les lexiques coptes, nous trouvons EPAHOU, après, postérieurement, derrière (ⲉⲡⲁϩⲟⲩ, ⲉⲫⲁϩⲟⲩ), mot formé de la particule E (ⲉ), *in*, *ad*, et du mot PAHOU (ⲡⲁϩⲟⲩ), *pars posterior*. Ce dernier mot, lui-même, doit se décomposer en P, article singulier masculin (ⲡ), et AHOU (ⲁϩⲟⲩ. T. M. ⲉϩⲟⲩ. B.), *pars posterior*.

Remarquons toutefois que l'usage a fini par réunir si bien en un tout concret l'article P et le radical AHOU, que l'on trouve dans les textes coptes PEFPAHOU (ⲡⲉϥⲡⲁϩⲟⲩ), *pars ejus posterior*, au lieu de PEFAHOU (ⲡⲉϥⲁϩⲟⲩ), que l'on s'attendrait à trouver. Cette remarque est indispensable pour expliquer l'orthographe du mot égyptien 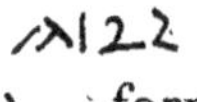, dans lequel l'article primitif est écrit  au lieu de , forme constante de cet article. Il en faut conclure que la jonction des deux parties du mot PAHOU (ⲡⲁϩⲟⲩ) était déjà opérée à l'époque des Lagides, et que cette modification de langage ne peut pas être attribuée à une influence aussi moderne que l'immense majorité des détériorations que l'idiome égyptien a subies, pour constituer les trois patois dont se compose la langue copte. Il y a identité absolue entre l'EPAH démotique, qui peut également se lire EPAHOU, et le mot copte ⲉⲡⲁϩⲟⲩ, postérieurement, après. Nous pouvons donc adopter ce sens, sur le compte duquel l'analyse des deux groupes suivants ne permet pas de conserver le moindre doute.

Phrase 2 — 6.

⌐£⌐⸝⁄— NETÔ — ͞NETOY.

Nous voici arrivés à un point où, pour la première fois, je me vois forcé de renoncer à donner avec confiance la vraie prononciation, et la transcription d'une particule égyptienne démotique, dont le sens est d'ailleurs parfaitement clair. Cette particule est représentée par une ligne presque couchée, descendant de droite à gauche, et au-dessous de laquelle est placé un point. Abstraction faite du point, le signe en question deviendrait sûrement un N, et la seule raison qui m'empêche d'affirmer que c'est encore une forme de l'articulation N, c'est que ce même signe ⸝⁄ se retrouve dans un nom démotique que dans les antigraphes grecs on a cru devoir lire Spotus. Ce nom a la forme ⌐ʎ⌐⸝⁄ ┼◿ , et on le rencontre dans le papyrus 36 de Berlin. En le comparant avec le nom démotique Petemestus, on est conduit à regarder ce groupe ⌐⸝⁄ ┼◿ comme représentant la syllabe SPO, et par conséquent le signe ⸝⁄ comme étant l'image de l'articulation P. Toutefois, je suis loin de regarder cette transcription comme certaine, et il faudrait rencontrer plus d'un fait de même genre pour que leur ensemble pût constituer une démonstration. Je suis même tout disposé à croire que c'était *Snotus* et non Spotus qu'il fallait lire dans l'antigraphe grec.

Voici qui est beaucoup plus positif concernant la signification de ce signe. Dans ce même papyrus on trouve la phrase : de Spotus, de ses fils et de ses hommes. Cette phrase est représentée par le texte:

$$\mathord{|}\rho\mathord{\prec}\mathord{\sim}\mathord{\triangleright}\mathord{\downarrow}\ \mathord{\sim}\mathord{\prec}\mathord{\upsilon}\mathord{||}\mathord{|}\mathord{\lambda}\mathord{|}\mathord{\prec}\ \mathord{\prec}\mathord{\longrightarrow}$$

Or, les mots qui suivent la conjonction placée après le nom Spotus sont tous les deux au pluriel; ce sont ʜʌ◿⸝⁄⸜, ses fils, et |ρ⸝⁄⸜ , ses hommes, mots sur le compte desquels je reviendrai dans le cours de mon analyse du texte démotique du Decret de Rosette; de la forme de ces groupes il faut conclure, ou que le signe ⸝⁄

comporte simplement l'idée de la possession, sans avoir rien de commun avec l'article, ou que le signe initial ⟨ᴢ⟩ , caractéristique du pluriel, n'est pas un véritable article, mais seulement un indice de pluralité, comme le signe final ⟨ı⟩ , qui constitue la désinence ordinaire du pluriel, le signe ⟨⌒⟩ , impliquant l'idée que représente l'article ordinaire. Je reviens à l'analyse de notre sixième groupe.

Le second signe de ce groupe est une voyelle vague, ᴀ, ᴇ, ɪ, le troisième est le ᴛ du mot ᴍᴀᴛôᴀʀ, et enfin le dernier un ô. Nous avons donc le groupe ᴇᴛô (ⲉⲧⲱ, ⲉⲧⲟⲩ) ; il s'agit maintenant d'analyser grammaticalement ce groupe, et d'en reconnaître la valeur. Il nous est facile d'abord de constater un premier fait : c'est que le premier signe doit être séparé des trois derniers, et que ceux-ci doivent à eux seuls constituer un radical. En effet, nous trouvons l'idée dieux Philopators, rendue à la ligne 2 et à la ligne 6 par les groupes ⟨démotique⟩ , et à la ligne 3 par ⟨démotique⟩.

Ligne 4 et 16, Arsinoë est appelée Philopator, et, dans ce cas le groupe devient ⟨démotique⟩.

Ligne 5, les mots : après son père, sont rendus par ⟨démotique⟩.

Ligne 6, la phrase : le vengeur de son père Osiris, est représentée par ⟨démotique⟩.

Ligne 9, deux fois de suite, l'idée : sous son père, est rendue par ⟨démotique⟩.

Ligne 16, l'idée : vengeant la royauté et son père, est représentée par une phrase dont la fin est ⟨démotique⟩.

Ligne 22, les mots : dieux Philipators, sont écrits ⟨démotique⟩. (je prouverai plus loin qu'ici le graveur a commis une faute grave).

Enfin, dans la même ligne 22, l'idée : ses ancêtres, est rendue par les mots : les pères de ses pères, et représentée par : ⟨démotique⟩.

De l'examen de ces quatorze passages, il résulte 1° que le mot ᴘèʀᴇ était représenté dans l'idiome démotique par le groupe ⟨démotique⟩ ou ⟨démotique⟩ , se lisant ᴇᴛô, ᴇᴛôᴇ, ᴇᴛoɪ, et faisant au pluriel ⟨démotique⟩

8.

ou I/ɪ̄ɪ , ετôɜ ou ετοει; 2° que la particule ⌐ comporte
nécessairement le sens du pronom possessif de la troisième personne, son, sa ses. Ne serait-il pas possible que cette particule fût
la simple particule de flexion ordinaire N, à laquelle le point souscrit attacherait le sens du pronom possessif de la troisième personne? Ce qui est certain, c'est que cette double signification est
inhérente à la particule en question, indépendamment de toute
prononciation. En un mot, lorsqu'il s'agit d'un pluriel par exemple,
la particule ⌐ est l'équivalent rigoureux de l'article possessif ΝΑ
des Coptes. Quant au mot ΕΤΟ, ΕΤΟΕ ou ΕΤΟΙ, il doit avoir la même
origine que les mots suivants, que l'on trouve dans le lexique copte
ΕÎΟΤ, ΙÔΤ, (ΕΙΩΤ, T. ΚΩΤ, T. Μ. B.) père, d'où ΕΙΟΤΕ, ΕΙΑΤΕ (ΕΙΟΤΕ,
ΕΙΑΤΕ, T. ΙΑ✝, ΕΙΑ✝, B. ΙΟ✝, ΙΟΥ✝, Μ.) pères, ancêtres.

La forme antique de ce mot est, on le voit, assez différente de
la forme moderne; et cependant, comme il n'y a eu que des dépla-
cements de voyelles, il n'est guère possible de se refuser à reconnaître qu'il y a une affinité réelle entre les mots égyptiens et coptes représentant l'idée père.

Quant à la prononciation du groupe père, elle était à très-peu
près la même que la prononciation hiéroglyphique ou sacrée; car,
dans cette écriture, le mot père est toujours représenté par le
groupe ⌐, ΤϤΕ, ΤΟΥΕ, qui ne diffère du mot démotique que
par l'absence de la voyelle initiale. Nous avons trouvé précédemment le mot ΕΡΑΗΟΥ, après; de sorte que les deux derniers groupes
que nous venons d'analyser, nous représentent les mots : après son
père, mots que nous devions nous attendre à rencontrer dans le
texte démotique, puisque le texte grec nous en offre la contre-partie, παρὰ τοῦ πατρός. Ce que nous avons déjà transcrit et expliqué de
la deuxième phrase nous donne donc : étant roi l'enfant illustre,
roi après son père, et ces mots sont la traduction exacte des
mots grecs βασιλεύοντος τοῦ νέου καὶ παραλαβόντος τὴν βασιλείαν παρὰ τοῦ πατρὸς.... μεγαλοδόξου.

Nous allons voir que le reste du texte de cette phrase démotique

nous fournit la contre-partie du reste de la phrase grecque, c'est-
à-dire, l'équivalent de l'idée κυρίου βασιλειῶν.

Phrase 2 — 7.

℔/ — NF — Nq.

J'ai longtemps hésité à considérer ce groupe comme devant être
lu à part. Voyant que le mot égyptien représentant le mot père
était écrit huit fois sur quatorze /〔𝟚〕, il était tout naturel de
chercher ici la même forme, plutôt que la forme qui ne se présente que cinq fois, dont trois avec la désinence du pluriel. Comme
de plus la lettre qui se rencontre ensuite était un q, pronom possessif masculin singulier de la troisième personne, la transcription,
dans cette hypothèse, donnait MATÔAR EPAHOU N ETÔEF, roi après
son père. J'avais donc adopté d'abord cette leçon, mais depuis
j'y ai renoncé formellement, et voici les raisons qui m'ont conduit à le faire : Partout où la particule égyptienne ⟋ se rencontre, elle implique si bien le sens possessif que comporterait le
pronom possessif de la troisième personne lui-même, que le pronom affixe q ou c ne paraît jamais à sa suite. Je dis jamais, parce
que le texte démotique du décret de Rosette, où cette particule
possessive se rencontre à chaque instant, ne fournit pas un seul
exemple de l'emploi du pronom personnel affixe concurremment
avec cette particule.

Enfin, ce qui m'a tout à fait décidé à séparer le groupe ℔/ du
reste du texte, pour le lire à part, c'est la rencontre dans le manuscrit de Leyde, du mot ⌈𝟝𝟡 ⚍ ℔𝜈 qui est transcrit en caractères
grecs ΠΝΕΒΒΑΪ (Leemans, pl. x et xi) sur la ligne de jonction des
portions xx et xxi du texte égyptien. Ce mot terminé par l'indice
faisant appel à l'attention qui, dans ce livre, se trouve placé à la
suite de tous les mots cabalistiques sans exception, ce mot, dis-je,

est purement égyptien, et signifie le seigneur des âmes, comme l'a
reconnu Leemans (texte, pag. 39). En effet, PNEB (ⲡⲛⲏⲃ), se
traduit : le maître, le seigneur, et le mot BAÏ signifie âme, suivant l'assertion d'Horapollon (hiérogl. l. 1, 7) (1). La partie transcrite est évidemment ⁴⁄̵⁄ᵤ , chacun des signes qui la composent
ayant d'ailleurs une valeur bien fixée par une foule d'autres transcriptions; et si les signes placés à la fin du groupe ne sont pas
transcrits, c'est que peut-être ils ne servaient qu'à marquer que le
substantif précédent était écrit au pluriel. Quoi qu'il en soit, ce
groupe transcrit entièrement se lit   ⁄⁄ᵤ , PNB , et ⁴⁄̵ , BAÏ, et il
n'est pas possible de se méprendre sur la lecture grecque NEB du
groupe ⁄⁄ qui est précisément celui que nous rencontrons dans
le texte du décret de Rosette, en un point où doit se trouver re-
produite l'idée κυρίου βασιλειῶν, exprimée dans le texte grec (2). Voyons

_____

(1) Champollion (*Précis*, première édition, page 8, note 2), pour rendre compte de l'assertion d'Horapollon, admet que le mot grec βαï représente le copte ⲡⲁⲍⲓ, la vie, et,
par extension, l'âme (de ⲡ et de ⲁⲍⲉ, vie). Cette interprétation tombe d'elle-même devant
le texte du manuscrit de Leyde, où le mot BAÏ est évidemment écrit ⁴⁄̵ , ce qui ne permet pas de voir dans le corps du mot l'article masculin ⲡ (ⲡ). D'ailleurs, ce mot est suivi
d'une terminaison du pluriel qui convient à un substantif, tout en excluant l'emploi d'un
article singulier.

(2) La lecture πνεϐϐαï du groupe démotique en question nous suggère quelques remarques qui ne sont pas dénuées d'intérêt : en étudiant les transcriptions grecques du manuscrit
de Leyde, on remarque que tous les mots qui entrent dans les formules cabalistiques sont
munis de voyelles; celui-ci, au contraire, se trouve dépourvu des voyelles intercalées dans
la transcription grecque, car les seules lettres que nous présente le mot égyptien sont PNFBI
Pour que ce mot soit devenu ⲡⲛⲉⲃⲃⲁⲓ, il a donc fallu d'abord une double intercalation
de voyelle, puis une mutation de la lettre égyptienne ϥ en ⲃ. Il me paraît vraisemblable
que cette contraction du mot égyptien tient précisément à l'origine purement égyptienne du
mot dont il s'agit. De là je conclus qu'à l'époque où le manuscrit de Leyde a été écrit,
l'idiome égyptien n'était pas encore assez corrompu pour devenir du copte, et que celui qui
faisait usage de ce livre ne pouvait se tromper, malgré l'absence des voyelles, sur le sens et
la consonnance des mots d'origine égyptienne qu'il rencontrait dans ce livre, au milieu de
mots étrangers à sa langue maternelle. Ce n'est pas tout : cette transcription était nécessairement destinée à faire connaître au lecteur du manuscrit la véritable prononciation du

maintenant ce que nous donne la lecture du mot démotique en question.

Le premier signe, la barre oblique et couchée de droite à gauche, se rencontre à chaque pas, tenant la place de la particule de flexion; c'est donc un ⲛ, comme nous le montre la transcription du mot ⲡⲛⲉⲃⲃⲁⲓ. La deuxième lettre nous est encore inconnue, et nous devons chercher sa valeur. Un des noms divins abrégés qui se rencontrent plusieurs fois dans le texte démotique du décret de Rosette, est celui de Phtah, l'Ἥφαιστος des Grecs. Ce nom est représenté par ⌈.ϥ , et de même que nous avons reconnu l'initiale du nom Amon dans la sigle ⌈.ⲗ , celle du nom Ré dans ⌈.ⲟ , nous pouvons déjà présumer que le premier signe de l'abréviation ⌈.ϥ a la valeur du Φ ou de notre ꜰ. D'un autre côté, cette même lettre est l'initiale des groupes représentant les idées canéphore et athlophore, lesquels commencent par le mot ⲓⲓⲓϤ, qui étant commun aux deux titres, doit représenter leur partie commune, c'est-à-dire, l'idée que comporte la terminaison grecque φορος. Or, si nous admettons que le signe Ϥ soit le ϥ des Coptes, équivalent du Φ, et de nos sons ꜰʜ ou ꜰ, nous trouvons le mot ꜰᴇɪ (ϥⲓ), qui signifie précisément *porter*. Voilà donc une bonne présomption de plus en faveur de cette lecture. Mais ce n'est pas tout; à chaque instant le signe Ϥ ou Ϥ dans le texte démotique du décret, doit nécessairement, à cause de la place qu'il occupe, représenter le pronom personnel affixe masculin singulier de la troisième personne; et comme en copte le même pronom est représenté par le ϥ, nous pouvons, en toute sûreté, admettre que le signe égyptien avait précisément la valeur que le même signe, sans la moindre différence de tracé, a conservée dans l'alphabet copte, où il a probablement été con-

---

groupe qu'elle représentait; et puisqu'il en est ainsi, les Égyptiens disaient ⲡⲛⲉⲃⲃⲁⲓ, et non ⲡⲓⲛⲏⲃⲛ̄ⲛⲉⲃⲁⲓ. D'où enfin il faut conclure qu'ils prononçaient ce qui était écrit, et non ce qui aurait dû être écrit pour former du copte.

servé, parce que sa prononciation présentait une nuance qui le distinguait du Φ grec, adopté par les Coptes. Ceci, du reste, n'est pas une pure hypothèse. Nous venons de trouver ce caractère transcrit ʙ dans le manuscrit de Leyde. Dans nombre de mots nous serons obligés de le transcrire oⲩ; et enfin, le plus souvent il conservera la valeur du ϥ copte. C'est à l'espèce de vague qui existait dans la prononciation égyptienne des mots où ce caractère entrait, qu'il faut probablement rapporter le fait de la permutation assez fréquente dans les textes coptes du ʙ en oⲩ, en ϕ, en ϥ, en ⲩ, et même quelquefois en ⲛ. Quoi qu'il en soit, lorsque le signe Ⲙ ou ⲩse présentera, nous lui donnerons d'abord la valeur du fei copte, puis, à défaut d'un radical convenable à comparer au mot égyptien, cherché à l'aide de cette transcription, nous essayerons si la substitution au Ⲙ primitif, d'un ʙ, d'un ⲛ, d'un ϕ, ou enfin de la diphthongue oⲩ qui, en copte même, sont des articulations congénères, nous procure un résultat plus heureux (1).

Ceci posé, nous devons naturellement chercher d'abord dans les lexiques, si le mot ɴᴇʙ, du manuscrit de Leyde, nous donne un sens convenable, puisque c'est là la transcription contemporaine. Or, c'est précisément ce qui arrive. Le mot ɴᴇʙ (ⲛⲏʙ. ᴍ.) signifie: seigneur, maître, et il entre en composition en changeant son ⲏ en ⲉ, dans les mots suivants, par exemple: ɴᴇʙᴇɪ (ⲛⲉʙⲏⲓ), maître de maison, père de famille, et ɴᴇʙᴇᴛ pour ɴᴇʙʜÈᴛ (ⲛⲉʙʜᴛ, ⲛⲉʙⲍʜᴛ), prudent, littéralement: maître de son cœur. On peut remarquer la forme de ces composés, qui, parce qu'ils sont probablement des mots antiques de la langue égyptienne, ont un sens bien net et bien précis, en vertu de la seule position relative de leurs éléments,

---

(1) Ce qui prouve encore que le signe ϥ des Coptes représentait un son distinct du φ des Grecs, c'est que dans les transcriptions du manuscrit de Leyde, le φ est toujours mis à la place du signe bilittère $\frac{2}{\lambda}$, tandis que le signe ϥ ou ⲩ des mots transcrits est remplacé soit par un β, soit par un π.

et sans que les particules et les articles soient intervenus. Autre preuve, soit dit en passant, de ce fait que les articles et la particule de flexion n'ont été écrits et prononcés partout qu'à une époque assez récente.

Notre mot qui s'écrivait мq et qui se prononçait rigoureusement пeв, signifie donc maître, et c'est l'équivalent du mot κυρίου du texte grec. Je terminerai en faisant observer que Salvolini (Anal., p. 14, n° 43) cite l'orthographe ⏧, NEF du même mot tiré du papyrus hiéroglyphique funéraire du défunt Pétamon, appartenant au Musée de Turin. L'orthographe hiéroglyphique et l'orthographe démotique de ce mot étaient donc identiques.

Phrase 2—8.

I// III 𐦉 — NTRI ʃ I. — NTPI ʃ I.

Commençons par établir la lecture matérielle de ce groupe. Le premier signe est bien celui dans lequel nous avons jusqu'ici reconnu une voyelle vague A, E, O, et cependant nous allons être obligés de renoncer à cette valeur. J'ai déjà dit qu'il faudrait absolument admettre que ce signe, placé isolément devant un substantif pluriel, avait la valeur de l'N, parce qu'il représentait alors l'article pluriel des deux genres N, NE, NI (н, нe, ми) des Coptes; en voici le premier exemple. Il est impossible, pour peu que l'on étudie avec quelque attention le texte démotique du décret de Rosette, de ne pas remarquer sur-le-champ que les pluriels y sont généralement caractérisés par l'adjonction de deux signes constants, l'un 𐦉, placé avant le radical, l'autre I, après; de telle sorte que le radical se trouve comme encadré entre deux lettres qui annoncent immédiatement qu'il est employé au pluriel. Le premier signe qui, jusqu'à présent, a été pour nous une voyelle, contracte donc forcément alors une valeur toute différente, et que nous allons chercher. Le dernier signe nous est connu, c'est un E ou un I. Voyons d'abord quelles sont les désinences du pluriel dans les dialectes coptes.

Dans le memphitique, ce sont ı, т, от, оті; dans le thébain, є, єт ou нт, єтє ou нтє, от, отє; dans le baschmourique, ce sont tantôt les désinences thébaines, tantôt les désinences memphitiques qui sont employées. Enfin, il y a des noms qui ne reçoivent pas ces désinences régulières, et qui constituent la classe des pluriels irréguliers. Il est bien permis, je crois, de conclure que notre signe final démotique ı ou E des noms au pluriel, est l'équivalent de l'ı ou de l'є final des pluriels coptes.

Passons maintenant au signe placé devant le radical. Nous venons de reconnaître que la désinence du pluriel démotique était la même que la désinence du pluriel copte; nous pourrions donc, par analogie, présumer aussi que le signe placé devant le substantif pour caractériser le pluriel, n'est autre chose que l'n, article pluriel copte (n, nє, nı) des deux genres, et non l'une des voyelles A, E, O. Ce fait est condamné à demeurer sans démonstration, parce qu'on ne connaît jusqu'ici aucune transcription contemporaine d'un substantif employé au pluriel dans l'écriture démotique; mais ceci n'est pas une raison pour rejeter un système que des centaines d'exemples établissent. Les signes caractéristiques constants du pluriel sont en copte l'n placé devant le radical, et l'ı à la fin de ce même radical : nous retrouvons exactement celui-ci dans l'écriture démotique; il n'est donc pas déraisonnable d'y chercher également l'autre. Nous avons eu le bonheur de pouvoir constater rigoureusement la double valeur du signe circulaire qui, dans les radicaux, est un R, tandis qu'il devient un P, quand il représente l'article singulier masculin. Le fait que j'énonce ici est entièrement analogue, et n'a rien de plus étonnant.

Enfin, je me hâte de dire que cette double valeur du signe ㄥ a été reconnue et admise sans difficulté par Champollion et par tous ceux qui se sont occupés de la question. Du reste, il n'est pas inutile, comme preuve à l'appui de l'opinion qui du signe ㄥ fait un N, lorsqu'il représente la particule caractéristique du pluriel, de citer les formes hiéroglyphiques de cette même particule. On trouve dans les textes sacrés, pour caractériser les pluriels, les particules préfixes ᗰᗰᗰ. ⎯ . ☉ , ou ᗰᗰᗰ . ═. , qui se lisent rigoureusement ⲛ, et ⲛⲛ, et qui sont les équivalents des particules coptes ⲛ, ⲛⲉ, ⲛⲓ et ⲛⲉⲛ, que l'on retrouve dans le dialecte memphitique; les particules caractéristiques du pluriel étaient donc, dans l'idiome sacré, celles que nous trouvons dans le copte, et vraisemblablement celles-ci servaient également dans l'idiome vulgaire. D'ailleurs, on reconnaîtra, je crois, que le système grammatical ne variait pas d'un idiome égyptien à l'autre, mais seulement que les expressions étaient presque toujours différentes; de telle sorte que, du choix des expressions et de la différence d'écriture, dépendait principalement la distinction qui séparait l'idiome sacré de l'idiome vulgaire. En définitive, ici, comme toutes les fois que le même cas se présentera, je lirai ⲛ et ⲓ, les deux signes caractéristiques du pluriel des noms démotiques, et j'ai l'entière conviction que cette lecture est exacte.

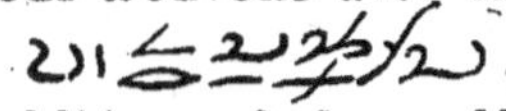

Reprenons actuellement le groupe à analyser, en le débarrassant des signes caractéristiques du pluriel. Ce groupe se compose de quatre signes, le premier, qui nous est bien connu, est un T; le deuxième, qui est placé au-dessous, est un R. En effet, ce signe circulaire fermé, équivalent du cercle hiéroglyphique, est remplacé, ligne 27, dans le même mot, par le signe �⟩ ⌢ , la bouche que nous trouvons avec la même valeur R dans le nom d'Alexandre, ʊ)ı ⤙⤳⤴⤳⤲ , Aᴸᴷᴬᵀꜱⁿᴿꜱ, dans le protocole du papyrus n° 1, publié, en 1823, par M. Champollion-Figeac, dans le Journal asiatique. Le troisième signe est un ⲓ, et le quatrième serait un ⲉ, s'il était bien copié, ce dont il est permis de douter, vu qu'en ce point la pierre est altérée. Nous aurions donc ainsi le mot TRIE, qui, avec les signes du pluriel, deviendrait NTRIEI. Ce qui me fait supposer que le quatrième signe du radical est douteux, c'est que le mot en question ne se présente que cette seule fois écrit ainsi, tandis que nous le retrouvons à la ligne 25, et deux fois à la ligne 27, sous la forme ʃ⳿ιιⳁⳃ , et enfin, à la ligne 26, sous la forme ʃιιⳁⳃ. Il est donc fort probable que les deux traits douteux que l'on devrait lire ε, s'ils étaient bien reconnus, sont les deux traits verticaux du serpent que nous retrouvons dans les quatre autres passages.

Les deux dernières formes que je viens de citer n'en constituent réellement qu'une seule. Car l'exemple tiré de la ligne 26 ne diffère de ceux des lignes 25 et 27 que par l'addition du signe Ι , qui est une des deux particules caractéristiques du pluriel que nous venons de déterminer. Mais une nouvelle lettre s'est introduite dans l'orthographe du mot, et, par le fait seul qu'elle a pu être omise une fois, il devient fort probable que cette lettre est une voyelle ; ceci se trouve pleinement confirmé par les transcriptions grecques du manuscrit de Leyde, où le signe en question est constamment transcrit ɑ, et devient o lorsqu'il est surmonté du signe Ⳑ , qui n'est autre chose que la voyelle o (Salvolini, *Anal.* etc. *alph.*, n° 27) ; de telle sorte que le double signe Ⳑ , équivalent à oɑ, devient un ô long. Du reste, le signe ⳤ doit avoir été lui-même l'image d'une voyelle vague, puisqu'il se trouve dans des mots où il comporte les consonnances *a, o, e,* si nous en jugeons par les équivalents coptes, comme dans ⳤιιι , ιοϩ, par exemple, qui signifie les rivières, les canaux, les fossés (1) (ιορ, ειοορ, ᴛ. ι∊ρο, ᴛ. ιɑρο, ᴍ. ι∊ρρο, ʙ.). Ceci posé, nous avons les deux mots ɴᴛʀɪ (Uræus) ɪ, et ɴᴛʀoɪ (Uræus) ɪ, qui représentent l'idée diadème, couronne, coiffure royale, comme il est facile de s'en convaincre, indépendamment de toute analogie grammaticale, et par le seul examen de la place

---

(1) Peyron distingue avec soin ce mot des suivants :
   { ι∊ρο. ᴛ. ιɑρο. ᴍ. signifiant fleuve, rivière, le Nil.
   { ειɛρο· ᴛ· ιɑρο.
   { ιɛρρο· ʙ.

Il me semble pourtant que c'est bien le même radical, modifié seulement sous le rapport des voyelles.

que ces groupes tiennent dans le texte. Je pense, d'ailleurs, qu'il est permis d'admettre que l'uræus ou serpent royal joue dans ce mot le rôle d'un symbole servant de déterminatif au mot TRI ou TROI, et montrant, par sa présence significative, que les coiffures dont il s'agit sont des coiffures ornées de l'uræus, et par conséquent des coiffures royales. C'est là un des cas extrêmement rares, je me hâte de le dire, de l'emploi d'un déterminatif dans l'écriture démotique.

Voyons maintenant s'il nous sera possible de trouver pour les mots TRI et TROI, dans lesquels des voyelles peuvent venir s'intercaler, une identité d'origine avec quelque radical copte servant à exprimer la même idée.

Nous avons d'abord le mot thébain et memphitique TAR (ⲧⲁⲣ), qui signifie *vertex*, pointe, extrémité.

D'un autre côté, TALO, TALE (ⲧⲁⲗⲟ M.), veut dire imposer (1), TALO EHREI (ⲧⲁⲗⲟ ou ⲧⲁⲗⲉ ⲉϩⲣⲏⲓ), imposer, poser dessus, d'où TALA GHIDJ (ⲧⲁⲗⲁ ϭⲓϫ), imposition des mains.

Ces mots me semblent avoir une analogie frappante avec notre mot égyptien TROI ou TAROI, puisque l'R et l'L peuvent se remplacer sans inconvénient l'un par l'autre dans le copte, et que, d'ailleurs, dans le dialecte baschmourique, le ⲣ des dialectes thébain et memphitique se trouve très-souvent remplacé par le ⲗ. Notre groupe égyptien se lisait donc TAROI, et signifiait ce que l'on met sur la tête, c'est-à-dire une coiffure. De plus, la présence de l'uræus à la suite de ce mot indiquait que la coiffure dont il s'agissait était une coiffure royale.

En résumé, le groupe qui précède celui que nous venons d'analyser, se lit NEB, et signifie maître, seigneur; celui-ci se lit NTAROII, et signifie coiffure royale, ou diadème. En intercalant la particule de flexion supprimée, nous aurions donc le membre de phrase NEB

---

(1) Peyron dérive ce mot de ⲧ, donner, et ⲁⲗⲉ, thébain, monter (ⲁⲗⲏⲓ. M.). Il serait bien possible que de ce mot égyptien fût venu le mot tiare, désignant une coiffure royale.

EN NTAROII (ⲚⲎⲂ Ⲛ̄ ⲚⲈⲦⲀⲢⲞⲒ), seigneur des coiffures royales, ou des diadèmes, qui nous donne précisément l'équivalent du κυρίου βασιλειῶν du texte grec.

— —

Phrase 2 — 9.

Ꙡ ⲟⲩⲣ — MOÔF — ⲩⲟⲟⲩϥ.

Le groupe dont nous avons à nous occuper actuellement est un peu mutilé, autant que j'en puis juger par le plâtre conservé à la Bibliothèque du roi; cependant, je ne vois pas qu'il soit possible de lui attribuer une autre transcription que celle que je lui donne. Le premier caractère est un M; le second, une voyelle vague A, E, O; le troisième n'est autre chose que la voyelle, vague aussi, que nous avons reconnue dans le groupe NTROI, signifiant les coiffures royales; le quatrième enfin est le ϥ copte, pouvant se lire aussi, suivant les cas, ⲃ (comme dans le mot 𝒱 , NF pour NEB), ⲟⲩ, ⲛ. Nous avons donc un mot MAOF, MEOF ou MOOUF, etc., etc., dont il s'agit de trouver le sens. S'il était isolé, il y aurait un très-grand embarras à décider quelle est la valeur convenable; mais il se trouve suivi d'un groupe qui signifie très-certainement *sa présence*. Il faut donc que le mot qui nous occupe représente une idée en rapport avec celle-là, et qui, surtout, soit en rapport avec le texte grec. Dans ce texte, après les mots κυρίου βασιλειῶν, se présente le mot μεγαλοδόξου, dont le texte égyptien nous a présenté déjà un équivalent ⌠ⲌⳚⲓⲓ illustre, célèbre. Mais, pour qu'il y eût parité plus complète entre les deux textes du décret, il fallait que cette même idée, renfermée sous l'épithète μεγαλοδόξου, qui suit les mots κυρίου βασιλειῶν se présentât à la même place dans le protocole du décret égyptien. Μεγαλοδόξος signifie bien, il est vrai, à la grande renommée; il est par conséquent l'équivalent juste et précis du mot égyptien ⌠ⲌⳚⲓⲓ , ETSTO. Il devenait difficile de le reproduire dans le texte égyptien, et dès lors le rédacteur a imaginé de lui substituer une autre idée, qui, du reste, a l'avantage de compléter le sens : illustre, glorieux.

Cette idée est la suivante : resplendissant par sa présence, ou à la présence resplendissante. Il s'agit donc ici d'une gloire matérielle, d'une splendeur qui frappe la vue, tandis que le premier mot employé ne désignait que la gloire morale, la renommée, l'illustration. Remarquons qu'après avoir inscrit les mots seigneur des diadèmes, il y a quelque convenance à faire sentir que la gloire que la possession de ces diadèmes donne au jeune roi, est une gloire palpable, si j'ose m'exprimer ainsi, une gloire qui existe par le fait seul de la présence du monarque le front orné de ses diadèmes. Reste maintenant à justifier le sens : resplendissant, que je crois devoir donner au mot égyptien MOOUF.

En copte, le radical MOUE (ⲟⲩⲟⲧⲉ, ⲩϭⲟⲩⲧⲓ, M.), signifie splendeur, et de ce radical s'est formé le mot ETTIMOUE (ⲉⲧⲧⲩⲟⲧⲉ), splendide, resplendissant, ELMOUOUI (ⲉⲗⲩⲟⲧⲟⲧⲓ, B.), resplendir.

Il est donc bien permis de considérer ces différents mots coptes comme ayant une origine commune avec le mot ⟨⟨⟩⟨⟩ , MEÔF, MEÔOU, de notre texte égyptien, et d'attribuer à celui-ci le sens *splendor, splendidus,* resplendissant. Quant à la lettre finale ⟨ , je crois devoir la considérer comme le pronom affixe de la troisième personne masculin singulier, pronom que nous retrouvons, par exemple, dans le mot ⟨⟨⟨ , MTF, qui remplace, à la ligne 12, le mot grec παραγινόμενος. Remarquons qu'après les mots NEB NTAROI, seigneur des diadèmes, le mot MOOU aurait pu donner quelque incertitude sous le rapport du sens général, si le rédacteur n'eût pris la précaution de le faire suivre d'un affixe qui pût indiquer clairement et nettement qu'il s'agissait de la splendeur du prince lui-même, et non de celle des diadèmes. Du reste, le copte présente de nombreux exemples d'adjectifs munis des pronoms affixes, comme ⲛⲉⲥⲱϥ, ⲛⲉⲥⲱⲥ, ⲛⲉⲥⲱⲧ, beau, belle, beaux ; ⲛⲁⲛⲉϥ, ⲛⲁⲛⲉⲥ, ⲛⲁⲛⲉⲧ, bon, bonne, bons.

Phrase 2 — 10.

<⫨⫨— NMT — ꙨꙨT.

Nous avons vu tout ce qu'il était possible de dire jusqu'à présent sur la particule possessive ⫨ , dont le sens est bien déterminé, tandis que la transcription en est encore problématique. Nous ne devons donc nous occuper maintenant que du groupe <⫨— , dont il importe d'abord de reconnaître les éléments.

. Le premier caractère, à la position près, a une telle analogie avec le signe hiéroglyphique et hiératique ⋔ (Précis n° 71), qui a la valeur de l'articulation M, qu'il est naturel d'admettre provisoirement cette même valeur pour le signe démotique ⫨— . Cette valeur étant confirmée par l'explication de tous les groupes dans lesquels entre le signe ⫨— ; il est certain que cette valeur est rigoureuse; mais il n'est pas possible de le démontrer *à priori*. Le groupe que nous avons à étudier est donc composé des deux lettres MT, constituant un radical dont il nous importe maintenant de déterminer la signification.

Le copte nous offre deux mots qui ont certainement une grande analogie avec ce radical égyptien; ce sont : MÔIT (ⲙⲱⲓⲧ, M., pluriel ⲙⲓⲓⲧⲱⲟⲩⲓ), chemin, route; MOEIT (ⲙⲟⲉⲓⲧ, T.), d'où ⲭⲓⲙⲟⲉⲓⲧ, T., et ϭⲓⲙⲟⲉⲓⲧ, M., conduire, guider, indiquer le chemin.

MTO (ⲙⲧⲟ, T. ⲉⲙⲧⲟ, M. ⲙⲧⲁ, ⲉⲙⲧⲁ, B.), présence, aspect; d'où vient l'adverbe composé ⲙⲙⲧⲟ, ⲙⲡⲉⲙⲧⲟ, plus souvent, ⲙⲙⲧⲟ ⲉⲃⲟⲗ, T., devant, en face, en présence.

C'est à ce second mot que je donne la préférence pour le comparer au mot égyptien <⫨— , qui n'est probablement que la transcription rigoureuse du substantif ⲙⲧⲟ, présence. Voyons donc si cette signification est convenable dans les différents passages où ce radical se présente : d'abord, dans la phrase qui nous occupe, il est tout naturel de rencontrer l'idée : resplendissant par sa présence, pour, à la présence resplendissante. Ligne 4, il est question des prêtres *qui pénètrent* dans les sanctuaires pour orner les statues des dieux. Cette idée est représentée par le groupe ⟨ ⟩ , qui signifie en présence ou présents dans.

Ligne 12, le texte dit qu'Épiphane étant alle à Lycopolis (παραγινόμενος δὲ καὶ εἰς Λύχων πόλιν) le mot παραγινόμενος εἰς est rendu par ⟨ ⟩ lui étant présent, et le mot grec παραγίγνομαι signifie être présent, aussi bien que s'approcher de. Ligne 12, il s'agit d'envoyer des troupes et une flotte, et ligne 14 et ligne 15, de faire arriver l'inondation devant Lycopolis; le mot employé est, dans ces deux cas, ⟨ ⟩ , ERMTO, à la lettre, faire être présent, rendre présent, c'est-à-dire, envoyer. Ce sens est donc convenable dans tous les cas où le mot ⟨ ⟩ , MT (ΜΤΟ) est employé, et je ne pense pas qu'il puisse y avoir de doute sur sa valeur et sa lecture.

Nous voici enfin arrivés à la fin de la seconde phrase du décret, et cette phrase nous donne

MATÔAR PRLO ETSTO, MATÔAR EPAH NETÔ, NB NTRII, MOOUF NMTO.

En transcrivant ces mots en lettres coptes et en intercalant seulement des articles, des voyelles et des particules, nous aurions :

Uᴀᴛωᴀᴘ ⲡⲣⲓⲁⲟⲩ ⲉⲧⲧⲥⲱⲉⲓⲧⲟ, Uᴀᴛωᴀⲣ ⲉⲡᴀⲍⲟⲩ ⲛ̄ ⲡⲉϥⲉⲧⲱ (pour ⲡⲉϥⲉⲓⲱⲧ), ⲡⲙⲏⲃ ⲛ̄ ⲛⲉⲧⲁⲣⲟⲓ, ⲙⲱⲟⲩϥ ⲛ̄ ⲡⲉϥⲓⲧⲟ.

Phrase à peu près copte et signifiant : Étant roi l'enfant illustre, roi après son père, seigneur des diadèmes, resplendissant par sa présence.

Il y a donc accord complet entre cette phrase égyptienne et la phrase grecque correspondante.

LIGNE I. — III⁰ PHRASE.

Texte égyptien : 𓏤𓈖 ... (texte hiéroglyphique)

Texte grec : τοῦ τὴν Αἴγυπτον καταστησαμένου καὶ τὰ πρὸς τοὺς θεοὺς εὐσεβοῦς.

Le texte égyptien doit être scindé de la manière suivante :

[demotic script]

[demotic script]

Il se transcrit en lettres coptes : ⲉⲧϥⲛⲏϥ ⲕⲩⲉⲣ ⲉⲣ ⲱⲭⲡϥ ⲩ ⲛ̄ⲛⲣⲭⲓ ⲱⲭⲉⲩϥ? ⲉⲧ ⲛ(ⲧⲏⲣ)ⲟⲩ, et se traduit : Le réparateur de l'Égypte, faisant sa sanctification par les largesses, donnant avec profusion....... ce qui (est) aux dieux.

Phrase 3. — 1.

[demotic script] — ETFPSF — ⲉⲧϥⲛⲏϥ.

Tous les signes qui entrent dans ce groupe nous sont déjà connus, sauf le cinquième, que le mauvais état de la pierre ne permet pas de lire en ce point.

La première partie du mot dont nous nous occupons est le pronom relatif [demotic] , ET, que nous avons déjà reconnu pour la particule formative des participes. Le sens intime du premier groupe est donc renfermé tout entier sous les quatre signes qui le terminent, et dont heureusement plusieurs autres passages du décret nous fournissent la forme complète et indubitable. Examinons rapidement ces différents passages pour constater d'abord que le sens d'établir, de rétablir, que tout le monde s'est accordé à donner au groupe en question, est réellement le sens qu'il comporte.

Dans la phrase où nous sommes actuellement arrivés, l'expression grecque correspondante, τοῦ τὴν Αἴγυπτον καταστησαμένου, et la présence du nom démotique de l'Égypte, ne peuvent nous laisser aucun doute; il s'agit bien du rétablissement, de la réparation de l'Égypte; car καθίσταμαι et καθίστημι signifient : arranger, régler, mettre dans un meilleur état, rétablir une chose dans son ancien état, l'affermir, la consolider.

Ligne 7, nous trouvons, pour correspondre au grec, ἕνεκα..... τὰ ἱερὰ καταστήσασθαι (pour rétablir les temples), les mots égyptiens,

.......⌐ ⋏ ⅲ ᴈᵢ↿ ٩⟨ⅱ2٩⟋ , dont le dernier représente indubitablement l'idée les temples. Le premier est donc l'équivalent de καταστήσασθαι, comme il l'était tout à l'heure de καταστησαμένου, avec
l'adjonction de la particule formative des participes

A la ligne 19, il s'agit du respect, de la confirmation des prérogatives des temples et de l'Égypte. Le grec porte διατετήρηκεν, il
a conservé, et la phrase démotique qui concerne ce même fait
se termine par : ٩ 2ρ υ ٦ ⌐⁊/// ᴈ⟨. ῥ ⅰ٩⟨ⅱ2٩⟋ , c'est-à-dire : il
a rétabli convenablement selon la justice. Le sens rétablir est donc
bien encore celui qu'il faut donner au groupe ⅰ٩⟨ⅱ2٩.

A la ligne 21 doit se trouver le texte égyptien correspondant à
la phrase grecque suivante : τῆς βασιλείας διαμενούσης αὐτῷ καὶ τοῖς τέκνοις
εἰς τὸν ἅπαντα χρόνον, et nous lisons....... ∫₄ ⅰℬ ᴟ ⟋ υⅉⅰ ٩ ᴣ ٩⟨ⅱ2٩,
assurer la couronne à lui et à ses fils à toujours. Le sens assurer,
établir, est bien celui qui convient.

Enfin, dans les lignes 27 et 28, le décret parle de la panégyrie
célébrée le 30 de mesori, jour de naissance d'Épiphane; le texte
démotique porte : - ⅉⅰ ᴃ٩⟨. υⅉ⌐ᴇᵨ ⊥ ⌐ᴄϭυ ᴣᵨⅅ ſ. ⼌⋏ ᵤᵧ
⌐⁄⋏ⅲ ᴈᵢ↿ ⌐ᴈ⟨⌐ᴇ ٩⟨ⅱ2٩ .... : de mesori le 30,
dans lequel est à célébrer le jour de naissance du roi, à cause de
cela établir une panégyrie solennelle dans les temples. Ici encore
notre groupe ٩⟨ⅱ2٩ comporte bien le sens établir.

Maintenant nous sommes à l'avance fixés sur le sens du mot,
et nous ne le sommes pas moins sur son orthographe, qui nous
eût échappé si le premier passage seul eût existé. Indubitablement
ce groupe doit se lire FPSF ou FPCHF (ϥⲛ·ϣϥ), et dans le premier
passage où il se présente, ETFPSF (ⲉⲧϥⲛ·ϣϥ).

Si maintenant nous cherchions ce mot dans les lexiques coptes,
nous ne le trouverions pas, et nous serions obligés de nous en
tenir au sens que lui impose le contexte des passages qui le renferment.

Mais toutes nos ressources pour arriver à l'analyse intime de ce
groupe ne sont pas épuisées, ainsi qu'on va le voir.

La langue égyptienne était primitivement monosyllabique, comme Champollion et Peyron n'ont pas hésité à le déclarer avec toute raison. Il est donc naturel pour un mot comme ꭒ·ꭒ, de penser *à priori* qu'il est composé d'un radical et d'une des particules qui, dans la langue copte, forment les composés les plus ordinaires. Or, une classe de composés assez nombreuse est celle qui se forme de radicaux que l'on fait précéder de ꭒ, prendre, porter, ôter, enlever.

Nous pourrions donc essayer cette décomposition du groupe ꭓ꭭꭮꭯ · avec quelque assurance, quand bien même rien de plus ne la motiverait : heureusement il n'en est pas ainsi.

A la ligne 9 se présentent les mots : ꭓ꭭꭮꭯ꭰꭱꭲ , qui se rapportent à la suppression de l'impôt sur les vignes, sur les jardins, etc., etc.; et très-certainement, ainsi que nous le verrons en temps et lieu, ces mots se traduisent : (il a ordonné)de faire la suppression de leur payement.

A la ligne 17, on lit : ....ꭓꭔꭕꭖꭗꭘꭙꭚ꭛ꭜ, par l'abolition des payements jusqu'à la restitution susdite ou désignée.

Le sens de ces deux membres de phrase étant pleinement confirmé par une analyse rigoureuse, ainsi qu'on le verra plus loin, nous pouvons admettre que le radical que nous y trouvons avec le sens de destruction, abolition, est précisément celui qui entre en composition avec l'articulation ꭒ, dans les passages où il est question d'établissement, de rétablissement, de confirmation, si ce ꭒ initial peut comporter le sens d'enlever, de supprimer. Notre analyse et nos hypothèses se résument donc en ceci : le mot ꭓ꭭꭮ , ᴘᴄʜꜰ (nꭓꭒ) doit signifier destruction, suppression, abolition; le mot ꭓ꭭꭮ꭒ , signifiant rétablir, doit avoir littéralement le sens : enlever, ôter la destruction, la suppression, et, par suite, c'est le signe isolé ꭒ, ꜰ, qui comporte le sens ôter, supprimer, enlever, emporter.

Voyons maintenant si ces trois conclusions sont d'accord avec les faits philologiques qu'il nous est possible de constater à l'aide des lexiques coptes.

D'abord le mot ₽ꜱꜰ, ou ₽ᴄʜꜰ (ⲡⲥϥ, ⲡϣϥ), avec intercalation de voyelle ne s'y rencontre pas ; mais si nous nous rappelons que l'on trouve dans les textes coptes une foule de radicaux auxquels on ajoute paragogiquement, et sans en changer la valeur, un ϥ final, nous avons presque le droit d'admettre que ce fait, dont les grammairiens modernes ne peuvent pas se rendre compte (1), se présente dans notre mot ⟨hiéroglyphes⟩ , ₽ᴄʜꜰ ; isolant alors le ϥ final, il nous reste le mot ₽ᴄʜ, qui sur-le-champ s'explique à merveille.

En effet, ₽ôᴄʜ (ⲡⲱϣ. ᴛ.) signifie *frangere*, *rumpere*, *dividere*, *disrumpere*, *divisio*, *fractio*, et personne, je l'espère, ne contestera que ce sens est parfaitement convenable. Il ne nous reste plus alors qu'à trouver l'explication du ϥ initial pour avoir entièrement analysé notre groupe. Or ϥ. ᴛ. ʙ. ᴍ. ʙ. ᴛ. ʙ. ϥ. ᴛ. ᴍ. ʙ. ᴛ. ϥ. ᴛ. signifient prendre, porter, enlever, ôter ; ϥ. ᴛ. ablation, enlèvement. Tout s'explique donc de la manière la plus naturelle, et le sens que l'examen matériel du texte nous a suggéré est pleinement confirmé par l'analyse grammaticale.

En résumé, ₽ôᴄʜꜰ (ⲡⲱϣϥ) était l'orthographe et la prononciation primitive du mot moderne ₽ôᴄʜ (ⲡⲱϣ), ayant le sens de rupture, fraction, destruction, division, et ce mot, précédé du radical ϥɪ, signifiant ôter, enlever, donnait un composé ꜰɪₚôᴄʜꜰ (ϥⲓⲡⲱϣϥ), ayant le sens de rétablir, réparer, confirmer, assurer, établir. Enfin, dans le passage dont nous nous occupons actuellement, le mot ⟨hiéroglyphes⟩ , ᴇᴛꜰₚᴄʜꜰ (ⲉⲧϥⲓⲡⲱϣϥ), est le participe rétablissant ou ayant rétabli, littéralement ayant ôté la destruction, la division.

---

(1) J'ai peine à croire à l'existence d'articulations ajoutées paragogiquement et sans raison à la fin d'un radical ; il me semble beaucoup plus naturel de considérer les consonnes finales comme des articulations purement essentielles, et que des modifications de prononciation ont fait disparaître avec le temps.

Ce mot étant un de ceux sur lesquels Salvolini s'est expliqué fort catégoriquement, voyons si l'analyse qu'il en donne supporte un examen sérieux ; et si nous parvenons à démontrer que cette analyse est absolument nulle et vaine, nous serons en droit de suspecter singulièrement la portée des assertions émises par Salvolini relativement à l'écriture démotique, soit que ces assertions proviennent de son fait, soit qu'il les ait empruntées à d'autres.

Je lis dans sa brochure intitulée : Campagne de Ramsès le Grand, page 74 : « Le texte démotique de l'inscription de Rosette, qui fait « usage du même mot ϭⲉⲩⲛⲉ pour exprimer (lig. 19) le διατετηρημεν « (sic pro διατετήρηκεν) soit (l. 7) le καταστήσασθαι (pl. 11, 46) du texte « grec, emploie comme déterminatif un signe (cf. le dernier du « groupe démotique précité, n° 46) qui ne me paraît pas corres- « pondre à notre caractère hiéroglyphique, mais qui reparaît « toujours à la suite soit du mot ⲩⲉⲛ, manere, soit du mot ⲕⲁⲁ, « durer, etc., etc. Nous aurons bientôt occasion de revenir sur « l'examen du mot ϭⲉⲩⲛⲉ, soit tel qu'il est employé dans le texte « enchorial de Rosette, soit tel qu'on le rencontre dans les inscrip- « tions hiéroglyphiques. »

Un peu plus loin, en effet, Salvolini tient sa promesse, et revient sur ce groupe démotique. Après avoir admis que le signe ⲓ est, dans l'écriture démotique, l'équivalent de l'hiéroglyphe ⲓ, dont la forme hiératique est ⲓ , il avance que « ce signe démotique sert « constamment, dans les textes populaires, à la formation du verbe « transitif, telle que Champollion l'a indiquée pour les textes en ca- « ractères sacrés. Ainsi le mot ⲩⲛ, manere (copte, idem, pl. II, n° 84) « ⲓ ⟨ⲓⲓ ⲍ , qu'on rencontre soit à la ligne 9, soit à ligne 27, etc. (1),

---

(1) Que signifie cet et cætera, puisque ce sont là les deux seuls passages où ce mot se présente ? Ce n'est pas tout : c'est ligne 17, et non ligne 27, que se retrouve ce même groupe et l'assertion de Salvolini est tout à fait erronée, quand il dit que ce mot ⲓ⟨ⲓⲓⲍ est traduit dans le grec par μένειν. En effet, dans le passage grec correspondant au passage démotique de la ligne 9, qui contient le mot ⲓ⟨ⲓⲓⲍ pour la première fois, on lit bien (lignes 15 et 16) προσέταξε δὲ...., etc., καὶ τῶν ἄλλων τῶν ὑπαρξάντων τοῖς θεοῖς ἐπὶ τοῦ πατρὸς αὐτοῦ, μένειν ἐπὶ

« et que le grec traduit par μένειν, prend la forme transitive CUN
« (ib., n° 86) ⟦𐤉⟧ , lorsqu'il doit exprimer l'idée de consti-
« tuer, καταστήσασθαι, καταστησάμενος, etc., du texte grec, aux lignes 1,
« 19, 7, etc.; de même, le mot KA, ou KÔ (copte, *idem*), placer, de-
« vient CKA, faire placer, soit à la ligne 6 du texte hiéroglyphique,
« soit à la ligne 26 du texte démotique (1), et toujours par le moyen
« du même signe *préformatif*. »

Voyons actuellement quelle est la série des conséquences purement relatives à l'écriture démotique, et qui découlent forcément
de ces deux passages, tout courts qu'ils sont : 1° ⟦𐤉⟧ se lit
SMEN (CUENE), le dernier signe étant un déterminatif sur le compte
duquel Salvolini oublie de s'expliquer ; 2° ⟦𐤉⟧ se lit MEN
(UEN), le dernier signe étant encore le même déterminatif.

Donc, 1° le signe ⟦𐤉⟧ est un s, et dans le même mot un signe imprononçable.

χώρας. Il s'agit donc ici dans le grec de faire rester, de maintenir ces impôts dans leur condition première, προσέταξε μένειν ἐπὶ χώρας ; c'est vrai. Mais le passage grec correspondant
à la ligne 17 du texte démotique se trouve, lignes 28 et 29, conçu d'une façon toute diffé-
rente. Ἀφῆκεν δὲ καὶ τὰ ἐν τοῖς ἱεροῖς |κ. τ. λ. ὡσαύτως δὲ καὶ τὰς τιμὰς τῶν μὴ συντετελεσμένων
εἰς τὸ βασιλικὸν βυσσίνων ὀθονίων, καὶ τῶν συντετελεσμένων τὰ πρὸς τὸν δειγματισμὸν διάφορα ἕως
τῶν αὐτῶν χρόνων.

Voilà certes deux sens bien distincts : une fois, il s'agit de maintenir des impôts dans leur
condition antérieure ; l'autre fois, il s'agit de les supprimer. Parce que ces deux idées sont
rendues par la même expression égyptienne, il en faut nécessairement conclure que le mot
égyptien ne peut être qu'une seule fois la représentation fidèle de l'expression grecque. Dès
lors, choisir sans motif l'une des deux expressions différentes plutôt que l'autre devient
imprudent, pour ne pas dire plus, et affirmer que le mot ⟦𐤉⟧ est rendu les deux fois
par le grec μένειν, devient inexact.

(1) J'ai vainement fait tous mes efforts pour retrouver à la ligne 26 le groupe démotique
SKA, qui, suivant Salvolini, doit s'y rencontrer, ayant pour initiale le signe ⟦𐤉⟧ . Il eût été
plus naturel de faire figurer ce groupe sur la planche annexée à la brochure dans laquelle
il est cité en exemple, que de se contenter d'une citation faite de façon qu'on ne puisse la
vérifier. En suivant une semblable méthode d'argumentation, on peut encourir des repro-
ches très-graves que je m'abstiens de formuler.

2° Le signe ⟨symbole⟩ , qui est un P dans le nom de Ptolémée, devient ici un M (1).

3° Le prétendu signe ⟨symbole⟩ est un N.

Et maintenant, quand il s'agira de lire le groupe indubitable ⟨symbole⟩ qui nous représente le nom abrégé démotique du dieu Phtah, il faudra bien se décider à retrouver dans le signe ⟨symbole⟩ le ϧει des Coptes, de sorte que le même signe ⟨symbole⟩ remplira, dans le même texte, trois rôles distincts : celui d'un s, celui d'un F, et enfin celui d'un déterminatif imprononçable.

De plus, le signe ⟨symbole⟩ sera tantôt un P, tantôt un M.

De plus, le signe ⟨symbole⟩ qui est un s dans les noms de Ptolémée, d'Arsinoé, de Philinus, d'Aietus, de Diogènes, pourra, devra même se décomposer ailleurs en deux lettres, E, N.

Je le demande, avec de pareilles conditions, quel est le lecteur égyptien qui eût pu se tirer, même avec du temps, de la lecture d'un grimoire aussi inextricablement embrouillé ?

Je dois ici m'attendre à une objection qui est plus sérieuse en apparence qu'en réalité : mais, me dira-t-on, pourquoi vous refusez-vous à admettre une double, une triple valeur pour un seul et même signe, quand vous-même vous avez admis deux faits de ce genre ? A cela je répondrai que les faits que j'ai été forcé d'admettre, loin d'être semblables, sont tout à fait différents; car, dans la structure des mots, des radicaux, jamais un même signe ne change de valeur ; mais, quand il s'agit des articles, que la connaissance de la langue devait faire sauter immédiatement aux yeux du lecteur égyptien, par cela même que ces articles ne pouvaient se confondre avec les mots qui les précédaient ou qui les suivaient, il a été possible de les représenter sans inconvenient par

---

(1) Il est vrai que toutes les fois qu'il faut en faire un M au lieu d'un P, pour plus de commodité, l'auteur le modifie de telle sorte qu'ayant réellement la forme ⟨symbole⟩ , ce signe devient ⟨symbole⟩ , caractère analogue dès lors à un signe hiératique équivalent de l'hiéroglyphe ⟨symbole⟩ . C'est encore là un procédé d'explication que je m'abstiens de qualifier.

des signes déjà utilisés avec une autre valeur dans la peinture des radicaux. Voilà seulement ce que j'admets comme possible, je dirai plus, comme réel.

Hors de cette exception, qui d'ailleurs n'a rien de choquant, je maintiens qu'un même signe doit conserver partout et toujours une même valeur.

Je puis maintenant continuer mon analyse du texte démotique du décret de Rosette, et passer au mot qui suit le participe ꝏ⟨ıı2ꝏꝏı, ETFPCHF (ⲉⲧϥⲓⲛⲱϣϥ), ayant rétabli.

───

Phrase 3—2.

ⵡⵉⴹⵣ — KMER — ⲕⲩⲉⲣ.

La lecture de ce groupe et sa signification constante nous sont bien connues déjà; il nous offre le mot KMER, nom de l'Égypte. Si donc nous unissons ce mot à celui qui le précède, nous avons le membre de phrase   ⵡⵉⴹⵣꝏ⟨ıı2ꝏı , ETFPCHF KMER, qui, avec les voyelles supprimées, nous donne les mots coptes (ⲉⲧϥⲓⲛⲱϣϥ ⲕⲏⲩⲉⲣⲉ), le réparateur de l'Égypte, τοῦ τὴν Αἴγυπτον καταστησαμένου, littéralement : celui qui a fait disparaître, qui a ôté la destruction, la division de l'Égypte. La légitimité de cette traduction n'ayant pas besoin d'être démontrée plus amplement, je passe outre.

───

Phrase 3—3.

ⵋⵉ — ER — ⲉⲣ.

Le premier signe étant déjà bien connu pour l'équivalent de la voyelle ⲉ, cherchons la valeur du second. Ici, je l'avoue avec un

véritable déplaisir, j'ai été obligé de deviner; mais, si la valeur que
j'assigne au caractère ∧ se trouve toujours bonne et convenable sans aucune exception, j'espère que l'on me pardonnera
d'avoir adopté une lecture que l'instinct seul a pu me suggérer. Je
crois fermement que le signe ∧ est constamment la reproduction du signe hiéroglyphique l'œil ⬬ , en tant que celui-ci
représente l'idée *faire*, parce que le nom égyptien de l'œil, suivant
Plutarque, était IRI (ιρι), et que ce mot signifiait aussi faire, comme
le verbe moderne ειρε des textes coptes (1); j'attribue donc au
signe ∧ la valeur R, ER (ρ, ερ, pour ειρε). Voyons maintenant si
les nombreux passages du décret de Rosette où ce signe se présente,
se prêtent à cette explication, ou plutôt s'ils la confirment pleinement, comme je le crois.

D'abord, dans la même ligne ι, je trouve les deux groupes ပ⅃Ⴜ∧ʃι
et ပ⅃Ⴜ∧ʃιι , qui ne diffèrent que par la présence du signe ʃ
dans le second. D'un autre côté, il est bien certain que la particule ʃιι est le pronom relatif ET préformatif des adjectifs et des
participes; il y a donc un verbe radical caché dans le mot ပ⅃Ⴜ∧ .
Nous allons voir que ce radical est nécessairement représenté tout
entier par le signe ∧ .

Nous venons d'étudier le radical Ⴤ∢ιι⅃ (ⲛⲱϣϥ), qui signifie
abolition, suppression, à propos du mot établir, rétablir, Ⴤ∢ιι⅃Ⴤ
(ϭⲓⲛⲱϣϥ). Or, ligne 9, nous lisons : ʃρΙႤ∢ιι⅃∧⎯ ....⅃Ⴄⴣ⅃ ,
TAFE.....N RPCHF EPT (ⲧⲁⲟⲧⲟ.. ⲛⲣⲛⲱϣϥ ⲉⲛⲧ), il a ordonné de faire
l'abolition du payement, de supprimer le payement. Le sens faire
pour le signe ∧ est donc le seul sens convenable. Ligne 11,
nous trouvons Ⴤⴣ⅃ⱺပIဒ∧⎯ , N R TA PHPF (ⲛ ⲉⲣⲧⲁ ⲛⲓⲉⲁⲛϥ) :

---

(1) Je lis dans Salvolini (*Camp. de Ramsès le Grand*, pag. 77, note) : « Il est curieux de
comparer cet emploi de l'œil pour exprimer le verbe ιρι avec le mot égyptien que Plutarque (*de Is. et Os.*, 355) nous apprend avoir eu la signification de œil : au reste, une
variante du *Rituel funéraire de Turin* m'a offert le mot ιρι, employé aussi pour exprimer
l'idée œil. »

ι faisant donation de la justice. Ligne 12, l'idée envoyer est ren-
ιe par   ⟨⟵⌃   ; le mot MTO,   ⟨⟵   , que nous connaissons
ⅰjà, signifie présence, et ERMTO, faire la présence : c'est évidem-
ent l'équivalent d'envoyer.

Un exemple décisif, qui prouve que le caractère ⌃ constitue
lui seul un radical, est celui que l'on rencontre ligne 18, où le
ⅰoupe ⌃ιι (ER) est suivi d'un substantif composé, et accompa-
ⅰé des indices du pluriel ι⟵ⵠρⅅλ ; ce groupe joue donc
ⅰtte fois le rôle du participe présent : faisant. Ligne 22, le verbe
ⅰec ἐπαύξειν est rendu par ιλιιι⟨⟩⌃ . Ce groupe se transcrit EROIAI,
ⅰ signifie littéralement faire augmentation.

Enfin, ligne 24, nous trouvons le groupe ⌈Ζ⌃ιλ⟩ , MOIERSTO
ιοιεpcⲱⲉιⲧⲟ), qui doit comporter le sens : on illustrera, on célé-
rera, on honorera ; et, en effet, il se décompose en MOI (ⲩⲟι), par-
cule désidérative, ER (ⲉιⲣⲉ), faire, et CTO (cⲱⲉιⲧⲟ), illustration,
onneur, louange.

Je ne multiplierai pas les exemples de l'emploi de ce signe ⌃
ⅴec le sens faire ; et toutes les fois qu'il se présentera isolé, je lui
ⅰnserverai ce même sens, qu'il ne me paraît pas possible de révo-
ⅰuer en doute. Quant à la transcription ER, j'ai dit que le signe
ⅰémotique était une dégénérescence de l'hiéroglyphe l'œil, qui
ⅰ prononçait ER, IR, I, et qui représentait l'idée faire. J'adopte donc
ⅰns hésitation cette même transcription pour notre signe démo-
ⅰque, et nous verrons que nulle part cette transcription ne don-
ⅰera lieu à la moindre difficulté.

Ceci posé, il est clair que notre groupe doit se lire ER, et doit
ⅰ rendre par faisant.

Phrase 3 — 4.

ɣ ∪ ⊥⸲ — ODJRF — ⲟⲧⲟⲭⲡⲉϥ.

Commençons par fixer la lecture de ce groupe. La première lettre est une voyelle vague, la deuxième se montre ici pour la première fois : cherchons donc à la déterminer d'une manière précise. Trois noms propres nous offrent cette lettre : ce sont le nom de Cléopâtre, ⲕ ⌈⟋⸝⸜⌉⟋⸝⸝⟩ , tiré du papyrus 38. a. de Berlin ; celui de Bérénice, ⟋⟋⌈⸜⸝⸝⸝⟍⟋⟍⟍ , tiré d'un papyrus de Turin (Young, Dict., p. 32), et enfin celui d'Antimachus, ⟨⟍⌈⸜ Ꝫ⸝⸝⸝∠Ꝫ⸝⟋ , tiré du papyrus Casati.

Jusqu'ici donc la lettre en question représente le kappa et le chi des Grecs. Le nom Petechonsis, qui signifie évidemment celui qui appartient au dieu Chons, est écrit ⌈·⸜⸝⟨∪ et Psenchonsis, ou le fils de Chons, est écrit ⌈·⸜Ꝫ⬇∪ . Il n'est pas douteux que la sigle qui représentait le nom du dieu Chons est ⌈·⸜ .C'est l'analogue des sigles ⌈·⸝ d'Amon, ⌈·∪ de Ra, ⌈·⸜ de Phtah. Le signe ⸜ est donc l'initiale du nom démotique du dieu Chons. Or, si nous cherchons la signification de ce nom, nous trouvons dans le copte les mots ⲕⲟⲛⲥ (ⲥⲟⲛⲥ. ⲧ. ⲭⲟⲛⲥ. ⲙ.), *confodere, mactare, immolare; violentia, vis, injuria;* le dieu Chons, l'Hercule égyptien, et le fils aîné d'Amon, était donc le dieu de la violence.

Nous n'avons pas encore de raison pour lire la lettre démotique ⸜ , ⲕ plutôt que ⲇⳉ (1); mais si maintenant nous remarquons (ce que l'analyse nous démontre de reste) que toujours le ⲭ copte est représenté par la lettre démotique ⸜ , dans le texte du décret de Rosette, comme dans les mots ⲓ⸜⟨⸝⟨ , ⲚⲠⲢⲆⳛⲓ, les bienfaits répandus, de ⲛⲉⲣⲭ ou ⲫⲉⲣⲭ, *dividere;* ⟨⸝⸝⸜⸜, ⲆⳛⲀⲆⳛⲓⲟⲩ, les ennemis, de ⲭⲁⲝⲉ, *inimicus,* etc., etc., nous pourrons en toute sûreté donner ici la même valeur à cette lettre, que nous transcrirons par Ⲇⳛ (ⲭ).

---

(1) Le nom hiéroglyphique de Chons s'écrit , et se lit chons plutôt que kons.

Le troisième signe est un R, et le dernier un F (ϥ). Nous avons donc, en définitive, le mot ODJRF, qu'il s'agit maintenant d'expliquer. Et d'abord, si nous remarquons que, dans la même ligne, nous retrouvons un peu plus loin les mots  qui se transcrivent ETR ODJR RÔ? (ⲉⲧⲉⲣ ⲟⲩⲟϫⲣ ⲣⲱ?), dans lesquels notre groupe se représente, mais dépouillé de la lettre finale F (ϥ), nous serons en droit de conclure que celle-ci n'est qu'un pronom affixe de la 3e personne singulier masculin, et que, par conséquent, le radical, dont il faut trouver le sens, doit probablement être réduit aux trois seuls caractères ODJR (ⲟϫⲣ). Nous pouvons actuellement faire usage des lexiques coptes, en ne perdant pas de vue que le ⲣ final peut être ici encore une de ces lettres prétendues paragogiques, et dans lesquelles je crois qu'il est plus sage de ne voir que des articulations, d'abord essentielles, et que les radicaux primitifs ont perdues en vieillissant. Or, le mot copte OUODJ (ⲟⲩⲟϫ), signifie : *sanus esse, bene valere; purus, sanus, salvus,* aussi bien au propre qu'au figuré, puisque de OUDJAI (ⲟⲩϫⲁⲓ. T. M. ⲟⲩϫⲉⲓ. B.), qui signifie *salus,* se sont formés avec les particules coptes privative ⲁⲧ et abstractive ⲙⲉⲧ, les mots ATOUDJAI (ⲁⲧⲟⲩϫⲁⲓ. T.), *perdite vivens,* et METATOUDJAI (ⲙⲉⲧⲁⲧⲟⲩϫⲁⲓ), *vita dissoluta, luxuria, jactura salutis.*

Le mot ODJ, OUDJ, et avec un R paragogique, ODJR, OUDJR, a donc nécessairement le sens de pureté, de sainteté, de salut, de régularité, et notre double groupe démotique 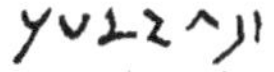, EROUDJRF doit se traduire littéralement par : faisant sa pureté, sa sainteté, son salut; nous devons précisément trouver sous cette expression l'équivalent du grec εὐσεβοῦς. J'ai cité dans la même ligne les mots 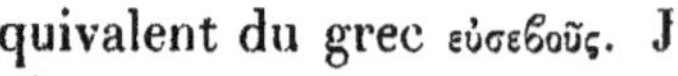, ETER OUDJRE RÔ? PAH N NPI, qui, avec le sens que nous venons d'adopter, nous donnent : faisant ou ayant fait la pureté, la sainteté, la régularité elle-même? pour la vie des hommes; or le grec dit précisément en ce point : τοῦ τὸν βίον τῶν ἀνθρώπων ἐπανορθώσαντος. On conviendra qu'il est difficile de trouver entre les expressions égyptiennes et les expressions grecques des deux passages, un accord plus complet et plus décisif. Il

demeure donc à peu près démontré que le groupe dont nous venons de nous occuper se lit : OUDJRF (ογοχειρεϥ), et signifie sa
sanctification, son salut. En outre, la lecture de ce groupe nous
fournit un argument de plus en faveur de la valeur *x* accordée au
caractère démotique ⅃ .

<hr>

Phrase 3 — 5.

ℶ — M — u̅.

Nous retrouvons ici la proposition égyptienne M (u̅), dont nous
nous sommes longuement occupés déjà, en analysant la première
phrase, et qui comporte, comme la préposition copte correspondante ⲍu, les sens différents, *in, à, ab, ob, proptèr, cùm,* entre lesquels nous pouvons choisir.

<hr>

Phrase 3 — 6.

〔⅃≺ℶ〕— NPRDJI — ⲛⲡⲉⲣⲭⲓ.

De même que le mot   〔ⳝⲓⲓⲓ≋ℶ〕 , NTROII, *les coiffures royales*
(phrase 2 — 8), celui que nous avons à analyser comporte les indices du pluriel, c'est-à-dire le signe   ℶ , N, initial, et le signe I
final : en les enlevant, il nous reste un groupe de trois lettres à
étudier. Ces trois lettres sont : la première un P, la deuxième un R,
comme nous allons le reconnaître, et la troisième un *x*, que
l'étude du mot ∪⅃ℶ nous a donné un peu plus haut l'occasion
de déterminer. Il faut, avant d'aller plus loin, constater aussi bien
que faire se pourra, que le second signe   ≺ est un R. Malheureusement, je n'ai pu le rencontrer dans aucun nom propre, et ce
n'est que par l'explication des mots dans lesquels ce caractère se
présente qu'il est possible d'en découvrir la valeur. Je sens bien
que ce qui est une démonstration pour moi, qui ai étudié à fond,

et avec persévérance, le texte entier du décret démotique de Rosette, pourra paraître une simple hypothèse à ceux qui veulent que
la valeur d'un caractère leur soit démontrée *à priori,* indépendamment de toute interprétation de mots autres que des noms propres.
Mais à ceux-là je dirai que c'est précisément la disette de noms
propres démotiques, dans lesquels tous les caractères employés
dans les textes seraient probablement bien loin de se présenter, qui a rendu fort difficile le déchiffrement de l'écriture
démotique, et que, si toutes les lettres eussent été bien fixées à l'a-
vance par leur intercalation dans des noms propres, il n'y eût pas
eu grand mérite à lire cette écriture. Toutes les ressources fournies
par l'étude des noms propres une fois épuisées, il a bien fallu chercher à deviner, mais à deviner juste. Dès-lors, il me semble que le
résultat désiré est atteint lorsqu'une valeur, une fois adoptée, est
appliquée partout avec succès, sans aucune exception. Je le répète
donc, je ne pourrai quelquefois donner, comme ici, d'autre
démonstration de la régularité des transcriptions adoptées par moi,
que l'emploi des mêmes caractères dans des mots dont le sens sera
certain ; mais, à mesure que le lecteur avancera, en se laissant guider
dans l'étude de l'écriture démotique, j'espère qu'il reconnaîtra que
je n'ai jamais rien livré à l'imagination, et, ce que je lui donne
comme démontré devant toujours l'être surabondamment *à posteriori,* il finira, je l'espère aussi, par renoncer à une défiance bien
naturelle, j'en conviens, mais qu'il ne trouvera justifiée nulle
part.

Je reviens aux mots qui m'ont fourni la valeur du signe ⫷ .
A la ligne 4 doit se présenter sous les groupes ⫷⫸,
l'équivalent du grec πρὸς τὸν στολισμὸν τῶν θεῶν, c'est-à-dire de : pour
l'habillement des dieux (dans le sens de l'action d'habiller les dieux);
or, le radical ⫸ , que nous connaissons déjà, signifie faire, accomplir. Le dernier groupe ⫷⫸ se compose de la particule de flexion ⫯, de, et du groupe symbolique représentant l'idée
dieux. Dès lors, l'idée : habillement, action d'habiller, est cachée

nécessairement sous le groupe ⟍⎰⌐⋊ , dont l'analyse définitive viendra plus tard, mais dans lequel je retrouve le mot ⲛⲣⲟ,
qui n'est autre chose que le mot memphitique ϥⲟⲣⲕ, ϥⲱⲣⲕ, signifiant
velum navis, vestis eremiticæ species, pallium, tunica. Voilà donc
un premier mot où le signe cherché peut avoir la valeur ⲣ. Passons
en revue les autres mots où ce caractère se présente.

A la ligne 14, on lit les mots suivants, qui ne sont pas reproduits
dans le texte grec ⟍⎰⌐⋌⌐–⟨⌇⟩⋋⋌⌐–⁄⋌⎕⌐⟍⋌⌐⋋⌐ ⲡⲓ ; par bonheur ces mots, qui sont du copte à peu près pur, nous donnent la phrase
ⲉⲣⲧⲙ ⲡⲙⲓⲧⲏ (pour ⲙⲓⲧⲧ) ⲛ ⲡⲣⲟ ⲛⲫⲧ ⲛ ⲙⲁⲧⲟ̂ⲁⲣ (ⲉ̄ⲛⲧⲱⲩ ⲩⲓⲩⲓⲧⲁ̈ⲧ ⲛ̄ ⲡⲣⲱ
ⲛ̄ⲉϥⲧ (ⲛ̄) ⲩⲁⲧⲱⲁⲣ), pour attacher un frein à la bouche gracieuse du
roi. C'est bien à la bouche qu'on attache un frein, donc le groupe
⟨⌇⟩⋋⋌⌐– doit nous donner le mot égyptien image de cette
idée : or, dans ce groupe, tous les signes nous sont connus, hormis
le second, et, en faisant un ⲣ de ce second signe, nous avons les
mots ⲛ̄ ⲡⲣⲱ ⲛⲉϥⲧ, qui tous les trois sont coptes, et signifient à la
lettre : dans la bouche gracieuse. Puisque le mot ⲣⲱ, avec ses variantes dues à l'influence des dialectes, est le seul qui, en copte,
signifie bouche, il y a plus qu'une présomption en faveur de la lecture ⲛ̄ⲡⲣⲱ, du groupe où se trouve le signe ⟨ : la valeur que je
lui ai donnée est donc satisfaisante dans ce passage.

Enfin, à la ligne 16, l'idée les *opposants* est rendue par ⲛⲣⲕⲉⲓ,
ce qui, en copte, veut dire : ceux refusants, ceux se détour-
nant de.

Je crois ma lecture suffisamment justifiée, et je passe outre.

Le mot en question se lit donc ⲡⲣⲇⲓ (ⲛⲡⲝ), et il s'agit actuellement de découvrir sa signification, puis de montrer qu'à l'aide du
copte, cette signification est rigoureuse. Voyons donc quels sont
les différents passages du décret où il se rencontre.

A la ligne 3, l'idée dieux évergètes est rendue par ⎰⌐⋌⟨⌐⎰⟨⟩⎰⟨⟩ ;
il est vrai que le groupe symbolique dieux et l'article pluriel ⟨
ont disparu ; mais leur restitution est pleinement justifiée dans
la même ligne par la présence des mots Bérénice l'Évergète,

⟨ ⸲⟨⸲⸲ |(⸲⸲⸲ ⸲⸲⸲/⸲) ; dans ce cas, le qualificatif évergète doit
être au féminin, et, en effet, il est suivi de l'article féminin ⟨ , T,
et précédé de la voyelle vague ⸲ , A, E, O. Ici, je ne puis me
dispenser de signaler une coïncidence qui n'est peut-être que fortuite, et qui cependant a bien pu, pour les Égyptiens, justifier le
choix du mot PERDJ (ⲡⲣⲝ) pour représenter l'expression grecque
ὐεργέτης, εὐεργέτις : les mots Bérénice l'Évergète, tels qu'ils sont écrits
en caractères démotiques, devaient se prononcer BERENIKE EPERDJIT ;
or, de là à Βερενικη ἡ εὐεργέτις, il y avait certainement bien près, et
e ne pense pas qu'une assonance aussi complète ait pu être l'effet
d'un simple hasard. Quoi qu'il en soit, εὐεργέτις signifie bienfaisant,
et la même idée doit être représentée par le mot   ⟨ ⸲⟨ ⸲ ⸲   ;
donc, le radical ⸲⟨⸲ doit représenter forcément l'idée bienfait
ou être bienfaisant. Poursuivons.

A la ligne 6, la pensée grecque τὰ πρὸς τοὺς θεοὺς εὐεργετικῶς δια-
κείμενος est rendue par ⸲|⸲⸲ρ|⸲⟨⸲ , littéralement : bienfaisant
à l'égard des dieux.

A la ligne 20, nous devons trouver la contrepartie du grec : ἔχων
ἑοῦ εὐεργετικοῦ ἐν τοῖς ἀνήκου[σιν εἰς τὸ] θεῖον διάνοιαν, et nous lisons en
effet,   ⸲|⸲⸲ρ|⸲⟨⸲|⸲ ⸲⸲|⸲⸲ⲓⲧ , ce qui doit signifier, au-
ant qu'on peut en juger, indépendamment de la valeur du premier
groupe : agissant ou pensant en dieu bienfaisant envers les dieux.

Enfin, la ligne 22 contient de nouveau la mention des dieux Éver-
gètes, et ce sont les groupes |⸲⸲⟨⸲⸲|⸲⸲ qui la four-
nissent.

Il ne saurait donc être douteux un seul instant que le mot PRDJI
(ⲛⲉⲡⲣⲝ) signifie : bienfaisant; qu'il faisait au féminin EPBRDJIT
(ⲉⲛⲉⲡⲣⲝⲓⲧ), et, au pluriel, NPRDJIOU (ⲛⲉⲛⲉⲡⲣⲝⲓⲟⲩ); enfin, que ce mot
était un adjectif formé d'un radical PERDJ (ⲛⲉⲡⲣⲝ), signifiant bienfait,
et que nous trouvons au pluriel (|⸲⟨⸲⸲ , ⲙⲛⲉⲡⲣⲝⲓ), dans la
troisième phrase du texte démotique du décret de Rosette.

Reste enfin à justifier cette signification du mot PERDJ et de son
dérivé PERDJI, à l'aide de la langue copte.

Les mots PERCH, PÔRCH, FORDJ, FERCH (ⲛⲉⲣϣ, ⲡⲣϣ, ⲡⲱⲣϣ, T. B. ϥⲟⲣⲝ, ϥⲉⲣϣ, M.), signifient : *extendere, expandere, amplificare, augere.*

Les mots PERDJ, PÔRDJ, FERDJ, FÔRDJ (ⲡⲣⲝ, ⲛⲉⲣⲝ, ⲡⲱⲣⲝ, T. ϥⲉⲣⲝ, ϥⲟⲣⲝ, ϥⲱⲣⲝ, M.), signifient : *dividere, separare;* et Peyron (Lexique, p. 170) cite, pour ce mot, la valeur *extendere se, significatione petitâ* à ⲡⲱⲣϣ, ajoute-t-il. Pour ma part, je n'hésite pas à considérer ces deux mots comme constituant un seul et même radical; en effet, les deux lettres ϣ et ⲝ se remplacent aisément l'une par l'autre, dans les dialectes coptes, comme, par exemple, pour le mot thébain ϣⲩⲏⲛⲉ, huit, qui se trouve écrit ⲭⲩⲏⲛⲉ dans le dialecte baschmourique. Je ne fais donc pas de différence entre les mots ⲡⲱⲣϣ et ⲡⲱⲣⲝ : d'ailleurs, n'y a-t-il pas une liaison évidente entre les idées *expandere* et *dividere*, entre partager et répandre? En résumé, le mot égyptien ⌐⊀2 , PERDJ, signifie bienfait, et le mot PERDJI, bienfaiteur, en ce sens que celui qui accorde des bienfaits, les répand; enfin, ces mots avaient une analogie réelle avec notre mot profusion.

Phrase 3 — 7.

⫰⫯ⵂ — ÔDJECHF? — ⲱⲭⲉϣϥ?

Ce groupe est un de ceux sur le compte desquels j'aurai malheureusement bien peu de chose à dire; mais j'ai du moins la consolation de pouvoir affirmer que cela tient autant à l'incorrection du texte lui-même qu'à toute autre cause. Cinq fois ce groupe se présente dans le décret de Rosette, et cinq fois il est écrit d'une manière entièrement différente. Il n'est donc pas possible de discerner quelle est la bonne, et dès-lors je me trouve réduit à proposer de simples hypothèses.

Dans le passage qui nous occupe, le mot est écrit ⫰⫯ⵂ .

Dans la ligne 6, après les mots ⌐⅃⌐⅄⌐⅂ⅈⅈ , qui se lisent ETKA N ETO O(siris), ayant rétabli, vengé son père Osiris, viennent les mots ⟨…⟩ qui correspondent au grec τὰ πρὸς τοὺς θεοὺς εὐεργετικῶς διακείμενος. Or, dans la phrase égyptienne, il nous est facile de distinguer de suite le groupe ⟨…⟩, PERDJI, bienfaisant, que nous connaissons déjà; le groupe symbolique ⟨…⟩, signifiant : les dieux; le mot ⟨…⟩, MA, à l'endroit de, à l'égard de; reste donc le groupe ⟨…⟩, qui représenterait le mot grec διακείμενος, si l'égyptien était la traduction mot à mot du grec, ou réciproquement. Quant à la particule qui précède le mot ⟨…⟩, son véritable rôle dans ce passage nous sera clairement montré par le commencement de la phrase elle-même. Le rapprochement des mots ⟨…⟩ et ⟨…⟩ ne permet guère de voir, dans le premier groupe, que celui qui accompagne le même mot ⟨…⟩, de la première phrase, en se présentant cette fois sous la forme ⟨…⟩.

Dans la ligne 18, il est question des dons attribués à Apis, à Mnévis, et autres animaux sacrés de l'Égypte, et il y est dit : ⟨…⟩ ...., NÔER NECHNE NECHNE OFTA ODJECHF. Nous reconnaîtrons que ce passage se traduit par : le tout autant que les choses exigées, les choses exigées, il a assigné la donation.....; puis vient le même mot qui nous occupe, écrit cette fois ⟨…⟩. Un fâcheux hasard a voulu, que l'inscription fût mutilée en ce point, et, par conséquent, il n'est pas possible de se fier à cette forme du mot en question.

A la ligne 20, la phrase grecque (lignes 34, 35), ἔχων θεοῦ εὐεργετικοῦ ἐν οἷς ἀνήκου[σιν εἰς τὸ] θεῖον διάνοιαν, est rendue par la phrase égyptienne suivante, dans laquelle une étrange fatalité a encore fait mutiler le point où se trouve le mot cherché : ⟨…⟩ : a fin se traduit immédiatement : dieu bienfaisant à l'égard des lieux. Donc le groupe ⟨…⟩ remplace les mots grecs ἔχων διάνοιαν. Il y a une assez grande distance entre le signe ⟨…⟩, E et le mot ⟨…⟩. Peut-être donc une lettre telle que ⟨…⟩, R, a-t-elle disparu. Quoi qu'il en soit, nous avons encore ici une nouvelle forme du groupe cherché.

Enfin, ligne 21, au point où nous devrions trouver l'équivalent de la formule grecque ἀγαθῇ τύχῃ, nous lisons les mots *〔demotic〕* *〔demotic〕*, dont le dernier *〔demotic〕* doit correspondre au grec ἀγαθῇ τύχῃ. Cette fois, la pierre n'est pas mutilée, et la forme du mot est bien *〔demotic〕*. Le mot *〔demotic〕* est donc un substantif singulier masculin, puisqu'il est précédé de l'article ⲡ; mais on voit que le cinquième passage nous présente une cinquième forme du mot en question. Quant au sens du groupe, il est à peu près fixé par l'étude de ces cinq passages, et il doit être l'image de l'idée : être bienfaisant, accorder des bienfaits, se bien conduire à l'égard de quelqu'un, se montrer généreux, bien disposé à l'égard de quelqu'un. Dire plus sur la valeur de ce mot ne serait pas prudent; je m'abstiendrai donc de rien préciser, et je me bornerai à reconnaître la valeur alphabétique de ceux de ses éléments dont la forme n'est pas douteuse.

Le premier signe ne se présente pas fréquemment dans le texte démotique du décret de Rosette, et dans les autres textes démotiques connus, aucun nom propre ne le contient. Cette première ressource nous manque donc pour en déterminer la valeur.

Nous trouvons plusieurs fois le mot grec αἰωνοβίος, rendu par le groupe *〔demotic〕*, qui est évidemment la reproduction du groupe hiéroglyphique *〔hieroglyph〕*, ayant la même signification. Or, Champollion et Salvolini (Anal., n° 221) ont démontré que le signe *〔hieroglyph〕*, symbole de la vie, n'était autre chose que l'initiale ⲱ du mot ⲱⲛⲣ, ⲱⲛⲃ, la vie, *〔hieroglyph〕* ; c'est donc un ⲱ. Le signe démotique *〔demotic〕* correspondant, devant avoir exactement la même valeur, il est tout naturel d'y voir aussi un ⲱ.

Cherchons maintenant si cette valeur est applicable aux mots dans lesquels cette lettre se présente. Le groupe *〔demotic〕*, pouvant, par suite de son analogie avec un groupe hiéroglyphique, être considéré *à priori* comme symbolique par ceux qui cherchent de prédilection l'élément symbolique, j'aime mieux attendre qu'il ait été démontré que ce groupe se lit très-nettement et trèsphonétiquement pour m'en servir. J'aurai donc recours à d'autres exemples.

A la ligne 16, nous lisons, après la mention de la victoire d'Orus et de Thoout,

.‖ℳ⅄ʑ ⎰⍑⍑⌐ ⅃ℑ⅁℘ℐ ℐ⅄ℤ⅄ʑʑℐℼℐ⅃⅄⅄ℑℳ⅃℞

OUÔT NOUBEOUI ETAAF PÂI EPKHÔDJ N THTHOU NRKEI.

(ⲟⲨⲱⲧ ⲛⲓⲟⲨⲃⲉⲟⲩⲓ ⲉⲧⲁⲁϥ ⲡⲁⲓ ⲉⲛϩⲱⲭⲉ ⲛ̄ ⲧⲁ⳽ⲧⲁ⳽ⲟⲩ ⲛⲉⲣⲓⲕⲉⲓ)

Il a détruit les rebelles, rassemblés en multitude pour comprimer dans les troubles les opposants. Ce sens est trop naturel pour qu'il n'y ait pas tout lieu de croire que les mots ⅄⌐ʑ , ⲟⲨⲟⲧ (ⲟⲨⲱⲧ), il a détruit, et ⅃ℑ℘ℐ , EPKHODJ (ⲉⲛϩⲱⲭⲉ), pour comprimer, sont légitimement lus et transcrits. Dès-lors la valeur ⲱ, assignée au caractère ⅂ , peut être admise comme plus que probable. Je m'en tiendrai donc à ces exemples, qui me paraissent suffisants.

Remarquons de plus que, dans le manuscrit de Leyde, à transcriptions grecques, le caractère ⟊ est transcrit ⲱ comme le caractère ⟊ⅈ , dans lequel nous avons eu déjà l'occasion de reconnaître l'ensemble de deux caractères, l'un hiéroglyphique ⎯ , ayant la valeur o, et l'autre ∠ⅈ , purement démotique, et se lisant ⲁ, ce qui constitue une lettre double ⲟⲁ, ayant la valeur de l'ⲱ. Il est donc fort probable que le signe ⟊ , ayant la\ même valeur ⲱ, doit se décomposer de la même manière; et que le signe supérieur étant l'o hiéroglyphique ⎯ , le signe inférieur est encore un ⲁ ou plutôt un o, dont la jonction au premier constitue une voyelle longue ⲱ. Ceci vient à l'appui de la lecture o, que nous a fournie l'analyse des mots significatifs extraits du décret de Rosette.

La première lettre de notre mot est donc un o long; la deuxième nous est bien connue déjà, c'est la djandjia (ⲝ); quant aux deux dernières, les singulières variantes qu'elles présentent ne permettent pas de leur assigner formellement une valeur. Toutefois, il ne peut y avoir d'incertitude pour la troisième qu'entre un E et un M.

Peut-être, enfin, la dernière est-elle une s ou un cн (c ou ꙍ). Nous aurions donc un groupe ⲱxec, ⲱxнꙍ ou ⲱxuc, ⲱxuꙍ, auquel je ne saurais assimiler avec certitude aucun mot copte moderne.

Comme il est, du reste, de mon devoir de mentionner toutes les hypothèses que j'ai examinées successivement dans le cas où, comme cette fois, la signification d'un mot restait douteuse, ainsi que sa véritable lecture, j'ajouterai que j'ai quelquefois pensé que le mot en question pourrait bien être un composé de ô, oi (ⲱ, oi), être, et de DJÔCH, DJOCH, DJECH (xⲱꙍ, xoꙍ, xeꙍ), *fundere, effundere, emittere, diffundere; effusio, diffusio*. Dans ce cas, le vrai sens de notre groupe serait en rapport intime avec celui du mot ⲓⲗ〈ⲍⲍ , NPRDJI (ⲛⲛⲉⲣxⲓ), les distributions, les profusions, et, par extension, les bienfaits.

Je n'insisterai pas plus longtemps sur une analyse que je ne me suis décidé à présenter qu'en désespoir de cause, et afin de prouver que je n'ai jamais abandonné un mot sans chercher, par tous les moyens possibles, à me rendre maître du sens qu'il renfermait.

Je pense, du reste, qu'ici le groupe en question est accompagné du pronom personnel affixe de la troisième personne masculin singulier ꜰ (q), qui indique que le mot ⲍⲗ⁷ , ÔDJECH (ⲱxeꙍ), se rapporte à Ptolémée, comme s'y rapportait également le mot ⁷⟨ⲓⲍ〉 , MOOUF (ⲙⲱⲟⲩq), resplendissant, que nous avons analysé un peu plus haut. Ce qui prouve d'ailleurs que ce q final est un pronom, c'est que, dans les passages des lignes 20, 21, cet affixe ne se représente plus.

Phrase 3—8.

⳪⳪ — ET — ⲉⲧ.

Nous avons lu déjà deux fois cette particule, qui n'est autre chose que le pronom relatif *qui, que* (phrase 2—3, phrase 3—1) et nous l'avons trouvée servant de préformative à des participes, comme dans les mots ⟨glyph⟩ , ETSTO (ⲉⲧⲥⲟⲉⲓⲧⲟ), illustre, et

⟨glyph⟩ , ETFPCHF (ⲉⲧϥⲓⲛⲱϣϥ), réparateur, ayant réparé. En
copte, le même pronom relatif se montre sous la forme ET (ⲉⲧ),
aussi bien que sous les autres formes E (ⲉ) et ENTE (ⲛ̄ⲧⲉ), que
nous retrouverons plus loin; et il joue exactement le même rôle
que dans les textes égyptiens.

Phrase 3 — 9.

⟨glyph⟩ — N[TER]OU — ⲙ[ⲧⲏⲣ]ⲟⲩ.

Nous voici arrivés à l'un des groupes les plus importants, en
ce qu'il se présente sans cesse dans tous le textes démotiques, et
que, par conséquent, sa signification ne peut être un seul instant
douteuse. C'est bien l'image de l'idée Dieux au pluriel; puisque le
passage de la ligne 20, correspondant à la phrase grecque ἔχων θεοῦ
εὐεργετικοῦ ἐν τοῖς ἀνήκουσιν εἰς τὸ θεῖον διάνοιαν, est rendu en égyptien par la
phrase ⟨glyph⟩ , dans laquelle le groupe
⟨glyph⟩ , les Dieux, est écrit à côté du groupe ⟨glyph⟩ , un Dieu.
Cette dernière forme est donc bien celle du singulier, devant laquelle, pour passer au pluriel, on a placé l'article ordinaire ⟨glyph⟩ ,
N (ⲛ), et après laquelle on a ajouté un signe final qui n'est plus
l'ı des pluriels ordinaires.

Cherchons, avant tout, à définir chacun des signes du groupe
au pluriel, puisque, de son analyse, résultera de toute nécessité
celle du groupe singulier. Le premier caractère, je viens de le dire,
est l'article pluriel ⟨glyph⟩ , N (ⲛ); cela est rendu manifeste par le
passage que je viens de citer : passons donc au second. Celui-ci,
dans le texte du décret de Rosette, offre deux tracés différents :
l'un tout à fait linéaire ⟨glyph⟩ est celui que nous trouvons dans le
passage présentement analysé; le second ⟨glyph⟩ se rencontre dans
les lignes 3, 6, 8, 11, 16, 18, 22 (2 fois). De ce que ce signe reçoit
deux formes si distinctes, il y a quelque raison de croire, *à priori*,

qu'il n'est pas alphabétique, mais bien symbolique. Ici le lecteur voudra bien se rappeler que, dans ma lettre à M. Guigniaut, tout en énonçant comme un principe à peu près absolu l'exclusion des symboles de l'écriture démotique, j'ai cependant admis que des idées essentiellement vulgaires, telles que celles de la divinité, par exemple, pourraient bien être représentées par de purs symboles. Il n'y a donc pas ici de ma part dérogation du principe que j'ai posé, ni concession au principe contraire que j'ai cru devoir combattre. Nous employons des symboles dans notre écriture française, tout alphabétique qu'elle est, lorsqu'il s'agit de peindre les idées les plus vulgaires; il a donc bien pu en être de même dans l'écriture populaire des Égyptiens.

Voyons maintenant ce que c'est que le second signe du groupe démotique les Dieux, ou le premier du groupe un Dieu, que nous avons trouvé dans la ligne 20.

Il n'est pas possible de méconnaître, dans ce symbole adopté par l'écriture démotique, l'image hiéroglyphique la plus ordinaire des personnages divins, le déterminatif obligé de tous les noms phonétiques des Dieux, c'est-à-dire le personnage barbu, sans bras, assis les genoux élevés, et dans un état absolu de repos (voir dans le Précis de Champollion, la série des noms divins phonétiques, n° 39 et suivants, et dans la grammaire, à la page 109); la forme hiéro- glyphique pure étant 𓀭, la forme linéaire est devenue 𓀭, ou 𓀭 et c'est évidemment là l'origine de notre signe démotique 𓀭 ou 𓀭, qui, à proprement parler, n'est pas un caractère démo- tique, mais bien un des symboles hiéroglyphiques, que sa signi- fication a fait passer tout naturellement dans l'écriture démotique. Nous verrons plus loin qu'un autre symbole hiéroglyphique de la même idée Dieu s'est également introduit dans l'écriture popu- laire, et nous n'aurons pas sujet de nous en étonner, parce qu'il est bien certain que, parmi les chrétiens qui ne connaissent pas la première lettre de l'alphabet, il n'y en a pas un qui ne soit en état de reconnaître, au premier coup d'œil, une croix au milieu d'une page entière d'écriture.

En définitive, ce signe étant un véritable symbole, il faut, de toute nécessité, suivant ma théorie, qu'il soit accompagné de l'indice caractéristique des signes de ce genre, et c'est ce qui ne manque pas d'arriver. Après l'image matérielle du personnage divin, vient immédiatement l'indice qui clôt et termine toutes les sigles représentatives des noms divins démotiques : cet indice est précisément le troisième caractère du groupe Dieux au pluriel, le second et dernier du groupe Dieu au singulier. Quant au quatrième et dernier signe, il est nécessairement alphabétique, et il faut en déterminer la valeur. D'abord, c'est une terminaison du pluriel; car la comparaison des deux groupes un Dieu et les Dieux, extraits du passage de la ligne 20, ne permet pas de conserver de doute à cet égard : reste à deviner quelle est cette terminaison.

Remarquons d'abord que le tracé de ce caractère est loin d'être uniforme, ce qui tient vraisemblablement à ce que le graveur n'avait pas la moindre précaution à prendre dans la reproduction du groupe conventionnel représentant une idée aussi vulgaire que celle-ci : *les Dieux*; il eût contourné comme il l'eût voulu tous les signes phonétiques de ce groupe, qu'il n'en eût pas été moins compris de tout le monde. Une incorrection de tracé n'a donc rien cette fois qui puisse nous étonner. Or, si nous trouvons presque toujours le signe écrit exactement comme le ⌣ , ℙ initial du nom Ptolémée, nous le trouvons aussi, ligne 2, sous la forme exacte de la voyelle vague A, E, O, (1); il en est de même ligne 18 et ligne 20 (3 fois). Il est donc possible que le signe régulier ⟩ ait été presque toujours remplacé par le signe de l'articulation ℙ, ⌣ , avec lequel il présente une assez grande analogie de forme. Du reste, la voyelle ⟩ , OU, nous donne une terminaison copte du pluriel, tandis

---

                                                          13

que P ne nous donne rien. Il n'y a donc pas à hésiter, et d'autant moins d'ailleurs, que, dans la ligne 3o, nous verrons l'idée : *on les intitulera*, rendue par ⲍ ⲋ\ⲋ⸗ , ⲙⲟⲓⲧⲉ (pour ⲧⲀⲩⲉ) ⲛⲟⲩ (ⲙⲟⲓ ⲧⲀⲩⲉ ⲛⲟⲩ), on dira à eux, on donnera le nom à eux, phrase dans laquelle le pronom personnel de la troisième personne du pluriel est précisément rendu par ce signe ⲋ , que je lis ⲟⲩ, et qui n'est que le même pronom de la langue copte.

En résumé, le groupe en question se compose des signes du pluriel, l'ⲛ initial et le son ⲟⲩ final, qui encadrent le symbole Dieu, suivi de l'indice caractéristique de tous les symboles.

Reste enfin à dire quelle était la prononciation de ce groupe. Or, ce problème, ainsi que je l'ai fait observer en m'occupant plus haut du nom grécisé Amonrasonter, a été résolu de la manière la plus heureuse par le savant A. Peyron, qui a nettement démontré que, chez les Égyptiens, l'idée Dieu était rendue par le mot ⲧⲈⲢ (ⲦⲎⲢ). (1); c'est précisément le groupe que nous venons d'étu-

---

(1) Peut-être cette valeur du mot ⲦⲎⲢ conduit-elle à une explication fort naturelle d'un passage d'une homélie de saint Schenouti, que Champollion a extrait du *Catalogue de Zoëga* (n° cxciv, pag. 456 et 457), pour le citer dans son *Précis du système hiéroglyphique* (1ʳᵉ édition, p. 96 et 97). Voici ce passage : ⲈⲚⲦⲰⲚ ⲚⲈⲨⲤⲟⲟⲋ ⲨⲚ ⲚⲈⲦⲋⲚ ⲨⲨⲟⲨⲈⲓⲟⲟⲧⲉ ⲦⲎⲢⲟⲩ ⲚⲀⲓ ⲈⲦⲈⲦⲚⲩⲩⲩⲉ ⲚⲀⲩ.

Champollion le traduit ainsi : « Que sont les crocodiles et tous les animaux aquatiques que vous adorez ? » Mais cette traduction n'est pas suffisamment exacte, et le texte copte signifie très-probablement :

« D'où viennent les crocodiles et les habitants des eaux, ces dieux que vous adorez? »

Si le mot ⲦⲎⲢⲟⲩ voulait dire tous, je crois que sa vraie place ne serait pas après le le mot ⲨⲨⲟⲩⲈⲓⲟⲟⲧⲉ, mais bien avant le mot ⲈⲦⲋⲚ, tandis que s'il comporte le sens *dieux*, il occupe précisément la place que l'ordre logique de la phrase lui assigne. Voici un exemple que je trouve dans le *Lexique copte* de Peyron, et qui semble me donner raison : *Omnes domus* est la traduction des mots coptes ⲠⲦⲎⲢϥ ⲚⲦⲉ ⲋⲀⲚⲎⲓ, qui signifient littéralement la totalité des maisons; nous aurions donc eu dans notre phrase : ⲨⲚ ⲠⲦⲎⲢϥ ⲚⲦⲉ ⲚⲈⲦⲋⲚ ⲨⲨⲟⲩⲈⲓⲟⲟⲧⲉ. Il se peut que je me trompe; mais, jusqu'à plus ample informé, je regarderai ce passage comme confirmant l'opinion émise par le savant Peyron que le mot égyptien ⲦⲎⲢ signifiait proprement Dieu.

dier qui termine le nom démotique correspondant au nom grec Αμουρασουνθηρ. Donc, le groupe se prononçait TÈR (ⲦⲎⲢ) au singulier, et NTÈROU (ⲚⲦⲎⲢⲞⲨ), ou NTÈROUE au pluriel. Il est, je pense, inutile d'ajouter que les désinences du pluriel ⲟⲩ et ⲟⲩⲉ sont très-fréquentes en copte pour les noms terminés par des consonnes.

Ceci posé, nous avons la phrase égyptienne :

ETFPCHF KMER, ER ODJRF M NPRDJI, ÔDJECHF ET NTÈROU.

qui, représentée en lettres coptes, avec restitution des voyelles, des particules et des articles supprimés, nous donne la phrase suivante :

ⲉⲧϥⲓⲛⲱϣϥ ⲕⲙⲉⲣ, ⲉⲓⲣⲉ ⲡⲟⲧⲟⲭⲉⲓⲣⲉϥ ⲛ̄ ⲙⲉⲛⲉⲣⲭⲓ, ⲱⲭⲉϣϥ ⲡⲉⲧ ⲛ̄ ⲛⲧⲏⲣⲟⲩ,

dans laquelle il n'est pas possible de méconnaître des mots à peu près coptes. Quant au sens de cette phrase, il est le suivant :

Le réparateur de l'Égypte, se sanctifiant par ses largesses, donnant avec profusion ce qui appartient aux Dieux.

Le grec dit simplement : τοῦ τὴν Αἴγυπτον καταστησαμένου, καὶ τὰ πρὸς τοὺς θεοὺς εὐσεβοῦς. Il y a donc dans la phrase égyptienne un plus grand développement de l'idée essentiellement religieuse renfermée sous les mots τὰ πρὸς τοὺς θεοὺς εὐσεβοῦς.

Ligne 1 — Phrase 4.

Texte égyptien :

Texte grec :

Ἀντιπάλων ὑπερτέρου, τοῦ τὸν βίον τῶν ἀνθρώπων ἐπανορθώσαντος, κυρίου τρια-κονταετηρίδων.

Le texte égyptien doit être scindé de la manière suivante :

Il se transcrit en lettres coptes :

ɯn ? ou ɯɯʌ? ʍxxɩoᴛ, ᴇᴛp̄ oxp pɯ ʌ2 ̄ɴ ɴɳɩ, ɳoᴛoᴛo ̄ɴ ɴɳpɩ, et se traduit littéralement :

Au-dessus de ses ennemis, faisant la pureté elle-même pour la vie des hommes, l'excellent par les années.

Phrase 4 — 1.

ρͻ — ᴍᴘ ou ᴍᴍᴀ? — ɯn ou ɯɯᴀ?

Ce groupe peut se lire de deux façons différentes, que nous allons examiner successivement. Le premier signe est sûrement un ᴍ, le second peut être un ᴘ, semblable à celui qui sert d'initiale à tous les noms propres, tels que Pétearpochrates, Pétéchonsis, etc., etc., mais avec l'appendice tangent qui se retrouve dans les mots à transcription grecque du manuscrit de Leyde. Nous aurions ainsi le mot ᴍᴘ (ɯn); ce second signe peut encore être considéré comme complexe, et composé d'un ᴍ lié à une voyelle, telle que ᴀ, ᴇ, ɪ; dans ce second cas, nous aurions le mot ᴍᴍᴀ (ɯɯᴀ). Voyons le sens que nous fournit chacune de ces deux hypothèses. D'abord, dans l'un et l'autre cas la première lettre   ͻ , ᴍ, étant séparée par un assez grand intervalle du caractère qui la suit, il y a toute raison de croire qu'elle représente la préposition ᴇᴍ (ū pour ʘɯ) *in*, en, dans. Si c'est la lettre ᴘ qui vient après, nous avons le mot ᴇᴍᴘᴇ (ɯɳᴇ), équivalent du mot copte ɴᴛɳᴇ, signifiant : supérieur, au-dessus. En effet, le mot ɴᴛɳᴇ se décompose clairement en ɴ et ᴛɳᴇ, qui est le substantif féminin ɳᴇ, ciel, muni de son article. En supprimant celui-ci, comme cela avait lieu d'habitude dans l'idiome égyptien, il reste ɴɳᴇ, et, d'après une règle grammaticale constante, la particule ɴ̄, se changeant en ū devant le ɳ, il reste enfin ɯɳᴇ, mot identique avec celui que nous fournit le texte démotique du décret de Rosette.

Voyons maintenant ce que nous donne la seconde leçon. S'il

fallait lire ᴇᴍᴍᴀ (ūᴜᴀ), nous aurions le sens : au lieu de, en place de.

Mais le mot ᴍᴀ , qui se présente fréquemment dans le texte dé-motique du décret de Rosette, affecte une forme différente, et l'ᴍ initial y est toujours relie à angle droit avec l'extrémité inférieure de la voyelle égyptienne), comme dans le nom ⎰(∠ıı ıı⊔ ⊽∠2) de la ligne 2. On peut s'en assurer en étudiant le tracé de ce mot ᴜ dans le texte des lignes 6, 7, 11, etc., etc. Or, cela n'a pas du tout lieu ici ; la courbure de la lettre est telle qu'elle remonte jusque vers le sommet du trait vertical : c'est donc plutôt un ᴘ sem-blable à celui qui sert d'article singulier masculin, mais, quand il est muni, comme dans le manuscrit de Leyde, de son appendice vertical et tangentiel. Je crois donc devoir considérer comme la vraie et la seule admissible, la leçon qui nous fournit le mot ᴇᴍᴘᴇ (ūnᴇ). En effet, ce mot signifie supérieur, et c'est exactement le sens du mot grec ὑπερτέρου qu'il remplace.

Je ne dois pas passer sous silence une objection que je prévois, et à laquelle, je l'avoue, je ne saurais que répondre. Nous verrons dans maints passages le mot ⅔∠₹ , ᴇᴛᴘᴇ (ᴇᴛnᴇ), au-dessus, qui est un dérivé du même radical ᴘᴇ (nᴇ), ciel, présenter ce radical écrit ⅔∕ , tandis qu'ici le même mot serait rendu par sa seule articulation essentielle, représentée par un homophone du signe ordinaire 2 . Il y aurait donc là une exception à la règle gé-nérale que je crois avoir reconnue, et qui veut qu'au même radical soient toujours attachés les mêmes signes. Je l'avoue, cette difficulté m'a longtemps arrêté, et ce n'est qu'après avoir cherché pour le groupe en question une autre explication que celle qui se présente tout naturellement, quand on se borne à lire le mot qu'on a sous les yeux, que j'ai fini par revenir à cette explication, avec d'autant plus de confiance que le sens obtenu était précisément celui qu'il fallait obtenir.

Phrase 4 — 2.

⟨‖⊥⊥⟋ — NDJDJIOU — N̄X̄IX̄IOY.

Nous sommes en mesure de reconnaître que ce groupe doit être composé de la particule ⟋ , n, image du pronom possessif de la troisième personne, son, sa, ses, et d'un radical dont nous allons chercher la forme.

Les deux premières lettres sont deux djandjia (x), la troisième est un i, et la dernière nous est encore inconnue. Cherchons-en donc la valeur.

Salvolini (Camp. de Ramsès le Grand, p. 22) admet que ce signe ⟨ est le déterminatif générique des mots qui expriment une idée de méchanceté, ou de mépris, et il ajoute en note : « cf., lig. 13, 15 et 16, le mot ⲛⲉϭⲱⲃⲉ, les impies, les rebelles, « grec ἀσεϐεῖς, etc. ; — lig. 5, le mot xixeere, grec ἀντιπάλων ; — lig. 11, « le mot neⲩⲧⲟⲣⲧⲣ, désordre, ravage, trouble, grec, ταραχή ; — et, « lig. 16, le mot qui correspond au grec κακά, dommages. »

Je commence, suivant mon habitude, par nier purement et simplement que ce signe soit un déterminatif, parce que je n'ai jamais pu en rencontrer que deux seulement dans le texte entier du décret de Rosette, à savoir : l'urœus qui accompagne le nom des coiffures royales, et la pierre qui suit le mot stèle. C'est donc pour moi une lettre comme toutes les autres, et une lettre toute phonétique, et qui se prononçait ou. Passons maintenant en revue les exemples cités par Salvolini, et nous verrons lequel a raison de lui ou de moi, lorsqu'il s'agit de la lecture des groupes, car nous ne pouvons évidemment avoir raison tous les deux.

Dans les lignes 13, 15 et 16, le mot que Salvolini lit ⲛⲉϭⲱⲃⲉ, les impies, les rebelles, grec ἀσεϐεῖς, est simplement le mot | ⟨⟨⟨4⟩⟨ , niqubeoui, les rebelles. En copte, de oube (ⲟⲩⲃⲉ), contre, s'est formé le mot etoube (ⲉⲧⲟⲩⲃⲉ), adversarius, et le mot tioube (ϯⲟⲩⲃⲉ), adversari, resistere, contradicere, contendere, pugnare, d'où enfin

ETTIOUBE (ⲉⲧⲧⲟⲩⲃⲉ), *adversarius, inimicus*. On me permettra de préférer ma leçon, qui donne ce sens d'une manière parfaitement régulière, tandis que Salvolini crée tout exprès pour le mot ⲛⲉⲥⲱⲃⲉ le sens impie, rebelle, qu'il n'a jamais eu que dans son imagination. En effet, SÔBE (ⲥⲱⲃⲉ) signifie *ludere, illudere, irridere, deridere, ridere*, et, pris comme substantif, ce mot signifie *irrisio, risus*. Jamais, que je sache, il n'a voulu dire autre chose, et, l'on en conviendra, il y a singulièrement loin de là à l'idée : impie, rebelle.

A la ligne 15, un des groupes désignés par Salvolini comme ayant la même valeur, est le suivant : ⟨ⲍ4�ⳡ5511ⲍ , que je lis NETTOUBEOU , et qui est précisément le mot copte ETTIOUBE (ⲉⲧⲧⲟⲩⲃⲉ) au pluriel.

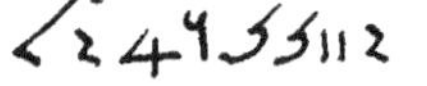

A la ligne 5, j'aurais vainement cherché le mot ⲭⲓⲭⲉⲉⲧⲉ, grec ἀντιπάλων ; il est clair qu'il y a dans la note de Salvolini une faute d'impression, et que c'est réellement la ligne 1 qu'il a voulu désigner ; de plus, c'est précisément le groupe qui nous occupe qu'il avait en vue, et qu'il a lu à peu près. En effet, le mot DJADJI, DJEDJI (ⲭⲁⲭⲉ, ⲭⲁⲭⲓ, ⲭⲉⲭⲓ) *inimicus, hostis,* fait au pluriel ⲭⲓⲭⲉⲟⲩ, ⲭⲓⲭⲉⲉⲧⲉ et ⲭⲓⲭⲉⲟⲩ, et c'est un pluriel de cette dernière forme que nous offre le groupe démotique dont nous nous occupons. Supposons que ⲭⲉⲭⲓ soit muni de la terminaison ou, et nous aurons lettre pour lettre, notre mot démotique DJDJIOU (ⲭⲉⲭⲓⲟⲩ). Ici le mot doit évidemment être au pluriel, il faut donc une terminaison qui l'indique, puisque la particule possessive N, ⟋ , est aussi bien propre au singulier qu'au pluriel. Si donc le signe ⟨ , dans lequel Salvolini voit un déterminatif, ne représentait pas cet indice final du pluriel, rien absolument ne ferait reconnaître le nombre du groupe en question.

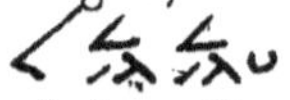

A la ligne 11, le mot que Salvolini lit : « ⲛⲉⲩⲧⲟⲣⲧⲣ, désordre, « ravages, trouble, grec, ταραχή ; » n'est autre chose que le mot ⟨ⳡⲩ , PTHTHOU, la perturbation, les troubles, mot conservé dans l'expression copte TAHTEH (ⲧⲁⲍⲧⳡ), *turbāre*. Ce mot se retrouve ligne 16, mais, à la ligne 11, il est précédé de l'article singulier masculin, tandis qu'à la ligne 16, il n'est précédé d'aucun article. Comme là il s'agit de comprimer les populations par les troubles, le pluriel est plus convenable que le singulier.

Enfin, à la ligne 16, doit se trouver un groupe que Salvolini n'a pu lire, puisqu'il n'en donne pas la transcription, et qui, suivant lui, correspond au grec κακὰ : maux, dommages. En cela, il a parfaitement raison ; mais ce groupe, qui se lit immédiatement ⟨⟨⟨⟨, KMÔOU ou KIMÔOU, se rapproche tout naturellement du mot copte KIM (KIU. T. M.), *motus, agitatio, commotio,* lequel, au pluriel, a fort bien pu faire jadis KIMÔOU. Ce groupe se retrouve à la ligne 13.

Un mot que Salvolini omet dans sa note est le mot ⟨⟨⟨⟨ qui se trouve dans la ligne 12, et qui signifie : exercer des vexations, vexer, infester; il se lit : TAOUO, et il me semble parfaitement analogue au copte ⲥⲓⲁⲟⲧⲱ, littéralement *accipere pignus,* et, au figuré, *vexare, infestare,* ainsi que nous le verrons plus tard.

Enfin on trouve, ligne 8, les deux mots ⟨⟨⟨⟨ , TEKOU, prisons, et ⟨⟨⟨⟨ , CHLÔPOU, choses honteuses, accusations, terminés par ce même signe.

On voit que mes lectures auraient fourni à Salvolini trois bons exemples de plus en faveur de sa thèse sur le rôle du signe ⟨ , dans lequel il voit un déterminatif. Il est étrange, j'en conviens, que tous les groupes terminés par ce signe soient des images d'idées fâcheuses, comme celles de rebelles, d'ennemis, de troubles, de maux, de vexations, de prisons, d'accusations; mais j'ajoute bien vite que la lecture de tout ce que Salvolini a écrit dans la brochure précitée au sujet de ce signe démotique d'impureté, comme il l'appelle, m'a paru si complétement dénué de bon sens, si tiré par les cheveux, s'il m'est permis de m'exprimer ainsi, que je ne me suis pas senti le moindre désir d'accepter cette bizarre interprétation. Cette fois, comme toujours, j'aime beaucoup mieux croire au plus simple. Quant aux écritures hiéroglyphique et hiératique,

comme j'ignore ce que l'étude approfondie que j'en ferai tôt ou
tard m'amènera à croire, je dois m'abstenir prudemment d'émettre
ici des opinions que je serais peut-être obligé de modifier entièrement un jour.

Si, par suite de cette coïncidence entre l'emploi du signe en
question et la nature des idées représentées par les groupes auxquels il se lie, nous pouvions être tentés d'admettre que ce signe a
été un déterminatif conventionnel de tous les mots images des
choses fâcheuses ou méprisables, nous serions, ce me semble,
forcés d'admettre que les autres classes d'idées avaient également
des déterminatifs démotiques; ainsi, les expressions des choses
bonnes ou louables devraient en être munies, et, à plus forte
raison, les noms propres d'homme ou de femme qui, dans les textes
hiéroglyphiques, sont perpétuellement accompagnés d'une petite
figure déterminative du sexe, devraient en être encore suivis dans
les textes démotiques. Or, jamais cela n'a lieu; donc il devait paraître au moins étrange que l'on eût imaginé de donner pour déterminatif aux noms des choses fâcheuses un signe qui ne ressemble
à rien, qui ne rappelle absolument rien.

Si j'insiste tant sur ce point, c'est, je le confesse, que la réalité du
fait observé par Salvolini me préoccupe fortement. Le fait existe,
mais a-t-il été expliqué d'une manière satisfaisante? Nullement.
Maintenant, y a-t-il quelque fait qui s'oppose à ce que le signe en
question soit pris pour un caractère phonétique, image de la diphthongue oυ? pas le moindre. Il y a même quelque raison en faveur
de mon opinion, comme, par exemple, l'absence de tout autre
signe de pluralité dans les groupes ⟨ III ⊥ ⊥ et ⟨ 𠬛𠬛, qui
sont vraisemblablement au pluriel. Je persiste donc formellement
dans cette opinion, et j'espère bien découvrir, tôt ou tard, des faits
nets et précis qui viendront me donner gain de cause (1). Quoi qu'il

(1) Ceci était écrit depuis quelques semaines, lorsque deux de ces faits précieux, qui devaient me venir en aide, se sont tout naturellement présentés à moi, au moment où je ne

14

en soit, le sens du groupe en question ne saurait être douteux : c'est
bien le mot copte xɘxɪ, ennemi, que nous retrouvons ici, et l'expression grecque ἀντιπάλων ὑπερτέρου est rendue avec la plus grande justesse par EMPE NDJEDJIOU (uɴɘ ɴᴀxɘxɪᴏʏ), supérieur à ses ennemis.
On remarquera que le mot ἀντιπάλων, étant naturellement au pluriel,
j'ai eu raison de supposer qu'il en était de même dans le texte
égyptien, et que   ⟨ɪɪɪⱢⱢ (xɘxɪᴏʏ) était le pluriel de ɪɪɪⱢⱢ
(xɘxɪ).

Phrase 4 — 3.

⌒ʃɪɪ — ETR — ɘᴛp̄.

Ce groupe, qui se lit immédiatement ETR, nous est déjà connu;
en effet, la particule ʃɪɪ, ET, est le pronom relatif servant de préformative des participes; le radical ⌒, ʀ (ɘp, p̄) signifie faire : c'est le
copte ɘp, ɘɪpɘ, ɪpɪ, ɪpɘ, qui a la même valeur. Notre groupe démotique signifie donc : faisant, qui fait.

Phrase 4 — 4.

ᴜⱢⱢ — ODJR — ᴏxp.

Ce mot, que nous avons longuement analysé plus haut (phrase

----

les cherchais plus. En comparant les différentes leçons des mots égyptiens démotiques qui
représentent l'idée Dieux sauveurs, j'ai trouvé dans le Papyrus 36 de Berlin, publié par
Kosegarten (pl. IX, lig. 2) le mot Sauveurs écrit ⟨ɔ̃⌒⌣. Je le lis ᴍɴʜᴍᴏᴜ (ɴᴏᴢɘɪɪ,
en copte, veut dire sauver); et je demande s'il est permis cette fois de donner au caractère
⟨ le rôle de l'indice des choses impures ou fâcheuses. Ce seul fait suffirait donc pour
faire crouler entièrement la prétendue théorie de Salvolini; mais en voici un autre : le
Rituel magique de Leyde transcrit (col. XVIII recto, lig. 35) le groupe ʃɪ·ɔ̃⌵⁄₊ʃ
ɪᴡᴀɴɘ, et très-probablement ce groupe se lit ɪᴏʏᴢɴɘ. S'il en est ainsi, nécessairement
le signe ⟨, qui ne peut dans tous les cas être ici en déterminatif, puisqu'il se trouve au
milieu d'un mot; ce signe, dis-je, a la valeur de la diphthongue ᴏᴜ, ou de la voyelle
longue ω.

3 — 4), se lit ODJR (pour ⲟⲧⲭⲉⲓⲣⲉ). Il se compose de ODJ (copte, ⲟⲧⲭⲉⲓ) et de la particule paragogique RE (ⲣⲉ); il signifie : sanctification, régularité, pureté.

———

Phrase 4 — 5.

⊂ ⲓ ⲩ — Rô — ⲣⲱ.

J'ai longtemps cherché la valeur de ce mot, et ce n'est qu'après bien des tâtonnements que je me suis arrêté au sens que je vais essayer de justifier. La pierre n'étant pas mutilée en ce point, il n'y a pas moyen de supposer qu'il manque quelque trait essentiel aux caractères. Le premier est sûrement le demi-cercle ouvert par le haut, image de l'articulation R ou de l'article singulier masculin P. Le second nous est également connu; c'est une voyelle A ou ô. Nous avons donc, en définitive, à examiner les deux leçons Pô ou Rô.

Pô (ⲡⲱ) ne donne aucun autre sens en ma connaissance que celui de la conception, en copte ⲡⲱⲱ.

Le mot RO (ⲣⲱ), au contraire, est employé dans le copte avec le sens *ipse* (1), *reverà*, et ce sens me paraît fort convenable ici. Je n'hésite donc pas à lire ⊂ ⲩ ⲩ Ⳍⲍ , ⲟⲧⲭⲉⲓⲣⲉ ⲣⲱ, la pureté elle-même.

J'avais d'abord pensé qu'il fallait voir dans ce groupe la particule Ⲓⲍ , ~~NTE~~ (~~ⲛⲧⲉ~~), à ou de, suivie de l'article masculin ⲩ du substantif la vie; mais, d'une part, il fallait admettre pour cette particule NTE une orthographe exceptionnelle en ce point (2), et de l'autre un défaut de tracé pour le signe ⲩ . Ce mode de lecture ne pouvant supporter un examen consciencieux, j'ai dû chercher mieux, et je crois avoir trouvé le vrai sens du mot en question.

Remarquons que le mot bouche (ⲣⲱ) est écrit ⳌⳠ dans le texte

———

(1) Peyron, *Lex.*, p. 176. ⲣⲱ. ⲧ. ⲙ. *ipse, scilicet os pro persona vel re, substantia, realitate usurpatur.* ⲡⲁⲓ ⲣⲱ, ⲫⲁⲓ ⲣⲱ *hic ipse*, ⲛⲩⲟⲧⲱⲩ ⲁⲛ ⲣⲱ, *nolebat reverà.*

(2) Dans toute l'étendue du décret, NTE est toujours écrit Ⲓⲍ , l'ⲛ initial ayant un point souscrit comme dans la particule possessive.

même du décret de Rosette (lignes 13 et 18), et qu'ici l'orthographe du mot que nous lisons également ρω, ʀô, est toute différente. Peyron admet, et j'admets d'après lui, que ρω, bouche, et ρω, *ipse*, sont un seul et même mot, et pourtant l'orthographe égyptienne semblerait nous montrer le contraire. Cela tient, je crois, à ce que, pour plus de clarté, les Égyptiens avaient admis en principe qu'ils changeraient toujours l'orthographe d'un radical quand ils en modifieraient la valeur. Ainsi, nous avons déjà vu le mot ⅔/, ᴘᴇ (пᴇ), signifiant au propre le ciel, s'écrire ρ, ᴘ (п) simplement, dans le mot ρϽ, ᴇᴍᴘᴇ, au-dessus. C'est probablement un fait du même genre qui s'est reproduit au sujet du mot ʀo.

Phrase 4 — 6.

Ꮯ — ᴀʜ — ᴀꝝ.

La première lettre de ce groupe est une voyelle, ᴀ, ᴇ ou ɪ; la deuxième nous est encore inconnue. Le nom propre Χαποχρατης se présente dans l'*Antigraphe grec* de Grey, dont la traduction démotique a été publiée par Kosegarten (Pap. 36 de Berlin), et la forme démotique de ce nom est ⌐ᴅᴊᴜᏮᏮᴵ ou ᴵᴅᴊᴜᏮ⌐ᴵ. D'un autre côté, le nom Peteharpocrates est écrit ⌐ᴅᴊᴜᏮᴵᴅᴊ. De la comparaison de ces deux noms, il résulte que c'est le groupe ᴵᴅᴊᴜ qui représente la partie ποχρατης de chacun de ces noms. Donc, dans le premier, c'est bien la syllabe ᏮᴵᏮᴵ, qui correspond à la syllabe grecque χα. Si maintenant nous remarquons que pour l'organe grec il devait être très-difficile, pour ne pas dire impossible, de prononcer l'ensemble des lettres aspirées ᴀᴋʜᴘᴄʜᴛ que nous offre le nom Chapochrates sous sa forme égyptienne, nous comprendrons pourquoi ce mot est devenu Χαποχρατης, par l'intercalation des voyelles ᴀ, ᴏ, qui devaient en faciliter et en adoucir la prononciation. Le signe initial ᴵ est sûrement une voyelle; donc nécessairement le signe ⊂ était l'équivalent de l'aspiration grecque χ. Ceci posé, notre groupe, qui doit signifier la vie, se lit ᴀᴋʜ (ⲁⳃ); et si nous ouvrons le Lexique copte, nous trouvons sur-le-champ ᴀʜᴇ (ⲁⲍⲉ ⲧ.), *vitæ stadium, vitæ tempus, vita* (1). Or, le dialecte memphitique substituant habituellement le ⳃ qui lui est propre au ⲍ thébain, nous retombons sur notre mot ᴀᴋʜ ou ᴀʜ (ⲁⳃⲉ). Cette lecture n'est pas sujette à contestation, et il demeure bien établi que le signe ⊂ représente une forte aspiration, telle que le horï ou le khei des textes memphitiques.

Dans le papyrus A de Grey, l'idée toujours vivant est rendue par le groupe ⸛⸛ , qui se lit ᴘᴀʜᴅᴊᴛ (ⲡⲁⲍⲉ ⲭⲉⲧⲉ), le vivant en permanence. Il n'y a donc aucun doute à conserver sur l'exactitude de la transcription et de l'interprétation du groupe ⊂ǀ, la vie.

Phrase 4 — 7.

◄ — N — ꞥ̄.

C'est la particule de flexion ꞥ̄, indice du génitif.

Phrase 4 — 8.

ǀρ⳽ — ɴᴘɪ — ꞥᴨɪ.

Le radical à expliquer se compose du seul signe ρ, puisqu'il est précédé et suivi des indices du pluriel; de plus, ce signe intermédiaire est un ᴘ, comme le constatent toutes les transcriptions du manuscrit de Leyde. Comme nous savons à l'avance que ce groupe

----

(1) Peyron fait observer que ⲱⲛ⳽ *est actio vivendi;* ⲁⲍⲉ, *curriculum vitæ.*

signifie les hommes, il s'agit simplement d'assimiler le mot P (n) à un mot copte offrant le même sens. Or PE (ne) veut dire *être* dans les trois dialectes ; ene signifie étant, *existens*, ων. Les Égyptiens ont donc tout naturellement rendu l'idée : les hommes, par une expression semblable à οἱ ὄντες des Grecs et à *les êtres* de notre propre langue.

Nous retrouverons ce groupe en plusieurs passages du décret de Rosette.

————

Phrase 4 — 9.

〔2υ — POUTO — ΠΟΥΤΟ.

Procédons d'abord à la lecture matérielle de ce mot. Le premier caractère est l'article singulier masculin P (n, ni); viennent ensuite deux caractères superposés, dont le premier à prononcer est celui qui est placé au-dessus. Cette règle de lecture ne saurait être douteuse ; elle nous est manifestée fort clairement par la forme du nom d'Alexandre, qui est écrit ☖☒☒/☒, et qui trois fois de suite présente une pareille disposition de signes. Le second caractère du mot nous est encore inconnu ; le troisième est un T, et le quatrième un ô. Voyons maintenant si le second signe a quelque analogue connu. Il est certain qu'il est identique de forme avec un caractère hiéroglyphique parfaitement déterminé par la lecture des noms propres, et dont la valeur est celle d'une voyelle telle que o, ou. Salvolini (*Analyse*, etc., signe 52) lui donne les différentes valeurs o, ô, ou, F, u.

Admettons donc pour un instant que cette valeur est celle du caractère qui nous occupe ; nous aurons alors à trouver le sens du mot POUTO, qui, débarrassé de l'article dont il est précédé, devient OUTO (ΟΥΤΟ). Or, si nous intercalons une voyelle telle que o entre les deux premières articulations exprimées, nous avons le mot OUOTO, qui devient immédiatement comparable au mot copte OUOT (ⲟⲧⲟⲧ ⲙ. ⲟⲧⲟⲟⲧⲉ ⲧ.), *præstans, præstantior esse*, qui n'a sans doute pas d'autre origine que le mot ⲟⲧⲱⲧ ⲧ. ⲙ. ⲃ., *unus, unicus, solus*, ainsi que le ⲟⲧⲟⲧ, ⲟⲧⲉⲧ, *separare, segregare, distinguere*. Notre groupe démotique signifie donc, à la lettre, le plus distingué; nous allons voir que ce sens est très-convenable, et nous en conclurons que notre transcription ne l'est pas moins. Quant à l'o final qui existe dans le mot égyptien, et qui n'existe plus dans le copte, peut-être le signe qui le représente n'est-il que l'indice ordinaire placé après les mots sur lesquels l'attention doit appuyer. C'est ce que nous ne pouvons décider, parce que nous ne sommes pas assez avancés pour cela dans l'étude de l'écriture et de la langue démotiques.

Quoi qu'il en soit, je maintiens absolument le sens : le plus distingué, ou l'éminent.

Comme, du reste, il importe de réunir le plus possible d'éléments de conviction à l'appui des lectures que je propose, je mentionnerai ici le protocole d'un papyrus de Paris, publié sous le n° 1 par M. Champollion-Figeac dans le *Journal asiatique* de 1823. J'y lis les mots suivants : ⲅⲟⲩⲉⲡⲩⲛ⌇43ⳤ⳺ Ⳙ⳺⳩20⳽⳺ⳁⲓⲛⲓⲛ3⳺ⳤ∠⳵⳺⳺ ⳺ⲓ⳽⳵ⳝ ⲅⲟⲩⲛ∠⳺⳩ⲓⲛⲟⲛ⳺ ; du roi Ptolémée, le premier, ou l'illustre par le fouet, Démétrius fils de Sitaltes. La position des groupes ⳵⳺⳩2ⳝ entre deux noms propres parfaitement reconnaissables nous démontre *à priori* que ces groupes doivent à eux seuls comporter une signification précise. Or, ainsi que nous le verrons, le groupe ⳵ , ⲣⲡ, ⲡⲓⲛ se retrouve plusieurs fois, mais muni du ⳝ , ⲣ (ⲡ) paragogique, dans le texte du décret de Rosette, pour désigner le fouet, insigne de la puissance divine et royale chez les Égyptiens, de même qu'il se retrouve dans le copte ⲡⲓⲛⲧ, *flabella*. Ce mot est précédé de la particule de flexion ⳺ , ⲛ, ⲛ̄; reste alors le mot ⳩2ⳝ, ⲡⲟⲩⲧⲫ, (ⲛⲟⲧⲟⲧϥ), qui, dépouillé de l'article singulier masculin ⳝ , ⲡ̇, ⲡ, devient ⳩2, ⲟⲩⲟⲧϥ (ⲟⲧⲟⲧϥ). Or, celui-ci, qui n'est autre chose que notre mot ⳤ2ⳝ du décret, mais avec l'affixe de la troisième personne ϥ, ou simplement avec un ϥ paragogique employé avec une fréquence extrême dans l'ancien idiome démotique, celui-ci, dis-je, est immédiatement comparable au copte ⲟⲩⲟⲧ, *præstans*, *præstantior*, et nous devons traduire l'ensemble de ces deux groupes par : le premier par le fouet, c'est-à-dire : celui qui est avant tous les autres par le fouet qu'il porte comme insigne de la toute-puissance. M. Champollion-Figeac a substitué à cette idée égyptienne l'expression : Euchariste.

Phrase 4 — 10.

 — N — ⲛ̄.

Particule de flexion à, de, ou par.

Phrase 4 — 11.

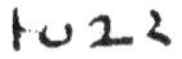 — NPRI — ⲛ̀ⲡⲣⲓ.

Tous les caractères qui composent ce groupe nous sont connus; il se lit donc immédiatement NPRI; mais comme ce mot est accompagné des signes qui caractérisent le pluriel des noms, nous avons à faire abstraction de l'N initial et de l'I final, pour isoler le radical à étudier. Ce radical est donc composé de deux lettres PR, abstraction faite des voyelles qui doivent se rattacher à ces deux lettres pour en faire un mot prononçable. Or, les mots coptes formés de ces deux articulations essentielles sont peu nombreux. Nous avons PRÔ, hiver (ⲡⲣⲱ. T. ⲫⲣⲱ. M.), d'où ⲉⲣⲧⲉⲡⲣⲁ, hiverner ; ⲡⲉⲣⲁ. ⲡⲏⲣⲁ. ⲡⲏⲣⲉ. ⲡⲏⲣⲓ. caille; ⲡⲉⲓⲣⲉ. ⲡⲓⲣⲉ, T. ⲫⲓⲣⲓ. M. *ortus est sol;* ⲡⲣⲣⲉ. *oriri, nasci;* ⲡⲓⲣⲉ. *germinatio*, et enfin ⲡⲱⲱⲣⲉ. T. ⲫⲱⲣ. M. *somniare.*

Parmi ces quatre mots, le choix n'est pas difficile; il est bien

clair que c'est le mot PRÔ (ⲡⲣⲱ) qu'il faut adopter. Notre groupe
signifie donc les hivers, pour les années; et cette méthode d'énumérer les années par les hivers n'a rien pour nous d'étonnant,
puisque dans la langue française elle-même l'idée hiver se substitue
quelquefois à l'idée année. Comme il est bon d'appuyer les lectures
que je propose sur tous les faits qui peuvent concourir à les confirmer, je ferai observer qu'à la ligne 10 du décret nous avons l'idée
grecque ἀπέλυσεν δὲ..... τοῦ κατ' ἐνιαυτὸν εἰς Ἀλεξάνδρειαν κατάπλου, rendue
par les mots : ╱╲⟨⟩ ∪ ╱, N POUAH
ALKSANTRSTA TPRT (ⲛⲡⲟⲩⲁⲥ (ⲛ) ⲁⲁⲕⲥⲁⲛⲧⲣⲅⲧⲁⲁ ⲧⲉⲛⲡⲱⲧ)..... du séjour
à Alexandrie, chaque année.

La même expression grecque κατ' ἐνιαυτὸν est rendue, ligne 9, par
le même groupe, et ligne 29 par ∪⟋⟍ seulement; le ⟋ final n'est
donc qu'un article féminin supprimé dans ce dernier cas, et exprimé
dans les autres après le substantif ∪⟍. Ce substantif est féminin, et puisqu'il en est précisément de même du mot copte ⲡⲣⲱ,
hiver, l'identification du mot égyptien PR et du mot copte ⲡⲣⲱ est
convenable de toutes les manières.

L'idée année était donc rendue, dans l'idiome égyptien démotique,
par PRÔT, et au pluriel par NEPROI (ⲡⲣⲱⲧ, ⲛⲉⲛⲡⲣⲱⲓ).

Récapitulons maintenant ce que l'analyse de la phrase quatrième
nous a fait reconnaître. Nous avons la phrase égyptienne :

EMP NDJDJIOU, ETR OUDJRE RÔ AH EN NPI, POUTO EN NPRI.

qui, transcrite en lettres coptes, avec restitution des particules et
des voyelles supprimées, nous donne la phrase à peu près copte :
ⲩⲛⲉ ⲙⲁⲭⲉⲭⲓⲟⲩ, ⲉⲧⲉⲣ ⲡⲟⲩⲭⲉⲓⲣⲉ ⲣⲱ (ⲛ) ⲡⲁⲍⲉ ⲛ ⲛⲉⲛⲉⲓ, ⲡⲟⲩⲟⲧⲟ ⲛ ⲛⲉⲛⲡⲣⲱⲓ.
qui se traduit : supérieur à ses ennemis, ayant sanctifié la vie des
hommes, le premier par les années, c'est-à-dire, par sa longévité.
On le voit, il existe, entre le passage grec et le passage égyptien
correspondant, un accord que le hasard seul ne peut avoir créé, et
qui, je l'espère du moins, inspirera à mes lecteurs quelque confiance

dans les résultats que je leur ai déjà exposés et que je dois leur ex-
poser encore.

<hr>

LIGNES 1 et 2. — PHRASE 5.

<hr>

Texte égyptien :   ⟨⟨signes démotiques⟩⟩

Texte grec : Καθάπερ ὁ Ἥφαιστος ὁ μέγας, βασιλέως, καθάπερ ὁ Ἥλιος μέγας
βασιλεὺς, τῶν τε ἄνω καὶ τῶν κάτω χωρῶν.

Le texte égyptien, qui empiète sur la seconde ligne, est tout à
fait incomplet; une mutilation, qui existe vers la fin de la première
ligne, en a fait disparaître quelques lettres, et tout le commencement de la seconde ligne a été enlevé par la fracture de la pierre.
Ce qui reste de ce texte doit se scinder en groupes de la manière
suivante :

⟨⟨signes démotiques⟩⟩

Ce passage, transcrit en lettres coptes, nous donne : ⲱⲧⲉϥ
ⲩⲢⲉⲣ Ϥ. ⲕⲛ(ⲓϩ-....ⲩⲉ)ⲧⲱⲁⲣ ⲩⲢⲉⲣ Ⲣ. ...... ⲣⲉⲓ ⲩ ⲩⲣⲕ; et en le tra-
duisant mot à mot, nous avons le sens : devenu grand comme
Phtah le Grand, roi comme Ré..... dans la demeure du jour ou du
midi.

Passons à la justification de cette transcription et de cette interprétation.

<hr>

Phrase 5 — I.

⟨⟨signes démotiques⟩⟩ — ÔTECHF — ⲱⲧⲉϥϥ.

La première lettre est un ô, la deuxième un ⲧ; puis viennent trois
traits verticaux parallèles, suivis d'un signe angulaire ouvert à
droite. Enfin, la dernière lettre du groupe est un ⲣ. Les signes in-
termédiaires peuvent se lire de trois façons différentes, soit ⟨⟨signes⟩⟩

); soit ⟋⫲⫲, IT; soit enfin ⟨⫲⎮, ECH. En effet, dans le premier cas,
; deux traits parallèles juxtaposés sont l'image de la voyelle E, et
 dernier signe, composé d'un trait vertical et d'un trait angu-
ire ouvert à droite, est un O, comme dans les mots déjà vus,
⟨⫩⊃, MOOUF, et ⟨⎮◡, RÔ; dans le second cas, les trois traits
rticaux représentent la voyelle I, et le trait angulaire un T; enfin,
ins le troisième cas, le premier trait est une voyelle, A, E ou I, et
insemble des trois derniers traits constitue l'articulation ⟨⫲, S,
:s noms de Ptolémée ⟨⫲⫩⫲⊔⟍⫞⫞, PTLOMIOS, et d'Arsinoë
⫩⟋⫲⫲⟨⫩⟍⫩, ARSINE. Cette lecture du signe ⟨⫲ est d'ailleurs
einement confirmée par les transcriptions grecques du manuscrit
 Leyde.

Nous avons donc, en définitive, à examiner successivement trois
'pothèses différentes; mais remarquons d'abord que le Fei final,
·onom personnel affixe de la troisième personne du singulier,
ius indique à priori, comme il nous l'a indiqué dans le membre
 phrase ⟨⟵⟍⟍⫶⟨⫩⫩⊃, MOOUF N-MTO, que le mot qu'il suit se
pporte au roi Ptolémée, et que ce mot commence l'expression
ine nouvelle idée, séparée essentiellement de tout ce qui précède.
)yons maintenant laquelle des trois lectures TEOF, TITF, TECHF,
ius donne le sens le plus raisonnable.

D'abord, ΤΑΙΟ, ΤΑΕΙΟ (ΤΑΙΟ, ΤΑΕΙΟ. T. M.) signifie *honore prosequi,
norare*, et ΕΤΤΑΙΕΥ (ΕΤΤΑΙΟΥ, ΕΤΤΑΙΗΥ. T.) *gloriosus*. Le groupe
 question pourrait donc signifier, glorieux, honoré, avec cette
emière leçon.

Le mot TITF ne nous offre aucun sens admissible.

Reste enfin la troisième lecture TÈCHF, qui nous présente deux
ns différents. D'abord TECH, TÔCH (ΤΕϢ. T. ΤΩϢ. T. ΤΑϢ. B,) signifie
ituere, *constituere*, et au passif TÈCH (ΤΗϢ), *statui, constitui*.
isuite TACHE, TACHO (ΤΑϢΕ, ΤΑϢΟ. T. M.) signifie *multiplicare,
·gere*, d'où les composés ΤΑϢΕΕΙΡΕ, *magna facere;* ΤΑϢΕΥΕΙ, *mul-
n amare*. Nous allons voir que toutes les probabilités sont en
·eur de ce dernier sens.

Le texte grec, après les mots καθάπερ ὁ Ἥφαιστος ὁ μέγας, nous présente immédiatement le membre de phrase : βασιλέως καθάπερ ὁ Ἥλιος μέγας βασιλεὺς τῶν τε ἄνω καὶ τῶν κάτω χωρῶν. Avant cette phrase, on lit simplement : κυρίου τριακονταετηρίδων; la traduction littérale de ces membres de phrase successifs nous donne : Seigneur des triacontaétérides, comme Héphaïstos le grand, roi, comme le soleil, grand roi, des régions d'en haut et d'en bas.

Or, la dernière comparaison est complète et naturelle, car Ptolémée est dit Roi des régions d'en haut et d'en bas comme le soleil grand roi, et les mots βασιλέως καθάπερ ὁ Ἥλιος μέγας βασιλεὺς se balancent et s'équilibrent. Dans le premier membre de phrase, au contraire, rien de semblable; il y est dit que Ptolémée est seigneur des triacontaétérides comme Héphaïstos le grand ; je l'avoue, ce sens qui résulte invinciblement du texte grec, tel qu'il existe sur la pierre, me paraît inadmissible. Comment Phtah est-il de fondation seigneur des triacontaétérides? Pourquoi, après le nom grec de cette divinité, trouve-t-on le mot μέγας, qui n'existerait pas dans le premier membre de la comparaison? Je ne crains pas de le dire, il y a là quelque chose de boiteux, que la substitution d'un seul mot grec peut faire immédiatement disparaître. Nous avons d'un côté Ptolémée roi des régions d'en haut et d'en bas comme le soleil, le grand roi; il est donc probable, à mon avis du moins, que le texte grec devait dire de Ptolémée qu'il était grand comme Héphaïstos le grand. Dès lors le vœu de longévité κυρίου τριακονταετηρίδων reste parfaitement isolé, et il n'y a plus rien de choquant comme cette comparaison bizarre : seigneur des triacontaétérides comme Héphaïstos le grand. En résumé donc, je propose de sous-entendre le mot μεγάλου, se rapportant à Πτολεμαίου, avant les mots καθάπερ ὁ Ἥφαιστος ὁ μέγας, et tout devient clair.

ТАСНЕ veut dire augmenter, multiplier, agrandir, et ТЀСНЕ étant le passif de ce verbe, nous aurions nécessairement pour le sens du groupe ४<ııı∠ , ТЀСНϜ (ⲧⲏⲩϥ), il a été agrandi, il est devenu grand.

Aussitôt après se présente un groupe démotique, dont un signe m'est encore inconnu, mais dont le sens ne peut être douteux ; il

signifie : comme, à l'instar de, καθάπερ, et puisque la présence du pronom affixe de la troisième personne nous amène à considérer le mot
TÈCHF comme premier mot d'un membre de phrase distinct, l'ensemble de ces deux mots me paraît justifier mon opinion sur la nécessité d'introduire dans le texte grec le mot μεγάλου, qui n'y a pas
été exprimé, peut-être par une simple omission du graveur. C'est
d'une part la présence de l'article affixe, et de l'autre l'incohérence
de la phrase comparative grecque, dans laquelle tout le premier
membre de la comparaison manque, qui m'ont décidé à abandonner
une première opinion que j'ai émise dans ma lettre à M. Guigniaut
sur le compte du groupe 𐤉𐤟𐤟𐤟 , que je lisais néanmoins TECHF.
Je pensais qu'on devait lier intimement l'idée d'augmentation qu'il
exprimait, aux mots   𐤉 -𐤟𐤟𐤟 , NPRI N ô (ⲛⲏⲣⲱⲓ ⲛ ⲱ), les années d'existence, et qu'il fallait, en restituant une particule de
flexion, traduire ce groupe par : multipliées pour lui ; mais le mot
TÈCH ne peut en aucune façon être pris pour un participe passif,
et n'offre d'ailleurs aucune des marques du pluriel ; donc on ne saurait le rapporter au mot NEPRÔI, les hivers, les années. J'ai pensé
alors et je persiste à penser qu'il faut rendre ce mot par devenu grand.

Il est plus que probable que le signe qui représente ordinairement la particule de flexion N̄, et qui est placé après le groupe
𐤟𐤟𐤟 , n'est là qu'un simple point de séparation, comme nous en
trouvons indubitablement plusieurs exemples dans la deuxième
ligne. Dès lors le radical 𐤉 , ô (ⲱ), étant, se trouve ainsi au
commencement du membre de phrase qui suit, lié au mot TECHF,
et nous avons 𐤉𐤟𐤟𐤟 , ÔTECHF (ⲱⲧⲏϥ), lui étant grand, etc. Il
y a une conformité très-remarquable entre la composition de ce
groupe et celui de la phrase précédente 𐤉𐤟𐤟𐤉 , que j'ai pensé
pouvoir lire ÔDJECHF (ⲱⲭⲉϥ), avec le sens : lui répandant, lui étant
celui qui répand.

En résumé, le premier groupe se lit TECHF, et en y rattachant l'ô
qui précède, ÔTECHF ; par suite, le sens réel de ce groupe est : étant
grand, celui qui est grand.

Phrase 5 — 2.

ᴜɪꜦᴐ — ᴍ?ᴇʀ — ᴜ?ᴇᴘ.

Ce groupe se présente deux fois de suite dans cette phrase, avant
le nom ʃ·ꝰ de Phtah et avant le nom ʃ·ᴜ du soleil. Le texte grec
correspondant démontre donc qu'il doit être l'équivalent du mot
καθάπερ. Cela, du reste, est rendu manifeste par un passage de la
ligne 6, où ce même groupe représente encore le καθάπερ de la phrase
καθάπερ Ὡρος ὁ τῆς Ἰσιος καὶ Ὀσίριος υἱός. Le sens absolu n'est donc pas
douteux; mais la lecture matérielle demeure tout à fait incertaine,
grâce à l'incertitude du tracé des lettres. La copie du texte démotique publiée par la commission d'Égypte est presque toujours
d'une exactitude très-scrupuleuse; mais il est impossible, quand il
s'agit du groupe en question, de ne pas reconnaître au moins une
incorrection.

En effet, la première fois qu'il paraît, il est écrit ᴜɪꜦᴐ; la seconde, il offre la forme ᴜɪꜦᴢ, qui diffère de la première en ce
que le signe initial est cette fois un ᴛ au lieu d'un ᴍ; enfin, la troisième fois il est reproduit sous la forme ʃᴜɪꙅᴐ. En étudiant
avec le plus grand soin le plâtre conservé à la Bibliothèque du Roi,
j'ai cru reconnaître que la substitution d'un ꙅ à un ᴐ, dans le
second exemple, était vicieuse, et qu'il n'y avait réellement sur la
pierre qu'un ᴍ, ᴐ, comme dans le premier et le troisième exemple. Quant au deuxième caractère du groupe, il présente dans les
deux premiers cas une forme qui ne se retrouve dans aucun autre
mot, tandis que dans le troisième ce caractère est remplacé par un ᴛ
bien déterminé. Doit-on en conclure que dans les deux premiers
cas le caractère encore indéterminé est aussi un ᴛ? C'est ce que je ne
me permettrai pas d'affirmer. Si c'est un ᴛ, nous aurions dans les trois
cas ᴍᴛᴇ̀ʀ; si ce n'est pas un ᴛ, je ne sais absolument quelle valeur
donner à ce signe. Examinons donc l'hypothèse qui en ferait l'équi-

valent du т bien déterminé du troisième exemple. Le mot мтѐʀ peut se composer de la préposition ем (ū), dans, et du mot тѐʀ (тнр. т. м. в. тна. в.), *omnis;* d'où est venu le mot ертеʀеf (ептнрq̄), *omninò,* de tout point (1). Nous aurions donc ainsi l'expression grecque καθάπερ rendue par un mot ayant le sens littéral: *omninò,* en tout.

Mais je me hâte de le dire, ce rapprochement entre le mot égyptien et le copte est tellement hypothétique, que je ne prétends en aucune façon en soutenir la justesse. Je ne dois pas, avant d'abandonner le groupe encore mal connu que je viens d'étudier, dissimuler que le caractère ⳍ est, à l'appendice près qui le surmonte, entièrement semblable au caractère ⳍ, que nous rencontrerons dans une foule de mots avec la valeur du ϧ, qu'il a conservée dans l'idiome copte. S'il était permis de lui donner ici cette valeur, nous aurions un mot кнѐʀ (ϧнр), assez voisin du copte, кнʀа, нʀа (ϧρα. м. ϩρα. т.), visage. Ce mot étant masculin, peut-être l'appendice demi-circulaire qui surmonte le caractère indéterminé, pourrait-il être pris pour l'article ᴗ , ʀ (п); nous aurions, en lisant de la sorte, pour le groupe 2 de la phrase 5, la transcription емркнеʀ (ūпϧρа, ūпϩρа), littéralement, dans le visage. Je ne sais jusqu'à quel point on pourrait trouver de la liaison entre l'idée : dans le visage, et semblable à ; mais ce que j'affirme en toute hâte, c'est que je ne tiens en aucune façon à cette leçon, qui me paraît beaucoup trop subtile pour être bonne.

En résumé, quoi qu'il en puisse être, le groupe que nous venons d'examiner signifie : comme, semblable à, à l'instar de. Une fois sur trois, il se lit sûrement емтеʀ; mais les deux autres fois, il n'est pas possible d'en donner la transcription matérielle, parce que le second caractère est de valeur encore inconnue.

---

(1) C'est très-probablement par une coïncidence toute fortuite que le mot arabe مِشْل signifiant : exemple, comme, ainsi que, nous offre exactement les mêmes articulations essentielles que le мтеʀ égyptien, qui, écrit et prononcé dans le dialecte Baschmourique, devient мтеʟ.

Phrase 5 — 3.

⟨ʜ — F. — q.

Les deux caractères qui composent ce groupe nous sont bien
connus : ce sont un q, F, et un o, ou l'indice habituel des abrévia-
tions et des symboles. Ce même groupe se retrouvant dans le mot 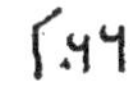
⟨ʜᴙ≚ʜ , qui correspond certainement au grec ὂν ὁ Ἥφαιστος ἐδοκί-
μασεν, et Phtah étant le nom égyptien de la divinité grecque Ἥφαιστος,
nous sommes en mesure d'affirmer que l'abréviation ⟨ʜ, dont l'initiale est précisément le F (q) initial du nom Ftah ou Phtah, nous offre
la sigle démotique, image conventionnelle du nom de dieu Phtah.
Kosegarten avait parfaitement reconnu cette sigle, et sa signification est si bien établie d'ailleurs par le contexte de tous les passages
où elle se rencontre, qu'il y aurait perte de temps à insister plus
longuement sur la légitimité de cette lecture et de cette interprétation. Toutes les fois donc que ce groupe se présentera, nous le lirons
et nous le prononcerons FTAH.

Phrase 5 — 4.

ᶦᵢₗ — KN(ICH) — ᴋɴ(ⲓ�).

Après le mot grec Ἥφαιστος vient l'épithète ὁ μέγας; nous devons
donc chercher l'équivalent de ce mot, dans le texte égyptien, aussitôt après le nom ⟨ʜ, qui correspond à l'Ἥφαιστος du texte grec.
En ce point, l'inscription démotique étant tout à fait altérée, il ne
reste du groupe qui doit représenter le mot grec ὁ μέγας que les traits
que je viens de reproduire. Le texte grec, ligne 19, nous donne la
phrase καθάπερ Ἑρμῆς ὁ μέγας καὶ μέγας, dont il nous est possible de retrouver la contre-partie égyptienne. Effectivement, ligne 11, nous
trouvons l'idée ὁ μέγας καὶ μέγας rendue par ⌒ᴗ ⌒ᴗ , PNCH PNCH

(ⲡⲙⲁϣⲡⲛⲁϣ); mais là malheureusement l'idée grand est représentée par un groupe qui ne peut en rien se comparer à celui dont nous retrouvons quelques éléments dans la phrase 5; il faut donc chercher ailleurs la forme véritable de ce mot.

Le texte démotique du décret de Rosette nous fournit trois passages dans lesquels je n'hésite pas à retrouver le mot dont la ligne première ne nous offre plus que quelques linéaments mutilés; nous allons les passer en revue.

Dans la ligne 3, il est fait mention de Pyrrha, fille de Philinus, athlophore de Bérénice Évergète, et l'idée grecque athlophore est rendue par le groupe composé ⌣⊔ ⌶ııı⥓⌣⌣⌣⌣⩘ı⧏ıı⩗ . Ce groupe, que nous analyserons avec soin un peu plus tard, se lit : FEIPE RIPIR ÈN PIKNICH MEH, et il se traduit littéralement : portant le fouet de la puissance devant.... C'est le substantif singulier masculin ⌶ıı⥓⌣ , PIKNICH, qui signifie la puissance, ainsi que les autres passages vont nous le faire voir. Quant au grec ἀθλοφόρος, il signifie littéralement : celui qui porte le prix du combat, la récompense du combat, des travaux; car le sens ordinaire du mot ἀθλοφόρος, celui qui remporte le prix du combat, le vainqueur, ne peut être adopté quand il s'agit d'un titre sacerdotal.

Voyons le second passage où se présente le mot en question ⌶ıı⥓ . La fin de la ligne 20 contient l'énumération des biens divins accordés à Épiphane, en récompense des bienfaits dont il a comblé ses sujets.

Le texte grec correspondant s'exprime ainsi :

ἀνθ' ὧν δεδώκασιν αὐτῷ οἱ θεοὶ ὑγίειαν, νίκην, κράτος, καὶ τ' ἄλλα ἀγαθ(ὰ πάντα) κ. τ. λ.

Le texte égyptien est ainsi conçu : ⥏⥏/⥓⌣.....⥎⥎⥉⥎⥏⥎⥏⥕⥎⥉⥏⥅⥎

⥐⥑⥋⥎⌣⥀⥋⥎⥓⥎ ⥎⥒⥑⥓⥀⥙⥎⌣..⥝⥎ ⥎⥉⥜⥕⥎ ⌶ıı⥓⌣

Nous y retrouverons par l'analyse une énumération plus détaillée, car il y est dit : les dieux lui ont donné.... la victoire, la grandeur (dans le sens de puissance), la santé, le royauté, la pureté et tous les autres biens. C'est encore ici le mot ↓ɪɪɪ⸗ ᴜ, PIKNICH (ⲡⲓⲕⲛⲓϣ) qui signifie la grandeur.

Enfin, à la ligne 23 se trouve le texte égyptien correspondant au membre de phrase grec de la ligne 39, διδοὺς αὐτῷ ὅπλον νικητικόν, et ce texte est ainsi conçu : ↓ɪɪɪ⸗ ⸍ ⸜ⲗ Ⴟ ȳ ⸝ⲓ . Il se traduit : lui offrant la puissance (pour la grandeur). C'est toujours le mot ↓ɪɪɪ⸗ qui a cette signification. Je ne puis insister ici sur l'analyse d'un mot que je ne retrouverai qu'un peu plus loin sous sa forme régulière, et je dois me borner à proposer une simple restitution du texte mutilé, restitution qui d'ailleurs me paraît indubitable. En effet, si nous examinons l'étendue de la lacune comprise entre les signes encore existants, nous reconnaissons que quatre signes, cinq au plus, ont disparu. Remarquant alors qu'après le mot grec ὁ μέγας vient immédiatement le mot βασιλέως, dont l'équivalent démotique est ᴜⲓⳝⲍⲡ , nous retrouvons de suite la fin de ce mot, dont nous pouvons dès lors restituer les premiers caractères sans hésitation ; une fois ce mot rétabli, la place qui reste vide est justement assez grande pour recevoir les deux lettres ↓ɪɪɪ qui terminent le groupe ↓ɪɪɪ⸗ . Je le répète, cette restitution est, à mon avis, indubitable, et je n'hésite pas à l'adopter avec toute confiance. Donc, le grec ὁ μέγας est remplacé par l'égyptien ↓ɪɪɪ⸗ , KNICH, sur le compte duquel je reviendrai plus loin (ligne 3).

Phrase 5 — 5.

ᴜⲓⳝⲍⲡ — (MA)TÔAR — ⲙⲁⲧⲱⲁⲣ.

La restitution de ce mot ne saurait être douteuse ; c'est bien le groupe ⲙⲁⲧⲱⲁⲣ, Roi, que nous avons déjà reconnu. Il suffit de se laisser guider par le texte et par les restes encore visibles de ce mot, pour le compléter.

Phrase 5 — 6.

ⲟⲓⲒ⳩ⳉ — ᴍʔᴇʀ — uʔɵp.

C'est le même mot que nous avons étudié plus haut (même phrase—2), et dont le sens, comme, καθάπερ, n'est pas douteux. J'ai dit déjà qu'en ce point le texte publié par la commission d'Égypte présentait un ⳉ, ᴛ au lieu d'un ⳉ, ᴍ; c'est une incorrection palpable, que la pierre ne m'a pas paru offrir. Au-dessus du signe ⳉ, il y a bien un léger enfoncement, mais qui ne se relie pas à ce signe, et qui provient d'une simple altération de la pierre.

Phrase 5 — 7.

ⲅₒⲩ — ʀ. — P.

Le grec nous offre les mots καθάπερ ὁ Ἥλιος, qui correspondent aux mots égyptiens ⲅₒⲩⲟⲓⲒ⳩ⳉ; plus loin, ligne 2, nous lisons : ⳎⳌⳒ/ⳑⲩⲅ·ⲩ ȳ/Ⳏ, pour expression du grec ᾧ ὁ Ἥλιος ἔδωκεν τὴν νίκην; à la fin de la même ligne, les mots υἱοῦ τοῦ Ἥλίου sont rendus par ⲅ·ⲩ ⳦ⲩ. Le groupe commun à ces trois membres étant ⲅ·ⲩ, il n'en faut pas plus pour reconnaître que c'est ce groupe qui repré- sente le grec ὁ Ἥλιος. Le nom du soleil en égyptien est ʀᴇ (pɵ, pᴀ); ef- fectivement le signe initial de notre groupe est un ⲩ, dont la valeur ʀ est indubitable; puis vient un point suivi de l'indice des abrévia- tions et des symboles. Nous avons donc encore une fois pour image démotique du nom du soleil, une sigle composée de l'initiale du nom égyptien de cet astre, suivi de l'indice ordinaire. En d'autres termes, cette sigle, dont la valeur a été déjà établie par Kosegarten, est l'analogue des sigles ⲅ·Ⳮ, Amon, ⲅ·⳦, Djons, Chons, ⲅ·Ⳏ, Ftah. Cette fois, ce n'est pas un point qui sépare le signe ⲩ, ʀ de l'indice; c'est un petit cercle semblable à celui qui se trouve au-des-

16.

sous du signe ⌣ dans le groupe ⌣̄, signifiant mois, de la première phrase. Mais de même que partout ailleurs dans le texte du décret de Rosette, l'idée mois est représentée par ce même signe ⌣ muni d'un simple point souscrit; de même, la sigle de Ré ou du soleil ne présente plus ailleurs qu'un simple point entre les deux caractères. Je ne pouvais me dispenser de constater ce fait, qui prouve d'ailleurs que la gravure du texte démotique a été beaucoup plus soignée par le sculpteur dans la première ligne que dans toutes les autres.

La fin de la cinquième phrase se trouve rejetée au commencement de la deuxième ligne, dont nous allons commencer actuellement l'analyse.

LIGNE 2.

Phrase 5 — 8.

Tout le commencement de la deuxième ligne ayant été brisé, il n'est pas possible de procéder avec quelque certitude à l'analyse du premier groupe de lettres qui se rattache à la cinquième phrase. Ce qui manque était évidemment la contrepartie du grec μέγας βασιλεὺς τῶν τε ἄνω καὶ τῶν κάτω χωρῶν. Il est donc très-fâcheux que cette lacune existe; car sans elle nous eussions connu la véritable prononciation populaire d'une formule qui se reproduit à chaque instant dans les textes sacrés, et toujours, je le crois du moins, sous une forme purement symbolique. Comme cette formule pouvait être consacrée par l'usage, peut-être il eût été possible de reconnaître qu'elle était commune aux deux dialectes, et ce résultat n'eût pas été sans intérêt. Malheureusement, la seule chose qu'il soit permis de tenter, à cause de la mutilation du monument, c'est de se rendre compte des mots qui subsistent encore.

Le groupe qui commence la ligne 2 semblerait indiquer un substantif pluriel, si la présence du premier signe reproduit par le texte de la commission d'Égypte était parfaitement constatée. Or, j'ai vainement cherché des traces de ce caractère sur le plâtre du Cabinet du Roi, et j'aime mieux, par conséquent, m'abstenir de tout essai de déchiffrement; plus tard peut-être d'autres monuments viendront nous apprendre à quel mot doivent se rattacher les signes ‖⟨, qui sont certainement un R suivi des deux voyelles EI ou AI, ou simplement de la voyelle E.

Phrase 5 — 9.

⊃ — M — U.

Préposition dans, ou particule de flexion n̄, changée en m̄ à cause de l'U qui suit.

Phrase 5 — 10.

⟋ⵣ‖‖‖⧸⊃ — MRIH — ⲙⲣⲓⲍ.

Les quatre lettres de ce groupe nous sont connues déjà; elles se lisent MRIH. Cherchons donc le sens de ce mot, que la nature monosyllabique de la langue égyptienne nous permet de regarder *à priori* comme un mot composé.

MEERE, MERI (ⲙⲉⲉⲣⲉ. T. ⲙⲉⲣⲓ. M.) signifient jour et milieu du jour, puisque ⲡⲛⲁⲧ, ou ⲡⲏⲟⲧ ⲙ̄ⲙⲉⲉⲣⲉ, signifie l'heure du midi; d'un autre côté, ⵣ, H (?) entre dans une foule de composés, avec le sens du copte ÈI (ⲏⲓ), demeure, comme dans ⟋ⵣ‖‖‖⧸̇‖, APIH (ⲁⲡⲓⲏⲓ), temple, demeure d'Apis; ⟋ⵣ‖⊃, MSH (ⲙⲉⲥⲏⲓ), demeure de génération, contrée; ⟋ⵣⵣ⧸, ATOH (ⲁⲧⲟⲏⲓ), demeure de multitude, ville, etc., etc. nous pouvons donc considérer le mot ⟋ⵣ‖‖‖⧸⊃, MRIH (ⲙⲉⲣⲓⲏⲓ), comme signifiant la demeure du jour, du midi. Il me paraît très-probable dès lors que cette formule égyptienne était l'expression équivalente du grec τῶν ἄνω χωρῶν, les régions supérieures. Il serait superflu, je pense, d'étayer ce rapprochement de raisonnements développés; car ce sont là de ces faits qui se démontrent d'eux-mêmes, et qui n'ont besoin que d'être mentionnés pour être admis par tout lecteur sans prévention.

Le Schent, la coiffure royale par excellence, était l'insigne de la domination sur les régions supérieure et inférieure; or, ce Schent se composait de deux parties, dont la supérieure fut tout naturellement prise pour le symbole de la région supérieure, et l'inférieure pour le symbole de la région inférieure (1). Dès que l'on connaissait la destination de cette coiffure, il n'y avait pas moyen de se tromper sur le sens des symboles formés de ses deux parties et du déterminatif des contrées. Le choix comme le sens de ces symboles était pour ainsi dire forcé.

Nous avons donc, pour la phrase cinquième, le texte égyptien ÔTECHF M?ER F. PKNICH, MATÔAR M?ER R. ....RE MMRIH.

En le transcrivant en lettres coptes, avec restitution des voyelles, des articles et des particules de flexion, nous avons la phrase ⲱⲧⲏⲩϥ ⲩⲧⲏⲣ ϥⲧⲁⲍ ⲡⲓⲕⲛⲓⲩ, ⲩⲁⲧⲱⲁⲣ ⲩⲧⲏⲣ ⲣⲁ...... ...ⲩ ⲩⲉⲣⲓⲏⲓ.

Dont le sens littéral est enfin :

Devenu grand comme Phtah le puissant, Roi comme Ré......
.... de la région du jour.

Cette fois encore, nous avons un accord complet entre le grec et l'égyptien, et tous les mots de la phrase égyptienne s'expliquent aisément à l'aide du lexique copte.

----

(1) Voyez Champollion, *Précis,* etc., n°s 235 et 236.

LIGNE 2.

Phrase 6.

Texte égyptien :

[Egyptian demotic/hieroglyphic script]

Texte grec :

[script]

Ἐγγόνου θεῶν φιλοπατόρων, ὃν ὁ Ἥφαιστος ἐδοκίμασεν, ᾧ ὁ Ἥλιος ἔδωκεν τὴν νίκην, εἰκόνος ζώσης τοῦ Διὸς, υἱοῦ τοῦ Ἡλίου.

Le texte égyptien doit être scindé de la manière suivante :

[script]

Il se transcrit en lettres coptes :

ⲡϣ ⲛ ⲛ(ⲧⲏⲣ)ⲟⲩ ⲣϥⲉⲧⲟⲩⲧ3, ϥⲧⲛϥ Ϥ., ⲕⲁ ⲛϥ Ⲣ.ⲡⲭⲣⲟⲕ, ⲡⲁⲁⲥ ⲁⲅ Ⲇ.,ⲡϣ Ⲣ.

et se traduit mot à mot : Le fils des Dieux Philopators, Ftah l'a goûté, a posé en lui Ra la Victoire, l'image vivante d'Amon, fils de Ra.

Il est clair que si je prouve l'exactitude de cette traduction littérale, j'aurai du même coup établi qu'il y a coïncidence absolue entre le texte grec et le texte égyptien. Ici je préviens le lecteur, une fois pour toutes, que, pour épargner l'espace et le temps, je me dispenserai à l'avenir de faire remarquer cette coïncidence à peu près constante ; partout donc où je n'insisterai pas pour la mettre en saillie, c'est qu'il sera tout à fait inutile de le faire ; et je n'établirai plus de parallèle détaillé entre le texte grec et le texte égyptien que lorsque je trouverai dans celui-ci des idées étrangères à la rédaction grecque du décret. Ceci posé, je passe à l'analyse de la sixième phrase.

Phrase 6 — 1.

[script] — ⲣⲥⲏ — ⲡϣ.

Ce groupe représente l'idée : fils de. Cela est rendu manifeste par le contexte même de la phrase qui va nous occuper. En effet, cette phrase doit commencer par les mots : fils des Dieux Philopators, et finir par ceux-ci : fils du Soleil. Or, le groupe symbolique signifiant les Dieux est précédé du groupe en question, comme la sigle déjà reconnue ∫.ʊ , nom du dieu Soleil. Il ne saurait donc y avoir de doute sur le sens de ce groupe, et il serait tout à fait superflu de multiplier les exemples qui constatent la légitimité de cette interprétation.

Il est bon toutefois de citer un troisième passage qui démontre tout aussi nettement que le premier caractère n'est autre chose que l'article singulier masculin ʊ , P (ⲛ, ⲡⲓ), et que le signe ⊥ représente à lui seul l'idée fils.

A la ligne 6, nous trouvons le passage ⊂∫Γ∫Γ⊥∫Γ–ⲓⲓ , qui correspond au passage grec ὑπάρχων θεὸς ἐκ θεοῦ καὶ θεᾶς, étant Dieu, fils d'un Dieu et d'une Déesse; c'est le signe ⊥ qui représente nécessairement l'idée fils de. Puisque cette fois il n'est pas accompagné du signe initial ʊ , c'est avec toute raison que j'affirme que ce signe initial n'est autre chose que l'article masculin déjà reconnu.

Il ne nous reste plus qu'à déterminer la valeur alphabétique du signe ⊥ , et à comparer le radical que nous fournira la consonnance de ce signe, avec un radical de la langue copte.

Les noms propres démotiques nous viennent cette fois en aide d'une manière très-précise.

Le nom de Ψεναμουν, extrait du papyrus de Grey publié dans les *Hieroglyphics* (pl. 35), est écrit ∫.ʒ⊥ⲩ ; dans un papyrus du Vatican, catalogué par le cardinal Maï, il est écrit ∫.ʒ–ʒ⊥ʊ , et la transcription de ces noms nous donne pcha(moun) (ⲛⲏϫⲗ(ⲩⲛ)) et pchena(moun) (Пⲩⲉⲛ̄ϫⲗ(ⲩⲛ)). La seconde forme étant complète, nous donne lettre pour lettre le nom psenamoun. Ce nom, qui signifie l'enfant d'Amon, était commun aux deux sexes; et quand il s'appliquait à une femme, il s'écrivait ∫.ʒ⊂⊥ʒ,echta(mon) (ⲉⲩⲧϫⲗ(ⲩⲛ)), ainsi que le constate le papyrus de Grey.

Le nom de femme Senpoeris, Σενποηρις, du papyrus Casati et du

papyrus 36 de Berlin, s'écrit ⌈ㄥ⎯ρ<↓ㄥ , ou ⌈ㄥ⎯ᴗ<↓ㄥ ,
ᴇsᴇᴛᴘoᴇ̀ʀ, et signifie la fille du grand, du chef.

Le nom de femme Senosorphibis, ΣενοσορφιϬις, que nous donne
le papyrus publié dans les *Hieroglyphics* (planche 34), est écrit
⌈ıㄥᴗᴗ⌠ıᔕ<↓ㄥ , ᴇᴄʜᴇᴛᴏ(sᴏʀ)ᴘʜɪʙᴇ (1).

Le nom de Psenchonsis, tiré du papyrus figuré dans les *Hiero-*
glyphics (pl. 32), est ⌈.ʓʓ↓ᴗ , ᴘᴄʜᴇᴅᴊ(ᴏɴs) (пϣᴇ ᴎ̄ ϫoᴎᴄ).

Enfin, le nom de femme Senerieus, tiré du papyrus déjà cité,
gravé dans les *Hieroglyphics* (pl. 34), est ⌈ʓ⁄⁄ᔕ<↓ㄥ , ᴇᴄʜᴛ ʜʀᴅᴊᴇ
(ϣᴇᴛ ʓρϫᴇ) (2).

De l'analyse de tous ces noms propres, quelque incomplète
qu'elle soit encore, il résulte que le signe ↓ se prononçait s ou ᴄʜ.
Dans l'écriture hiéroglyphique, le signe ⨎ (*Précis*, n° 99, et Salvolini, *Analyse*, n° 226) a la valeur bien constatée de l'articulation s,
et je ne sais s'il faut en conclure que le signe démotique en question
est une dégénérescence de cet hiéroglyphe. Quoi qu'il en soit, le
radical qu'il s'agit maintenant de comparer à un radical copte, était
l'image de l'idée fils, enfant, et il se prononçait sᴇ ou ᴄʜᴇ (ϲᴇ, ϣᴇ).
Si maintenant nous ouvrons le Lexique de Peyron, nous trouvons
ᴄʜᴇ (ϣᴇ. ᴛ. ᴍ.), fils, fille, mot qui remplace le mot ordinaire ϣнρᴇ
dans les composés ϣᴇᴎιᴡᴛ, fils et fille du même père; ϣᴇᴎϲoᴎ, neveu,
fils du père; ϣᴇᴎᴜᴀᴛ, fils de la même mère, etc. Il est bien clair que
c'est précisément là notre mot égyptien, et que le groupe dont nous
venons de nous occuper se prononçait ᴘᴄʜᴇ, et signifiait le fils de,
l'enfant de.

---

(1) J'ignore le sens de ce nom. En copte, ʓιᴇιᴃ signifie agneau; ʓιппᴇᴎ, Ibis. Ce nom
était-il l'équivalent de : l'enfant d'Osiris, l'agneau ou l'Ibis? Je n'ose l'affirmer; mais ici le
sens ne fait rien à l'affaire, puisque c'est la valeur du signe ↓ seulement qu'il s'agit de
déterminer.

(2) Ce nom est encore pour moi de signification inconnue. En copte, ʓᴡρᴋ signifie
tendre des embûches; ʓᴡρϫ, accumuler; ʓρʜσ, cesser, se reposer; et j'ignore si quelque
divinité égyptienne a porté un nom en relation directe avec l'une des idées représentées par
ces trois radicaux.

Phrase 6 — 2.

— — N — N.

Particule de flexion : de.

Phrase 6 — 3.

ₓ∫Ʋₓ — N(TÈR)OU — N(THP)OY.

Les Dieux (voir plus haut, phrase 3 — 9).

Phrase 6 — 4.

⫶∫Ɛ⟋⟍ — RFETO ᵀ/₃ — PϤETO ᵀ/₃.

Ce mot signifie Philopators. Nous serions en droit de le conclure
de la forme même du membre de la phrase que nous analysons, et
qui doit offrir le même sens que le grec ἐγκόνου θεῶν φιλοπατόρων ; mais
il vaut mieux constater ce sens à l'aide d'un autre exemple concluant. Dans la ligne 4, les mots Arsinoë-Philopator sont rendus
par . ⌈Ɛ⟋ο⫶|(ₓɔⅢ⟨ⅱ/ₓ) ; il ne peut donc y avoir de doute
sur le sens absolu du mot en question. Procédons actuellement à sa
lecture matérielle, et nous chercherons ensuite à nous rendre compte
du sens qu'il comporte.

Le premier signe est un R ; car il n'est autre chose que la bouche,
qui, dans l'écriture hiéroglyphique, offre constamment cette valeur.
Les lettres qui suivent nous sont toutes connues déjà, et nous avons
le groupe RFETOT 3, parce que le dernier signe est le chiffre 3 démotique. Si nous comparons le mot φιλοπάτωρ à notre mot égyptien,
nous sommes amenés à chercher dans celui-ci le groupe déjà connu
qui représente l'idée père, et nous le trouvons en effet dans les
trois signes qui suivent les deux premiers. Quant aux deux signes
superposés qui terminent ce groupe, ils ne sont ici qu'une termi-

naison, indice du pluriel, empruntée à l'écriture sacrée, puisque ces signes disparaissent dès qu'il ne s'agit plus que d'Arsinoë. D'ailleurs, dans la ligne 19, où il est dit que l'on fera pour Épiphane une panégyrie, des sacrifices, des libations et tous les autres actes d'adoration, nous lisons 𝔲‿℘‿ꝋ𝔲𝔟⌒ꝋꝋ, ER P? KHR M M N TA, et toute autre offrande d'affection à donner. Immédiatement après, il est question des prérogatives des temples et du peuple, et ces prérogatives sont désignées par ℘‿ꝋ‿𝔲‿𝔲𝔟𝔷, N KHR M¹₃ M M, et par 𝔲‿𝔲𝔟ꝋꝋ𝔷, NKEI KHRI M ꞁ₃.

A la ligne 20, les mêmes prérogatives des temples sont désignées par 𝔲‿𝔲𝔟𝔷 , NKHR M ꞁ₃.

Enfin, ligne 21, l'idée les fils, pour la postérité d'Épiphane, est représentée par le groupe 𝔲 , CHE 3 (ϣⲉ 3).

Or, Champollion (*Grammaire,* ch. VI, pag. 168 et 169) s'exprime ainsi :

« 150. Mais la méthode la plus habituelle dans les textes égyp-
« tiens hiéroglyphiques et hiératiques, pour exprimer la pluralité,
« consiste à faire suivre le nom, soit figuratif, soit symbolique, soit
« phonétique, du chiffre 𝟛, trois, hiératique 𝔲 ; ou ᵒᵒᵒ , linéaire
« ｜ , hiératique 𝟚, ou même ᵒᵒᵒ, etc.

« 151. Les noms communs représentés par des caractères notés
« (voir ci-dessus, ch. III. p. 58) changent la note ⌒ᵢ , ⌒ en
« ⌒ᵢᵢᵢ ou ⌒ᵢᵢᵢ , en passant à l'état de pluriels (1). »

Il n'est aucunement possible d'admettre ici que le mot ⟨ΣΙ℧⟩ ait été jamais *noté,* suivant l'expression de Champollion, des signes

---

(1) Voici ce que l'illustre auteur de la Grammaire égyptienne dit au sujet de ces caractères *notés.* On observe, en effet, dans tous les textes hiéroglyphiques, et dans ceux qui sont conçus en écriture hiératique ou sacerdotale, que les caractères ordinairement employés comme phonétiques deviennent figuratifs en certaines occasions. Dans ce dernier cas, ils sont toujours affectés des notes ⌒ , ou ⌒ᵢ , en hiératique ⅃. Les caractères ordinairement symboliques, passant à l'état de caractère figuratifs, furent notés par le même procédé.

╎↙ qui désignent, dans l'écriture sacrée, les caractères soit symboliques, soit phonétiques, qui deviennent figuratifs. La désinence
démotique du pluriel ⥹, a donc une origine indépendante de cette
notation des signes figuratifs. Il me paraît beaucoup plus naturel et
plus simple d'admettre que dès lors la désinence toute conventionnelle du pluriel, formée de l'assemblage du caractère т et du chiffre 3,
aura passé des écritures sacrées dans l'écriture populaire. Mais cette
forme de pluriel y était fort rarement employée, et encore ne l'était-
elle que d'une manière assez peu précise, puisque dans le décret de
Rosette nous trouvons l'idée : *les fils,* rendue par l'articulation
essentielle du mot ↓ , accompagné simplement du chiffre 3, sans
addition de la lettre т. Quel rôle jouait cette lettre т dans l'écriture
hiéroglyphique et hiératique? C'est ce que je ne me charge pas de
découvrir. C'est là un de ces faits sur le compte desquels nous devons, je crois, nous résigner à demeurer dans l'ignorance jusqu'à
plus ample informé.

En résumé, dans les écritures sacrées, hiéroglyphiques et hiératiques, les signes ⟨ᑎᑎᑎ⟩ , ⥹ , servaient d'indice de pluralité; et cet
indice aura fini par être employé quelquefois dans l'écriture démotique sans que l'on se soit préoccupé du rôle primitif de cette désinence, rôle que Champollion me paraît avoir dévoilé. J'admets donc
sans hésitation que c'est par abus et par pure réminiscence des écritures sacrées, que le scribe chargé de la rédaction du texte démotique du décret de Rosette a fait usage de la désinence plurielle imprononçable, composée du signe т et du chiffre 3.

Le groupe que nous avons à étudier se scinde donc en trois parties
distinctes : la première, composée de deux lettres RF, et formant
un mot que nous allons étudier avec tout le soin qu'il mérite ; la
seconde n'étant autre chose que le groupe ordinaire ETO (ϭⲧⲟⲣ) père
et enfin la troisième étant une désinence imprononçable indice du
pluriel et empruntée aux écritures sacrées.

Reprenons actuellement le mot RF. Ce mot doit nécessairement
représenter l'idée : aimant, de la même manière que dans le mot

grec φιλοπατόρων, les deux premières syllabes sont l'expression de cette même idée, puisque le reste du mot ne représente plus que l'idée : père, et une désinence conventionnelle, indice du pluriel.

Nous allons voir qu'entre les deux articulations ʀ et ꜰ de ce mot, se trouvait, dans la prononciation, une voyelle qui est presque constamment exprimée dans tous les textes démotiques, autres que celui du décret de Rosette.

Le groupe démotique Philopator se trouve dans les dates de tous les contrats démotiques connus, et toujours le mot composant ʀꜰ y est écrit ꜰ𐦧. Le second signe est donc une voyelle, puisqu'il peut être supprimé, comme il l'est en réalité dans le décret de Rosette. Nous verrons, en effet, que ce signe voyelle est l'image du son ᴀ. Nous avons donc un mot ʀᴀꜰ (ⲣⲁϥ), signifiant qui aime, et dont nous allons rechercher les traces dans la langue copte moderne.

Je trouve dans le Lexique de Peyron (p. 185) le mot suivant :

ⲣⲉϥ. ᴛ. ᴍ., *syllaba quæ præfixa radicibus notat eum qui agit, operatur, sic* ⲣⲉϥⲟⲩⲱϣⲧ *adorator;* ⲣⲉϥϧⲟⲧⲟⲧⲧ, *mortem afferens* ⲣⲉϥϫⲡⲟ, *genitor, etc.*

C'est, je crois, cette même syllabe qui, dans la langue égyptienne, représentait l'idée : celui qui aime. Je vais essayer de démontrer que ce sens primitif n'a pas été complétement abandonné par les Coptes.

En copte, le mot ⲣⲉϥ signifie celui qui fait l'action désignée par le radical que précède cette particule. Voyons donc si le sens : celui qui aime, peut se déduire de quelques exemples pris dans la même langue.

Ⲛⲁⲛⲉ veut dire bon; ⲉⲛⲁⲛⲉϥ, qui est bon; ⲑⲉⲛⲁⲛⲉϥ a le même sens; ⲡⲉⲑⲛⲁⲛⲉϥ signifie le bon; ⲉⲣⲡⲉⲑⲛⲁⲛⲉϥ, faire le bien, d'où enfin ⲣⲉϥⲉⲣⲡⲉⲑⲛⲁⲛⲉϥ, bienfaiteur, celui qui aime à faire le bien, et ⲙⲉⲧⲣⲉϥⲉⲣⲡⲉⲑⲛⲁⲛⲉϥ, bienfaisance. Dira-t-on qu'ici l'on doit traduire ces deux derniers mots, suivant le sens grammatical moderne de la particule ⲣⲉϥ, celui qui fait l'action de faire le bien, l'action de faire l'action de faire le bien? N'y a-t-il pas dans ces

mots un double emploi presque ridicule de la même idée faire? et
peut-on conserver quelque incertitude sur le vrai sens du mot : celui
qui aime à faire le bien, amour de faire le bien? Personne, je l'espère, n'en doutera plus que moi. Enfin, père de famille se dit ⲣⲉϧⲩⲓⲥⲓ :
donnerons-nous à ce mot le sens grossier : celui qui fait des enfants,
ou bien traduirons-nous : celui qui aime ses enfants? Pour ma part,
je n'hésite pas à regarder le second sens comme le seul vrai. Donc,
le mot ꟼ⌒, RF (ⲣϥ) du décret de Rosette, et ꟼⲍⲣⲩ , PRAF (ⲛⲣⲁϥ),
féminin ⟨ꟼⲍⲣⲍ, ERAFT (ⲉⲣⲁϥⲧ), signifiait celui ou celle qui aime. En
résumé, le groupe que nous venons d'étudier se lit RFETO ⸀³ (ⲡⲁϥⲉⲧⲟ
ⲧ 3); il se compose du mot RF (ⲡⲁϥ, ⲡⲉϥ), aimant, de ETO (ⲉⲧⲟⲧⲉ),
père, et d'une terminaison indice du pluriel, formée de la lettre ⲧ
et du chiffre 3.

————

Phrase 6 — 5.

ꟼⲍꟼ — FTPF — ϥⲧⲛϥ.

Les quatre lettres qui composent ce groupe nous sont bien connues, et il n'y a pas de doute à élever sur leur valeur. En lisant ces
lettres dans l'ordre naturel où elles se présentent, nous obtenons le
mot FTPF que nous allons analyser. Si d'abord nous nous rappelons
que la langue égyptienne était monosyllabique, nous sommes forcément conduits à considérer le groupe en question comme devant
subir une dissection préalable, pour que le sens qu'il comporte
puisse en être extrait. Déjà plusieurs fois nous avons trouvé des
groupes terminés par le signe ϥ, pronom affixe de la troisième personne masculin singulier.

Supposons qu'il en soit de même cette fois encore, nous aurons
alors un mot ⲍꟼ , FTP, dont il s'agit de déterminer l'origine et la
signification. Si nous cherchons dans le Lexique copte les mots
ϥⲧⲛ, ϥⲧⲛ, nous ne trouvons absolument rien; mais nous savons que
le signe ϥ, dans la langue copte, est souvent remplacé aussi par les

lettres congénères в,, от et п (phrase 2—7). Nous devons donc chercher si l'un des mots втп,, птп, отпт nous fournit un sens convenable. Il n'en est rien. En effet, les deux premiers n'existent pas;
quant au troisième, отпт, il peut bien s'assimiler au mot отѡтвв,
отѡтв. м. *Regredi, transgredi, prœtergredi, transferre se, transire,*
proficisci, mutari, transferre, converti; ототв, отвтв, оттотq, т.
superare, prœstantior esse; ототq. т. *transportare, transferre;*
ототq. т. *effundere;* отѡтq. т. *perforare;* отатвı евоλ. в. *deportare,*
transferre (1). Mais tous ces sens divers n'ont absolument rien de
commun avec celui d'essayer, d'éprouver, de mettre à l'épreuve, que
nous devons obtenir, puisque les mots grecs correspondant au
groupe démotique FTPF, sont ὃν ἐδοκίμασεν, et que le sens propre du
mot δοκιμάζειν est celui que je viens de rappeler. Nous serions donc
dans l'impossibilité de trouver rigoureusement le sens du mot FTP
(qтп), si nous n'avions recours au même principe qui tout à l'heure
nous a servi pour détacher, comme pronom affixe, le q final du
groupe démotique en question. Nous avons un mot composé de trois
articulations essentielles, et la nature monosyllabique de la langue
égyptienne nous permet de tenter une nouvelle coupure. Si donc
nous enlevons le q initial, nous pourrons le considérer comme n'é-
tant autre chose que l'équivalent du copte qı, signifiant *sumere,*
auferre, tollere, et concourant à la composition d'un très-grand
nombre de mots, tels que qıѡп, *numerare, computare,* de ѡп,
computus, ratio. Que nous reste-t-il alors? Un mot тp (тп), qu'il
s'agit de chercher; or, тЕр (тЕп, топ, тѡп. т.) signifie *gustare;*
тпе, тЕıпе. т. тпı. м. signifie *gustus, sapor,* d'où сıтпı. м. *gustare.*
сı ou хı et qı ayant exactement le même sens *sumere, ferre,*
capere, accipere, tollere, il ne saurait demeurer un seul instant
douteux que qıтпı est un équivalent forcé de сıтпı, et que le sens

---

(1) Tous ces mots dérivent indubitablement du radical primitif отп, ѡтп. т. м. *ferre,*
portare, d'où ѡтп et отп езотп. т. (ѕҍотп. м.), *servare, conservari.* Mais celui-ci n'a
pas plus de liaison avec le sens du grec δοκιμάζειν.

rigoureux du mot égyptien ᴆᴛᴘ était goûter, déguster. De là à éprouver, à essayer, il y a certainement bien près.

Je n'hésite pas à l'affirmer, le groupe démotique que nous venons
d'étudier contient, 1° un verbe composé, et formé des radicaux ϥ,
sumere, et ᴛɴ, *gustus*, ayant, par conséquent, le sens *gustare, sumere gustum*, tout comme ϥⲓⲱⲛ, *numerare*, signifie à la lettre *sumere computum, sumere rationem ;* 2° du pronom ꜰ, ϥ, de la troisième personne masculin singulier, régime affixe direct du verbe ᴆᴛᴘ.
La traduction littérale de ce groupe est donc : a goûté lui, a pris
le goût de lui, pour : a éprouvé, a essayé lui. Il faudrait être plus
qu'exigeant pour ne pas se contenter de cette traduction égyptienne
du grec ὃν ἐδοκίμασεν.

Champollion (Précis, 1ʳᵉ édition, tab. gén., nᵒˢ 338 à 345, 160 à
162) a fait connaître une série de noms propres, dans lesquels entre
en composition un mot ⍖⍾ , qu'il lisait ꜰᴛᴘ (p. 115, 117, 118),
et qu'il désignait (p. 117) sous le nom de qualificatif ϥᴛɴ, *gustatus,
examinatus ;* plus tard, cette transcription et cette interprétation
furent abandonnées par Champollion. En effet, dans la Grammaire
(p. 121), nous lisons : Les parents vouant leurs enfants au dieu ou
à la déesse qu'ils adoraient spécialement, lui en faisaient en quelque
sorte l'offrande, et choisissaient pour le nouveau-né un nom formé
de celui de la divinité et du mot ⍖⍾ , hiératique ⳩, ⲱᴛɴ,
ⲱⲟⲫ, qui désigne les possessions ou les biens présentés en offrande,
et les offrandes elles-mêmes. De là les noms propres Amenôthph,
Ptahôthph, etc.

Nous savons que le mot copte ⲱᴛɴ signifie proprement *ferre,
portare ;* il a donc pu signifier aussi *offerre,* offrir, et j'admets très-
volontiers le sens et la transcription attribués en dernier lieu par
Champollion au groupe ⍖⍾ . Mais dès qu'il s'agit du groupe
démotique dont je viens de donner l'analyse, je ne puis plus du tout
partager l'opinion exprimée dans la Grammaire égyptienne, et je
me vois forcé de revenir à celle qui avait été précédemment émise
dans le Précis.

A la page 357 de la *Grammaire* se trouve la phrase démotique qui nous occupe, et Champollion a lu et transcrit le groupe en question (ʌq) - cτⲛ - q (1), a éprouvé lui. Pour obtenir cette transcription, il a fallu modifier la forme matérielle du premier signe du groupe démotique ꡭ, de telle sorte que ce signe pût être en quelque sorte assimilé au signe hiératique ꡯ, qui est l'équivalent certain de l'articulation hiéroglyphique ꡯ. Malheureusement, la pierre ne se prête en aucune façon à l'adoption de ce tracé; elle nous donne nettement un q pour signe initial du groupe, et ce q est identique, dans toute la force du terme, avec celui qui clôt le même groupe; il n'y a donc pas possibilité de faire du premier un s et du dernier un ꜰ, et il faut incontestablement lire ꜰᴛᴘꜰ, et non sᴛᴘꜰ, comme le propose Champollion.

D'ailleurs, le mot copte cⲱⲧⲛ, *eligere*, formé du c transitif et du radical ⲱⲧⲛ, porter, ne pourrait être représenté par un mot égyptien dans lequel ne paraîtrait pas la voyelle essentielle et radicale qui commence le mot. Je ne crois donc pas que jamais on ait pu écrire cτⲛ, au lieu de cⲱⲧⲛ, en lettres démotiques, et cette raison seule suffit, ce me semble, pour faire abandonner la leçon de Champollion.

En résumé, nous avons trouvé le sens goûter, essayer, par une décomposition toute simple et toute naturelle du groupe en question. Il est donc tout à fait raisonnable de s'en tenir à cette lecture, et je propose formellement de lire qτⲛq, pour le copte régulier qⲓⲧⲛeq, signifiant : il l'a goûté.

---

(1) Voici les propres expressions de Champollion : « Le titre d'éprouvé par Phtah, ou « approuvé par Phtah, ὃν ὁ Ἥφαιστος ἐδοκίμασεν, que l'inscription de Rosette donne au même « prince, a été rendu phonétiquement par le verbe cτⲛ, cⲱⲧⲛ, dans la seconde ligne du « texte démotique. »

C'est sans doute pour retrouver le copte cⲱⲧⲛ, qui veut dire *eligere*, et non *gustare*, ni δοκιμάζειν, que le groupe ꡭ a été mal copié et mal lu. Ceci prouve une fois de plus que les idées préconçues ne sont bonnes qu'à fourvoyer les hommes les plus habiles.

Quant au groupe hiéroglyphique  , je n'hésite pas à le lire ôtp (ⲱⲧⲡ), et à le traduire par offrir ou offrande, en donnant au verbe ⲱⲧⲡ son sens naturel, *ferre, offerre.*

Phrase 6 — 6.

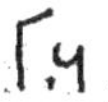 — F(TAH) — ϥ(ⲧⲁϩ).

Phtah (voy. phrase 5 — 3).

Phrase 6 — 7.

 — KA — ⲕⲁ.

La première lettre de ce groupe est un K. En effet, le papyrus nº 45 de Berlin nous offre le nom Cléopâtre écrit 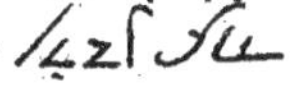 , KLOPTL. De plus, le papyrus 53 de Berlin et le papyrus Casati nous offrent le nom d'Alexandre sous les formes 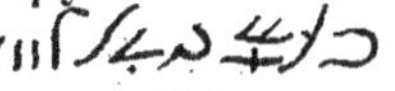 et 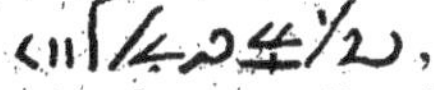 , ALKSNTROS. C'est donc bien par K qu'il faut transcrire la première lettre du groupe . Quant à la seconde, elle nous est bien connue déjà : c'est une voyelle vague A, E ou I. Cherchons ce que peut signifier le mot KA, KE ou KI.

Je trouve (*Lex.* de Peyron, p. 60) ⲕⲱ. T. B. ⲕⲁ. T. ⲕⲉ. B. *Ponere, deponere, relinquere, dimittere, constructum cum suff. recipr. personæ, acquirere, possidere, habere.* Ex. ⲡⲉⲧⲛⲁⲕⲱ ⲛⲁϥ, *qui possidebit;* ⲕⲉⲛⲛϥ. B. *sibi habere, possidere;* ⲟⲩⲕⲱ ⲛⲁϥ. T. *possessio,* et ⲕⲁ ⲡⲉϩⲙⲟⲧ ⲛⲙ̄. T. *alicui gratiam impertiri.* Il est bien clair que le sens du radical ⲕⲁ, dans ces différents exemples, est celui qui convient ici; notre idée : il lui a donné, a été rendue en égyptien par un mot dont la traduction littérale est : il a placé en lui, et ce même verbe, employé avec les suffixes réciproques, aura reçu tout naturellement le sens : posséder, avoir, qu'il a conservé dans le copte. Quoi qu'il en soit, l'expression moderne ⲕⲁ ⲡⲉϩⲙⲟⲧ, accorder une grâce, *impertiri gratiam*, est décisive, et constate d'une manière certaine que le mot ĸ, placer, déposer, a été précisément employé avec l'acception donner, accorder, par extension du sens : placer en ou sur.

Phrase 6 — 8.

$$\overline{\not{7}} \;-\; \text{NF} \;-\; \overline{\text{Nq}}.$$

Les deux lettres de ce groupe sont N et F. Nous avons donc le mot NF (NↃ, NHↃ, NↃ), qui n'est autre chose que la réunion de la particule de flexion et du pronom suffixe de la troisième personne singulier masculin. Ce pronom est ici le régime indirect du verbe ⎮ↄ, poser, donner, auquel il est rattaché par la particule ordinaire EN (N).

Phrase 6 — 9.

⌈·ↄ — R. — P. •

Ré ou Ra, nom abréviatif du soleil (voy. phrase 5 — 7).

Cette fois, les deux caractères qui composent cette sigle sont séparés par un gros point rond qui remplace le signe annulaire écrit dans le même groupe, à la fin de la première ligne.

Cette sigle se présente dans les contrats démotiques sous une forme différente, mais qui (je le crois au moins) démontre que c'est bien un simple point qui se trouve placé entre les deux signes principaux du groupe, tel qu'il est écrit dans le texte démotique du décret de Rosette.

En effet, le nom Πετεαρπρης est écrit ⌈ↄ (Young, *Dict.*, p. 88, d'après le papyrus des *Hieroglyphics*, pl. 32, lig. 23). Il se décompose en ⎮ↄ, PA (NↃ), article possessif singulier masculin; ↄ, sigle démotique se prononçant AR (ↃP) et ⌈ↄ, groupe dans lequel le premier signe est l'article singulier masculin ordinaire ↄ, P (П, ПↃ), et le second, un R séparé par un petit trait faisant sans doute fonction de point, de l'indice ordinaire qui termine les sigles et les

18.

abréviations. Le nom démotique en question se lit donc en réalité
PAORPRÉ (1). Quant à la véritable prononciation du groupe ⌐⟋ débarrassé de l'article ꝏ qu'il comporte dans le nom Πετεαρπρης, elle nous est fournie par le nom démotique d'Amonrasontèr, ⟨⌐⟋⌐⟋⟨, dans lequel la seconde sigle ⌐⟋ se lit indubitablement RA, ainsi que le prouve la transcription grecque.

De ce qui précède, il résulte de plus que dans la sigle que nous présente le décret de Rosette, le premier signe est bien l'R initial du mot RÉ, et non l'article singulier masculin, qui se trouve très-formellement exprimé dans le nom Petearpré.

Phrase 6 — 10.

ꝏ⟋ᴜ — PDJROK — ΠΙΧΡΟΚ.

Commençons par établir la lecture matérielle de ce mot.

La première lettre est l'article singulier masculin P; la seconde est la djiandjia X, ainsi que nous l'avons déjà reconnu; la troisième est un R. En effet, les noms de Pyrra et d'Areïa sont écrits ⟨⟋, PRA, et ⟨ꞮꞮꞮ⟋, ARIA, et l'étude de ces deux noms propres rend manifeste l'emploi du signe ⟋ pour représenter l'articulation R. Cette valeur est enfin surabondamment démontrée par la forme des noms propres Cléopâtre, Arsinoë et Bérénice :

ꝏ⟋ꞔꞔ⟋ꞔ, KLOPTRA, tiré du papyrus n° 51 de Berlin;

⟨ꝏꞮꞮꞮꞔꞮꞮꞔ⟋ꝏ, ARSINE,   tiré du texte démotique du décret de Rosette, lig. 4;

---

(1) Le même nom, écrit en caractères sacrés, est donné par Champollion, *Précis*, nᵒˢ 199, 200, 201. La dernière variante qu'il présente sous la forme [glyphes] est immédiatement comparable à la forme démotique du même nom. En effet, elle se décompose aussi en trois groupes : 1° [glyphe], équivalent de la syllabe ⎰ᴜ; 2° [glyphe], équivalent de la sigle [glyphe]; 3° [glyphe], équivalent du groupe phonétique ⌐⟋ꝏ. C'est ici le lieu de faire observer que la comparaison des noms, sous leur double forme hiéroglyphique et démotique, semble démontrer que les noms démotiques ne sont en réalité que des formes tachygraphiques des mêmes noms représentés en caractères sacrés.

, BRNIKE, tiré du texte démotique du décret de Rosette, lig. 3.

La quatrième lettre est une voyelle vague A, E, O, et la dernière est un K, semblable à celui qui sert toujours d'initiale au nom de l'Égypte, 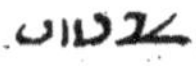, KMER.

Nous avons donc, en définitive, un groupe PDJROK, que le grand nombre de lettres qui le composent nous autorise à scinder. Si nous en enlevons le signe initial, que nous pouvons *à priori* considérer comme un simple article singulier masculin, il nous reste un mot DJROK (ϫροκ), que nous allons essayer de reconnaître à l'aide de la langue copte. Cherchons donc si le mot ϫροκ ou ϭροκ existe. Il n'en est malheureusement rien. Mais admettons pour un seul instant, ce qui est tout aussi vrai pour la langue copte que pour toutes les autres langues, à savoir, que des consonnes finales ont pu tomber avec le temps et disparaître de la prononciation, et enlevons alors le K final; il nous reste un mot DJRO ou GRO (ϫρο. T. ϭρο. M.), qui signifie *vincere, superare,* d'où πεϫρο. T. πιϭρο. M., *victoria.* Or, c'est précisément l'expression de l'idée : la victoire, que nous devons trouver ici, puisque le grec dit positivement : ᾧ ὁ ἥλιος ἔδωκεν τὴν νίκην, et que nous avons déjà retrouvé et traduit la phrase égyptienne : a donné à lui le soleil, pour : à qui le soleil a donné, dont le complément forcé, pour qu'il y ait accord entre les deux textes, est : la victoire. Nous avons donc le droit de chercher ici, dans le mot égyptien qui nous reste, l'image de l'idée : la victoire; et l'expression de cette idée, nous la trouvons telle qu'elle existe dans le copte, c'est-à-dire dans l'égyptien décrépit, sauf qu'elle comporte une consonne finale que le mot copte a perdue. Nous autres Français, nous avons moins que tous les autres le droit de nous étonner de cette suppression des consonnes finales, puisque souvent nous-mêmes nous réduisons à néant dans la prononciation le rôle de la même consonne K ou C dur, placée à la fin d'un mot. C'est ainsi que nous prononçons cro, escro, cri, tout en écrivant croc, escroc, cric.

Je n'hésite donc pas à le dire, le mot égyptien par lequel on désignait la victoire s'est écrit primitivement ϫϥⲟⲕ ou ⲥⲣⲟⲕ; mais plus tard le ⲕ final est tombé, et il n'est plus resté du mot originaire que le son ϫⲣⲟ ou ⲥⲣⲟ, qui est exactement l'expression copte de l'idée : victoire.

Du reste, la langue copte elle-même nous offre d'autres exemples tout aussi concluants de la chute d'une consonne finale, et je me bornerai à citer le mot ϩⲧⲟ, cheval, que l'on trouve écrit au pluriel indifféremment ϩⲧⲟ ou ϩⲧⲱⲣ. Il est bien clair que cette fois encore le ⲣ final est une consonne qui s'est évanouie, pour laisser le radical primitif ϩⲧⲱⲣ sous la forme vulgaire et écourtée ϩⲧⲟ.

En définitive, le groupe que nous venons d'analyser nous offre le substantif singulier masculin ⲢⅅⳆⲢⲞⲔ (ⲡⲉⲭⲣⲟⲕ ou ⲡⲓⲥⲣⲟⲕ), signifiant la victoire, et conservé dans la langue copte sous la forme ⲡⲉⲭⲣⲟ ou ⲡⲓⲥⲣⲟ, avec la même signification.

Phrase 6 — 11.

ⲥ ⲍⲍⲩ — PAAG — ⲡⲁⲁⲥⲁ.

La première lettre est un ⲣ, si c'est l'article singulier masculin, un ⲣ, si elle fait partie intégrante du radical. Nous verrons tout à l'heure laquelle de ces deux leçons est la seule admissible.

La seconde et la troisième lettre sont identiques, et nous sommes assurés à l'avance que ces lettres ne peuvent être que des voyelles. En effet, le mot ⳡⲟ, ⲢⲚ, aimant, que nous avons trouvé en composition dans le groupe ⳇⲝⳡⲟ, Philopators, est fort souvent écrit ⳡⲍⲣ dans les contrats démotiques (voy. phrase 6 — 4). Par conséquent, le signe intercalaire introduit dans ces transcriptions manuelles ne doit pas être une articulation essentielle, et ne peut absolument représenter qu'une voyelle qu'il était à peu près indifférent d'exprimer ou de supprimer. Cette voyelle est un ⲁ ou un ⲟ, car elle entre dans la particule impérative ⲕⳝ, ⲘⲞⲒ, qui n'est que la particule désidérative copte ⲙⲟⲓ; et dans le mot ⳡⲍⲍ, ⲀⲀⲢ, abeille,

d'où essaim, et, par extension, réunion, ainsi que nous le verrons
un peu plus loin. Quoi qu'il en soit de la véritable prononciation de
ce signe, il n'en est pas moins bien démontré, par l'existence des
deux variantes ⌐o et ⌐ϗϼ du même mot, qu'il n'est qu'une simple
voyelle. Ne nous préoccupons donc pas de sa prononciation, qui
ressortira de l'étude du texte que nous analysons, et bornons-nous,
quant à présent, à voir dans ce signe une voyelle vague.

La quatrième ligne est tout à fait semblable de forme à la lettre ϭ,
que les Coptes ont conservée afin de représenter un son propre à leur
idiome, et dont l'alphabet grec ne leur fournissait pas l'image. Nous
pouvons donc, sans courir fortement le risque de nous tromper, admettre que la valeur du signe démotique en question est précisément
celle que le même caractère a conservée dans l'alphabet copte. Nous
avons ainsi, en définitive, un groupe ᴘᴀᴀɢ ou ᴘᴏᴏɢ, que nous allons
chercher à expliquer, en remarquant que la comparaison matérielle
du texte démotique du décret de Rosette avec le texte grec nous
démontre d'une manière tout à fait satisfaisante que ce groupe égyptien doit représenter l'idée que comporte le mot grec εἰκὼν, image.
En effet, nous trouvons ce groupe employé ici dans un membre de
phrase correspondant au grec εἰκόνος ζώσης τοῦ Διὸς, dont les éléments
autres que le groupe ϭϗϗʋ nous offrent précisément les équivalents déterminés des mots ζώσης et τοῦ Διός. Il faut donc que ce groupe
ϭϗϗʋ soit l'équivalent du grec εἰκόνος.

Voyons maintenant quels sont les autres passages du texte égyptien qui contiennent le groupe en question, et nous serons en droit
de conclure que ce groupe signifie réellement image, si les passages
grecs correspondants nous offrent constamment la même idée.

A la ligne 22, se trouvent les mots ʋ/ϟϗϫ ϭϗϗ.ϗϟϗϯϯɪɪ⌐ϗϫ,
correspondant au grec στῆσαι δὲ εἰκόνα τοῦ βασιλέως, etc., etc. Malheureusement, la pierre est mutilée en ce point, et bien que l'on re-
connaisse le mot ϭϗϗ, il est impossible de deviner quel était le
signe qui le précédait; mais à coup sûr ce n'était pas le même que

celui que nous trouvons dans la deuxième ligne, et dès lors nous sommes déjà autorisés à considérer celui-ci comme l'article singulier masculin. Cette hypothèse se trouve pleinement confirmée par le passage suivant de la ligne 23 :

............⸱⸱⸱ [signes démotiques]

qui se traduit littéralement : que les prêtres *suspendent?* les images dans le temple le temple (pour : dans chaque temple) trois fois chaque jour. Ce passage correspond au passage grec de la ligne 40 : καὶ τοὺς ἱερεῖς θεραπεύειν τὰς εἰκόνας τρὶς τῆς ἡμέρας. Cette fois, les mots τὰς εἰκόνας nous font supposer que le mot correspondant du texte égyptien sera écrit au pluriel, et effectivement nous trouvons le groupe

[signes démotiques], qui est évidemment le pluriel du substantif [signe] ; donc le mot à étudier doit être préalablement débarrassé du signe initial ᴜ , qui est très-certainement l'article singulier masculin, dans le passage où ce mot se présente dans la seconde ligne. Enfin, les derniers mots de la ligne 32 sont : [signes démotiques]

[signes démotiques] , et se traduisent par : dans lesquels est l'image divine du Roi vivant à toujours. Ces mots sont la contrepartie du grec : ἐν οἷς ἡ τοῦ βασιλέως εἰκὼν ἵδρυται, et cette fois encore c'est le mot [signe] qui représente l'expression grecque εἰκών.

Il n'y a donc aucun doute à conserver sur le sens absolu du groupe [signe] , AAG ou OOG (ⲁⲁⲟ, ⲟⲟⲟ). Il signifie image, et il ne nous reste qu'à reconnaître comment il peut avoir cette signification.

Le *Lexique copte* de Peyron ne fournit aucun mot de formation analogue et ayant la signification que doit nécessairement comporter le mot en question. Mais si nous procédons à la dissection de ce mot singulier, nous y trouvons deux éléments distincts, dont l'ensemble a parfaitement pu constituer l'expression de l'idée : image, effigie. En effet, le mot thébain GA (ⲥⲁ), qui est masculin comme notre mot égyptien, signifie *species, forma externa*. D'un autre côté, ⲁ, ⲁⲁ (ⲁ, ⲁⲁ. T.), AI (ⲁⲓ. M.) veulent dire, *facere*. PAI (ⲛⲁⲓ. M.) désigne l'*actio faciendi* ; enfin, ⲁ. T. ⲁⲓ. M. signifient *esse*. Le mot égyptien [signe] , lu ⲁⲁⲥⲁ, peut donc se traduire littéralement : ce qui est fait avec l'apparence, ce qui est la forme extérieure de quelqu'un, autrement dit : l'effigie, l'image de quelqu'un.

Bien que je ne puisse et ne veuille pas affirmer que cette décomposition du groupe AAG est la bonne, je n'en adopte pas moins l'explication qui en découle, comme étant satisfaisante, et je persisterai à la conserver jusqu'à ce que l'on en découvre une autre qui, tout en étant aussi simple, me paraisse plus naturelle que celle que je viens de proposer.

Phrase 6 — 12.

⊂| — AH — Aℓ.

Nous avons déjà examiné ce groupe (voir phrase 4 — 6), et nous l'avons traduit par : la vie, après en avoir fixé la lecture matérielle. Le mot copte correspondant Aℓe signifie vivre aussi bien que vie, et le passage égyptien que nous analysons actuellement démontre de même que le groupe ⊂| signifiait aussi bien vivant et vivre que vie (1).

Phrase 6 — 13.

ſ.ℓ — A. — ℷ.

Nous voici encore arrivés à l'une de ces sigles démotiques représentant les noms de divinité, et dont la valeur est parfaitement fixée par l'étude des noms propres. Kosegarten a très-bien établi la consonnance de la sigle ſ.ℓ , dans laquelle le signe initial est une voyelle vague, tandis que le dernier est, comme dans tous les cas semblables, l'indice obligé qui termine les sigles et les abréviations. L'inspection des noms propres suivants

ſ.ℓ↓ω Psenamon,	Pap. de Grey (*Hiérogl.*, pl. 35);			
ſℷℇſℓ Amenothès,	id.	(id.	pl. 34);	
ſℓ<↓ℓ Tsenamon,	id.	(id.	id.);	

---

(1) En copte, le participe présent régulier serait ETAℓE.

⌠ʌz⌠ʑ|◡ ⎫
⎬ Petemestès,   ⎰ Pap. de Berlin, 36 (Kos., pl. X);
⌊ᴐz⌠ʑ|◡ ⎭   ⎱ Pap. Casati (*Hiérogl.*, pl. 32);

ʒ⌠ᴎ⌠z⌠⁄⌠ʑ   Amonrasontèr,   Pap. de Berlin, 41, b;

⌠ʑ₋ʑ⫓◡   Psenamon,   variante tirée par Champollion

d'un papyrus du Vatican (Young, *Dict.*, p. 89),

démontre d'une manière incontestable que le groupe ⌠.ʑ se prononçait AMON, et représentait le nom du Roi des Dieux dans l'écriture démotique. Si les noms propres que je viens de citer prouvent
que la sigle du décret de Rosette doit se lire AMON, la réciproque
a lieu.

En effet, puisque nous avons, pour représenter le membre de
phrase grec εἰκόνος ζώσης τοῦ Διός, le texte égyptien ⌠.ʑ ⊂⌠ ᴄʑʑ◡ ,
dans lequel les mots ⊂⌠ ᴄʑʑ◡ représentent nécessairement le
grec εἰκόνος ζώσης, il faut bien que ce soit le groupe restant ⌠.ʑ , qui
représente le grec τοῦ Διός. Or, l'Amon des Égyptiens ayant été assimilé au Ζεὺς des Grecs, il demeure certain que la sigle qui, dans le
passage en question, comporte la prononciation Amon, conservait
la même consonnance dans les noms propres que j'ai énumérés ci-
dessus. En un mot, rien n'est plus clair que la valeur de cette sigle,
et je me dispense, par conséquent, d'en parler plus longuement.

Phrase 6 — 14.

⫓◡ — PCH — ⲡϣⲉ.

PCHE (ⲡϣⲉ), le fils (voy. phrase 6 — 1).

Phrase 6 — 15.

⌠.◡ — R(A) — P(A).

RE ou RA, le soleil. Ce groupe devrait être précédé de la particule
de flexion ⲛ, qui n'a pas été exprimée.

La phrase que nous venons d'analyser, en y introduisant les

voyelles, les articles et les particules de flexion nécessaires, devient :
ⲛ̄ϣⲉ ⲛ̄ ⲛ̄ⲧⲏⲣⲟⲩ ⲣⲁϧⲉⲧⲟ $\frac{\top}{3}$, ϧⲓⲧⲙⲛⲉϥ Ⲩⲧⲁϩ, ⲕⲁ ⲛⲁϥ Ⲣⲁ ⲛⲉϫⲣⲟⲕ, ⲡⲁⲁⲥⲁ
(ⲉⲧ)ⲁϧⲉ ⲛ Ⲗ̄ⲩⲟⲛ, ⲛ̄ϣⲉ ⲛ̄ Ⲣⲁ.

Elle se traduit de la manière qui suit : Le fils des Dieux Philopators, que Phtah a éprouvé, à qui Ré a donné la victoire, l'image
vivante d'Amon, le fils de Ré.

C'est, mot pour mot, la phrase grecque correspondante.

Champollion, dans sa *Grammaire égyptienne* (p. 387), a donné le
résultat de son travail sur le membre de phrase :

Il le transcrit de la manière suivante :.

(ⲁϧ) ⲉⲧⲛ-ϥ Ⲡ(ⲧⲁϩ) ,(ⲁϧ)ⲧ ⲛⲁϥ Ⲡⲣⲏ ⲛϭⲣⲟ.

« a éprouvé lui Phtah, a donné à lui le soleil la victoire, celui que
« Phtah a éprouvé et auquel le soleil a donné la victoire. » Je me
borne à faire observer que cette traduction est exacte, mais que la
transcription qui la précède est tout à fait vicieuse. Ainsi, le sens
des mots , et , a été deviné ; mais ces mots eux-
mêmes n'ont été ni lus, ni analysés. Cette fois encore, en un mot, la
phrase copte donnée par Champollion comme équivalente du texte
égyptien, n'est qu'une traduction copte de la phrase grecque correspondante, faite de telle sorte qu'elle se rapproche le plus possible
des mots égyptiens à traduire.

LIGNE 2. — PHRASE 7.

Texte égyptien :

Texte grec :

Πτολεμαίου αἰωνοβίου, ἠγαπημένου ὑπὸ τοῦ Φθᾶ.

Ces mots grecs ne correspondent qu'aux trois premiers groupes
de la phrase égyptienne, tout le reste de cette phrase n'étant pas
reproduit dans le texte grec du décret.

Le texte démotique se scinde de la manière suivante :

Il se transcrit en lettres coptes de la manière suivante :

Ⲡⲧⲁⲟⲩⲓⲥ ⲱⲭⲧ Ϥ(ⲧⲁⲍ)ⲣϥ, ⲡ(ⲧⲏⲣ) ⲍⲩ ⲩⲉⲧⲛⲉ ⲛ ⳉⲡⲭⲣⲧ, Ⲡⲧⲁⲟⲩⲓⲥ ⲏⲣ
Ⲁⲣⲥⲓⲛⲉ, ⲛ(ⲧⲏⲣ)ⲟⲩ ⲣϥⲉⲧⲟ$_3^\text{τ}$.

et se traduit mot à mot :

Ptolémée toujours vivant, Phtah le chérissant, le Dieu régnant
en haut par sa bienfaisance, (fils de) Ptolémée et d'Arsinoë, Dieux
Philopators.

Phrase 7 — 1.

)(⟨ɪɪ ɪɪɔ 𝓥∠2) — (Ptlomis) | — (Ⲡⲧⲁⲟⲩⲓⲥ) | .

Dans le texte démotique du décret de Rosette, tous les noms
royaux, sans aucune exception, sont inscrits entre parenthèse, et à
la partie gauche de cette parenthèse se voit un trait vertical juxta-
posé. Il est hors de doute que l'ensemble de ces trois traits | (   )
constitue le squelette, si je puis m'exprimer ainsi, du contour auquel on a donné le nom de cartouche, et qui, dans l'écriture hiéroglyphique, est spécialement destiné à contenir les noms royaux.

Kosegarten, qui seul s'est occupé sérieusement de la structure des
noms propres démotiques, n'a fait qu'entrevoir le rôle de ce cartouche rudimentaire; mais il n'a pas été assez convaincu de son
existence pour admettre celle-ci en principe. Il a mieux aimé exprimer ses doutes sur l'origine et la valeur de ces trois signes qui lui
semblaient impro123ençables, et qu'il a constamment remplacés par
un astérisque écrit en tête des noms royaux, bien qu'il ait dit
ailleurs que peut-être le demi-cercle qui précède ces noms devait se
transcrire par un м.

Ce savant, en étudiant les noms propres recueillis par lui dans
tous les papyrus démotiques parvenus à sa connaissance, a rassemblé

la série des terminaisons imprononçables qui sont ajoutées aux noms royaux, et il en a formé un tableau qu'il a publié dans son premier travail sur l'écriture démotique. J'ai dit ailleurs (voyez phrase 2 — 1, note) ce que je pensais de la valeur de ces terminaisons, que j'aurais bien de la peine à considérer comme des superfétations totalement inutiles, que le caprice des scribes pouvait seul introduire dans les textes égyptiens.

Quoi qu'il en soit, il demeure certain que le cartouche royal des écritures hiéroglyphiques était remplacé par l'ensemble de ces rudiments essentiels, dans l'écriture démotique lapidaire, ainsi que la simple inspection des noms royaux insérés dans le décret de Rosette, le fait immédiatement reconnaître.

Quant à la prononciation du nom propre qui forme le premier mot de la septième phrase, elle ne saurait être douteuse un seul instant, tous les caractères qui composent ce mot nous étant déjà parfaitement connus; ils forment le mot ptlômis, composé des articulations principales du nom grec Πτολεμαιος. L'orthographe que nous trouvons ici n'est pas constante, même dans le décret de Rosette, ce qui prouve que l'emploi des voyelles était à peu près arbitraire. En effet, nous retrouvons le nom de Ptolémée écrit 〈II〉, ptlomios, à la ligne 3, et à partir de ce point l'orthographe ne varie plus. Enfin, dans les contrats démotiques, j'ai recueilli les variantes suivantes :

〈 〉 , ptlôms.   Papyrus 47 de Berlin.

〈 〉 , ptlms.   Papyr. du Vatican (Young, *Dict.*, p. 11).

〈 〉 , ptolmis. Papyrus de Paris (*Journ. asiat.*, 1823, nos 1 et 2).

Phrase 7 — 2.

〈 〉 — ôdjt — ⲱⲭⲉⲧⲉ.

Il s'agit d'abord de déterminer la valeur matérielle des caractères

qui entrent dans ce mot. Le premier signe nous est déjà connu ;
c'est un ô long (ω) ; des deux caractères superposés qui terminent
le groupe, le premier, qui est certainement emprunté à l'écriture
hiéroglyphique, a très-vraisemblablement conservé la valeur qu'il
comportait dans l'alphabet sacré. Enfin, le signe inférieur est un τ.
Voyons maintenant ce que représente le serpent pris comme signe
phonétique, dans les légendes hiéroglyphiques. Salvolini (*Anal.*,
p. 58, et *Tab. génér.*, n° 232) donne le groupe ,
ⲭⲧϧⲉ, tiré du rituel funéraire, lequel groupe n'est que le mot copte
ⲭⲁⲧⲃⲉ, ⲭⲁⲧϧⲉ. ⲧ. ⲭⲉⲧϧⲓ. ⲃ. ⲥⲁⲧϧⲓ. ⲙ., reptile, caractérisé par le déterminatif un serpent. Ce même caractère a servi plus tard, dans
les noms romains, comme celui de Titus, par exemple (*Champ.*,
Précis, 1ʳᵉ éd., n° 146), à représenter l'articulation ⲧ. Mais Salvolini fait observer avec raison que dans les mots égyptiens le signe
en question remplace constamment l'articulation ⲇⲍ (x) des Coptes,
et il a très-certainement reçu cette valeur parce que l'objet qu'il
représente, c'est-à-dire le reptile, portait chez les Égyptiens le nom
ⲭⲁⲧϧⲉ, qui commence par la lettre ⲭ. Il aurait pu ajouter que dans
le copte moderne, il existe des mots, comme ⲍⲓⲭⲉⲛ et ⲍⲓⲧⲉⲛ, qui
sont identiques, et que, par suite, la double valeur ⲭ et ⲧ du signe
n'a rien de très-extraordinaire.

Le groupe qui nous occupe se lit donc ôⲇⲍⲧ (ωⲭⲧ), et comme il
correspond partout au grec αἰωνόϐιος, il faut maintenant reconnaître
comment cette signification peut et doit lui être attribuée, autrement
que par le tâtonnement.

L'idée : éternel, toujours vivant, est une idée assez relevée pour
qu'il n'y ait rien de bien étonnant à ce que le groupe démotique
qui la représente ait été emprunté à l'écriture sacrée, dans laquelle
ce mot devait tout naturellement se reproduire à chaque instant.
C'est ce qui a lieu. En effet, notre groupe démotique n'est
très-certainement qu'un tracé tachygraphique du groupe hiéroglyphique , qui a précisément la même valeur, et qui se
rencontre à chaque pas dans les textes sacrés. Champollion (*Précis*,

n° 277) regarde le signe ⚹ comme l'initiale du mot ⲱⲛⲋ, et par suite comme le symbole de la vie divine particulièrement. Quant au groupe ⳨, je trouve dans son *Dictionnaire* (p. 173): ⳨ , adverbe répondant au copte ⲉⲛⲉⲋ, toujours, à toujours, qui signifie aussi éternité, siècle. *Gr.*, 296, 514, 515.

⳨ , ⲛ̄ⲉⲛⲉⲋ, pour toujours. *Gr.*, 515.

⳨ ⳨⊙⳨ , ⲉⲛⲉⲋ ⲛ̄ⲍⲟⲟⲩ ⲛ̄ⲍⲁⲋ, aujourd'hui comme à toujours. *Gr.*, 518.

Je vais examiner successivement ces différentes citations, afin de rectifier ce qu'elles présentent d'incorrect, et de faire disparaître ce qui pourrait induire en erreur un lecteur qui ne serait pas suffisamment au courant des études préliminaires, base indispensable de tout travail sur les dialectes égyptiens.

Je lis dans la *Grammaire égyptienne* (p. 515, n° 332) : « L'adverbe « ⳨ , dont nous ignorons encore l'analyse copte, répond à « notre adverbe toujours (*semper*), et il fut usité dans toutes les « occasions où la langue copte emploie le mot ⲉⲛⲉⲋ, le siècle, l'éter- « nité, toujours. »

Un peu plus bas, après les exemples : « On observe quelquefois la « duplication ⳨⳨ ou ⳨⊕ , par abréviation, qui ré- « pond à la formule copte ⲉⲛⲉⲋ ⲛ ⲉⲛⲉⲋ ou ϣⲁⲉⲛⲉⲋ ⲛ ⲉⲛⲉⲋ, jusqu'à « l'éternité de l'éternité, c'est-à-dire à toujours. »

Enfin (p. 517): « ⳨ ⳨ ⳨ , ϣⲁⲉⲛⲉⲋ, hiératique ⳨ , « dont la forme démotique ⳨ est si fréquente dans les « contrats, répond exactement au copte ϣⲁⲉⲛⲉⲋ, jusqu'à l'éternité, « pour toujours, etc. »

Toutes les fois que le groupe ⳨ se présente dans un texte cité, comme, par exemple, dans la grammaire égyptienne, il est constamment remplacé dans la transcription en lettres coptes, par le mot ⲉⲛⲉⲋ, écrit tantôt entre parenthèses, tantôt en texte courant, sans que rien puisse distinguer ce mot de ceux qui le précèdent et qui le suivent. Je comprends très-bien qu'après avoir dit qu'il igno-

rait encore quel était l'analogue copte de l'adverbe hiéroglyphique
ⲁⳃ , mais que toujours celui-ci était employé à la place du
mot copte ⲉⲛⲉⲍ, Champollion ait pris la précaution d'enfermer
entre parenthèses, dans ses transcriptions, ce mot ⲉⲛⲉⲍ, qu'il subs-
tituait à un mot égyptien encore inconnu pour lui. C'était là une
sage précaution destinée à garantir les lecteurs d'une erreur très-
fâcheuse, puisqu'il ne voulait pas que l'on prît ce mot copte pour
la transcription rigoureuse du mot égyptien. Il est donc à regretter
que cette parenthèse ait été fort souvent négligée, parce que dès lors
tout homme qui entreprendra l'étude de l'écriture hiéroglyphique
avec méthode, se trouvera arrêté court dès la première fois qu'il
rencontrera, chemin faisant, une transcription comme celle-là, qui
viendra renverser tout ce qu'il regardait comme parfaitement établi.
Il faut, je le crois, être extrêmement sobre de ces assimilations purement hypothétiques de mots égyptiens à des mots coptes, parce
qu'elles peuvent donner fort aisément le change à l'étudiant qui
débute. Voyons, par exemple, quels inconvénients entraîne cette
prétendue analogie des mots ⲁⳃ et ⲉⲛⲉⲍ. Ce dernier mot signifie
sæculum, et sans article il remplace le latin *unquàm.* De là viennent
ⲛⲉⲛⲉⲍ, *æternus,* ϣⲁⲉⲛⲉⲍ, ⲛϣⲁⲉⲛⲉⲍ, *in sæculum, in æternum,* et enfin
la formule liturgique ϣⲁⲉⲛⲉⲍ ⲛ ⲉⲛⲉⲍ, *in sæcula sæculorum.* De tous
ces exemples, il résulte que le sens absolu du mot ⲉⲛⲉⲍ est celui de
sæculum. Mais notre groupe, par cela même qu'il appartient à
l'ancienne Égypte, doit comporter le sens de durée, de permanence,
d'éternité, dégagé de toute idée accessoire, comme celle de siècle,
qui ne conduit à l'idée éternité que par l'espèce de jeu de mot chré-
tien : les siècles des siècles. En un mot, le groupe égyptien en question doit signifier : toujours, et rien que cela.

Or, en copte, toujours se dit ⲛ̄ⲛⲁⲧ ⲛⲓⲙ, ⲛ̄ⲛⲁⲧ ⲛⲓⲃⲉⲛ, littéralement
omni horâ, ou ⲛⲟⲧⲁⲉⲓϣ ⲛⲓⲙ, ⲛ̄ⲥⲏⲟⲧ ⲛⲓⲃⲉⲛ, ⲛ̄ⲥⲏⲧ ⲛⲓⲙ, *omni tempore,*
et enfin ⲛ̄ⲥⲟⲡ ⲛⲓⲙ ou ⲛⲓⲃⲉⲛ, *omni vice.* Ces quatre expressions, par
cela même qu'elles sont admirablement simples et naturelles, ont dû
exister dans l'antique idiome de l'Égypte; cela n'est pas douteux,

et cependant aucune de ces expressions n'est l'analogue du mot
égyptien dont nous cherchons l'origine.

Quant au mot ϣⲛⲉϩ, je ne doute pas que son emploi, dans les formules désignant l'éternité, ne soit dû à l'influence chrétienne, puisque
le sens primitif et réel de ce mot était siècle, et rien de plus.

Comment dès lors peut-on affirmer, comme cela a lieu dans le
Dictionnaire, que l'adverbe ⳅ signifie aussi éternité, siècle?
C'est là une opinion tout à fait gratuite, et que rien ne justifie. En
effet, rien absolument ne prouve que le groupe ⳅ se présente
partout où le copte emploierait le mot ϣⲛⲉϩ. Celui-ci peut donc fort
bien signifier siècle, sans que le mot égyptien ait le même sens.

Le second exemple du *Dictionnaire* donne pour équivalent à ce
groupe ⲛⲉⲛⲉϩ, au lieu de ϣⲛⲉϩ du passage précédent. Pourquoi cette
différence de transcription? Y a-t-il quelque chose qui la justifie?

Enfin, le troisième passage ⳅ 𐦀𐦀 , transcrit ϣⲛⲉϩ ⲛϩⲟⲟⲩ
ⲛϩⲁϩ, et traduit : aujourd'hui comme à toujours, présente d'autres
graves erreurs. En effet, après le membre de phrase traduit par :
est le roi seigneur du monde, régnant sur le trône d'Horus, vient ce
qui suit (*Grammaire,* p. 518) :

ⲛϩⲁϩ ⲛϩⲟⲟⲩ ϣⲛⲉϩ ϫⲉ ϩⲟⲟⲩ

Aujourd'hui comme à toujours, pendant une longue série de
jours. Or, la traduction de la phrase égyptienne, après avoir suivi
l'ordre de droite à gauche des mots égyptiens, dans la première ligne
de la phrase, a repris sans raison l'ordre de gauche à droite des
mots français dans la seconde ligne, de sorte que les mots français
aujourd'hui comme à toujours, répondent précisément aux mots
égyptiens qui ne les représentent pas, bien que les mots coptes
aient été d'ailleurs convenablement disposés. En effet, ce membre de
phrase se lit mot à mot : ⳅ , Ré, ce soleil, ce jour, 𐦀 , ⲥⲏⲁ jusqu'à
ⲣⲉ , ⲇϫⲉⲧⲉⲛ, toujours, 𐦀𐦀 , pour ⳅ 𐦀𐦀 , ϩⲁϩ ⲣⲉ, grand
nombre de soleils, de jours. Il en résulte que les deux groupes du
Dictionnaire signifient : toujours, beaucoup de jours, ce qui est fort

20

différent du sens *aujourd'hui comme à toujours,* qu'il serait tout à fait impossible d'attribuer à ces deux groupes (1).

Je terminerai mes remarques au sujet de ce que Champollion a dit du groupe ◌, par une petite réclamation contre la fréquence de la forme matérielle ◌ du groupe démotique que ce savant dit avoir rencontré fort souvent dans les contrats. J'ignore quels sont les contrats qui lui ont fourni cette expression, que je trouve dans le texte du décret de Rosette (ligne 21) sous la forme ◌, ϣⲉⲭⲧⲉ, et non pas ϣⲉⲭⲧⲏ, comme pourrait le faire croire le passage de la *Grammaire égyptienne.*

Il existe, il est vrai, au musée égyptien du Louvre, une petite stèle en pierre tendre, qui offre une inscription hiéroglyphique de deux lignes placée entre deux inscriptions démotiques, d'écritures tout à fait différentes. Le texte hiéroglyphique est terminé par le groupe ◌, auquel correspond, dans le texte démotique supérieur, le groupe ◌ ; mais le texte inférieur, qui est d'un tracé beaucoup plus semblable à tout ce que nous connaissons de démotique cursif, ne présente plus du tout ce même groupe emprunté à l'écriture sacrée. Quand il m'aura été permis d'étudier ce précieux petit monument autrement qu'à travers un verre et à contre-jour, peut-être serai-je à même de tirer quelques conséquences intéressantes de la comparaison des trois textes distincts qu'il comporte. Jusqu'ici je ne puis constater qu'une seule chose, c'est que je n'ai vu la forme ◌ que dans le texte démotique de cette stèle (2).

---

(1) Champollion (*Gramm.,* p. 513), dit · « ◌ pour ◌ , comme le prouve la « forme constante hiératique, ◌ , a été employé comme adverbe; composé de ◌ , « ⲍⲍ , copte ⲍⲁⲍ , beaucoup, une grande quantité, et de ◌ , ⲍⲟⲟⲩ, jour. Ce groupe, « qui se lisait ⲍⲁⲍⲛ̅ⲍⲟⲟⲩ, signifie un grand nombre de jours, et répond aussi quelquefois « à notre adverbe longtemps. » Ce mot est certainement bien traduit, mais il est mal lu; c'est ⲍⲁⲍⲣⲁ qu'il faut lire. ⲍⲟⲟⲩ est probablement le mot qui fut substitué à ⲣⲁ.

(2) Un proscynème démotique, recueilli à Hammamat, sur la route de Qosseyr, par feu Nestor Lhôte, se termine par le groupe ◌ . On voit que c'est lettre pour lettre

Je reviens enfin à l'étude du groupe ⌐⌐⌐ que nous offre la seconde ligne du décret de Rosette; il signifie éternel, toujours vivant, puisqu'il est l'équivalent du grec αἰωνόβιος, et se lit ODJET (ⲱϪⲉⲧ). D'abord le premier signe ⌐, ô (ⲱ) doit en être séparé par l'analyse, puisque dans la ligne 21 le même groupe se représente sans cette initiale. Nous avons donc à chercher séparément le sens du mot ϫⲉⲧ, que le dialecte sacré prononce presque toujours ϫⲉⲧⲏ (1). Quant à l'ô long qui précède ce mot, c'est exactement l'équivalent de celui que nous avons reconnu dans les groupes ⌐ⲛⲒⲒ, ⌐ⲓⲓⲓ⌐, ÔDJECH, ÔTECH, répandant, étant grand, et qui comporte le sens du copte ⲱ, ⲟⲓ, être, étant; nous aurions donc ici un sens formé du mot étant et du mot représenté par le radical ϫⲉⲧ. Or, les lettres ϫ et ϭ se substituent fréquemment l'une l'autre; et comme nous avons le mot ϭⲉⲉⲧ, ϭⲉⲧ, ϭⲓⲉⲧ. ⲧ. ϭⲏⲏⲧ. ⲃ. *manere, esse, permanere,* d'où ⲉⲧϭⲏⲏⲧ ou ⲉϥϭⲉⲉⲧ, *manens, permanens,* il est tout naturel de traduire notre mot ⌐⌐⌐, ÔDJET (ⲱϪⲉⲧ pour ⲱϭⲉⲧ), par étant permanent. De là à l'idée éternel, qui vit toujours, il y a bien près, on en conviendra. Nous verrons, en poursuivant l'étude du texte démotique du décret de Rosette, que l'orthographe que nous venons de reconnaître n'est pas constante, et que le même mot est fort souvent écrit ⌐⌐⌐, c'est-à-dire, ⲱϪⲉⲧ, ⲱϭⲉⲧ, en toutes lettres. Cette seconde forme, dans laquelle la voyelle est exprimée,

l'expression du texte hiéroglyphique de la petite stèle bilingue du Louvre; on voit de plus que c'est avec raison que j'ai regardé ce groupe comme emprunté à l'écriture sacrée.

(1) Champollion (*Gramm.*, p. 411) rapporte une phrase extraite du texte hiéroglyphique de la stèle bilingue de Turin, dans laquelle l'idée : aujourd'hui et à toujours, est rendue par les mots ⌐⌐ ⌐ ⊙ . Cette fois, l'ϧ final n'est pas exprimé; ce n'était donc pas une articulation essentielle. Enfin (*Gramm.*, p. 442, not. 3), je trouve un autre passage tiré des architraves du palais de Karnac, où l'idée : à toujours, est rendue par le groupe ⌐⌐⌐, ⲛⲆϪⲦⲁ. Ici l'ϧ final est indubitablement un ⲛ paragogique; y avait-il donc pour l'organe égyptien une affinité assez grande entre les articulations ϧ et ⲛ, pour que la simple euphonie pût faire ajouter indifféremment l'une ou l'autre de ces articulations à la suite des radicaux? Cette même forme ⌐⌐⌐ se trouve encore page 457, dans une phrase copiée au palais de Louqsor.

20.

ne sert qu'à confirmer l'interprétation et la lecture de la première.

En résumé, le groupe en question se lisant ôDJT ou ôDJET (ⲱϫⲉⲧ pour ⲱⲥⲉⲧ), signifie : étant permanent, et par conséquent éternel, comme le grec correspondant αἰωνόβιος.

Je ne me charge pas d'expliquer l'existence du N final du groupe DJTN hiéroglyphique, car elle est tout aussi inexplicable pour moi que celle du N placé de la même manière à la suite du groupe ⌒ ⟨, SAT, roi, que l'on trouve quelquefois écrit ⌒ ⟨ , STN. Ou c'est une lettre paragogique ajoutée par euphonie, ou c'est une consonne que le temps a fait disparaître.

Phrase 7 — 3.

𐤔ⲟ⟨ 𐤔 — F(TAH)RF — ⴹ(TAZ)pⴰ.

Ce groupe correspond au grec ἠγαπημένου ὑπὸ τοῦ Φθᾶ, chéri de Phtah. Effectivement, il se décompose immédiatement en deux parties : la première, qui n'est que la sigle déjà reconnue pour être l'image du nom du dieu Phtah; la seconde, qui est précisément la syllabe initiale du mot égyptien ⌠ⲋⲓⲩⲟ, RAFETO, Philopator, laquelle est la contre-partie rigoureuse du grec φιλο dans le composé φιλοπάτωρ, et comporte, par suite, le sens : aimant, chérissant. Nous avons donc, pour la traduction littérale de notre groupe égyptien 𐤔ⲟ⟨𐤔 , le sens : Phtah chérissant; et ici se présente une remarque fort importante sur une règle de position que Champollion a reconnue le premier, en analysant certaines expressions du dialecte sacré. En effet, il a constaté que les deux surnoms ⲁⲩⲟⲏⲩⲁⲓ et ⲩⲁⲓⲁⲩⲟⲛ qu'ont portés les deux Ramsès, quatorzième et quinzième, rois de la dix-huitième dynastie, surnoms dont les éléments constitutifs sont identiques, signifiaient, le premier : chéri d'Amon, et le second : chérissant Amon. Il en est exactement de même dans le texte démotique, où le mot RAF, signifiant chérissant, désigne par sa seule position le sujet qui accomplit l'action de chérir. C'est ainsi que le surnom Philopator, chérissant son père, donné à Ptolémée et à Arsinoë, est écrit 𓏤𓏤𓏤 (ligne 4), tandis que le titre : chéri par Phtah, est écrit 𓏤𓏤 , le sujet 𓏤 passant nécessairement avant le verbe 𓏤 .

Cette règle de position, qui est d'une simplicité extrême, découle tout naturellement de l'ordre parfaitement logique dans lequel les idées s'exprimaient à l'aide des idiomes égyptiens.

Il serait inutile d'insister plus longuement sur la composition du groupe 𓏤 , F(TAH)RAF, dont les deux éléments nous sont déjà bien connus, et dont, par conséquent, la signification ne saurait être douteuse.

Phrase 7 — 4.

𓏤 — P(TÈR) — ᴨ(ᴛʜᴘ).

Le signe qui est placé en tête de ce groupe est l'article singulier masculin ᴘ (ɴ, ɴɪ); cela est rendu manifeste par le membre de phrase (ligne 6) : 𓏤(ᴛʜᴘ) ᴜᴇ (ɴ) (ᴛʜᴘ) (ᴛʜᴘ)ᴛ, Dieu, fils d'un Dieu, d'une déesse (correspondant au grec ὑπάρχων θεὸς ἐκ θεοῦ καὶ θεᾶς), dans lequel le groupe 𓏤 se trouve deux fois de suite dégagé de cette lettre ᴜ , faisant fonction d'article masculin singulier, et suivi une troisième fois de l'article féminin 𓏤 , ᴛ, parce qu'il s'agit alors d'une déesse. Ce passage a de plus l'avantage de fixer d'une manière in-dubitable le sens du groupe 𓏤 , qui est évidemment symbolique, et qui, par suite, se compose d'un symbole 𓏤 , et de l'indice final qui accompagne tous les sigles ou abréviations.

Voyons actuellement à déterminer et l'origine et la prononciation de ce symbole démotique, ayant la signification Dieu ou Déesse, suivant qu'il est accompagné de l'article masculin ou de l'article féminin.

Champollion (*Gramm.*, p. 110) donne pour déterminatif des

noms de Dieux, le caractère tropique ⌐ , initiale, suivant lui, du mot ⌐⊇, qui répond au copte ноттє, Dieu.

Le savant Peyron (*Illustrazione, etc.*, Mém. de l'Acad. de Turin, t. XXXIV) a le premier reconnu que ce symbole était une hache, dont le nom était ᴛᴀp ou ᴛᴇp, et que ce même mot signifiant en égyptien Dieu, ainsi que le constate le nom démotique correspondant au mot grec Αμουρασουθηρ, de la stèle bilingue de Turin, la hache avait été tout naturellement prise pour le symbole de la divinité.

Depuis, Salvolini (*Campagne de Ramsès*, p. 94 et suiv.) est revenu sur cette intéressante question, et en adoptant pleinement l'opinion de Peyron, il l'a appuyée sur de nouvelles preuves qui me paraissent tout à fait positives.

C'est ainsi qu'il a constaté la présence extrêmement fréquente dans les rituels funéraires, du caractère la hache, accompagné de deux signes phonétiques ᴛ et ʀ (*Camp. de Ramsès*, pl. II, n° 61). « On ne « s'étonnera pas, ajoute Salvolini, de voir que la hache, signe dé- « terminatif, ait été placée devant et non pas après le mot, comme « on le pratiquait ordinairement pour cette espèce de signe : c'est « un fait qu'on observe constamment dans les textes, et auquel les « Égyptiens se conformaient par respect, lors seulement qu'il s'a- « gissait de noms ou de titres divins. Au reste, le déplacement du « signe déterminatif du mot ᴛʜp devient bien plus évident encore « lorsqu'il s'agit d'exprimer l'idée de Dieu femelle, Déesse; au lieu « de la hache, on emploie plus ordinairement dans ce cas l'image « de l'Uræus, que l'inscription de Rosette emploie isolément pour « exprimer l'idée Déesse; par surcroît de clarté, le mot ᴛʜp est « affecté alors de l'article de genre féminin ᴛ. »(⊇ᴥ).

Salvolini passe ensuite à la discussion d'un autre fait fort curieux, et qu'il établit d'une manière tout à fait satisfaisante : c'est qu'il y a une véritable liaison entre l'égyptien primitif ᴛʜp et le copte moderne ноттє. Ainsi, il rapporte le groupe ⁀⊇ʃ , extrait des inscriptions du tombeau de Ramsès V, groupe qu'il faut nécessairement lire ɴᴛ̇ʀ̇, et avec les voyelles supprimées, ɴᴏᴜᴛᴇʀ. Il ajoute, et

avec raison, que cet exemple démontre jusqu'à l'évidence que Rosellini a eu très-grand tort d'attribuer au signe ⌐ la valeur phonétique N, afin de lire NTR le groupe ordinaire ⌒⌐ , et de l'assimiler ainsi au copte moderne ΝΟΥΤΕ. Ce signe est un symbole, et
rien de plus, et lorsqu'il se présente suivi des lettres ⌒ , c'est que
le rôle de celles-ci est de fixer la prononciation de ce symbole. Quant
à l'R final, c'est cette fois encore une consonne que le temps a fait
disparaître, comme dans le mot ϨΤΩΡ, qui est devenu ϨΤΟ simplement, bien que l'on trouve encore dans les textes coptes la forme
ϨΤΩΡ elle-même. Il reste donc démontré que dans l'écriture sacrée le symbole la hache était employé pour désigner la divinité,
parce que le nom d'une hache était TAR, TER, comme celui de la
divinité elle-même, et que, par suite, le symbole, lorsqu'il se présentait dans un texte, se prononçait ΤΗΡ (1).

Que devait-il dès lors arriver tout naturellement, si ce symbole
passait dans l'écriture démotique? Il devait être accompagné de
toute nécessité de l'indice destiné à éveiller l'attention du lecteur
sur le compte des sigles ou abréviations. C'est effectivement là ce
qui a eu lieu. Le symbole la hache, avec sa prononciation ΤΗΡ et
sa signification Dieu, a été adopté dans l'écriture vulgaire, et il a
reçu, en y passant, l'indice d'étrangeté, si je puis m'exprimer ainsi,
employé dans cette écriture. C'est précisément ce symbole que nous
venons de retrouver dans le groupe qui nous occupe. Donc, ce
groupe signifie le Dieu, puisqu'il est précédé de l'article singulier

---

(1) Salvolini (*Camp. de R.*, p. 101) fait au sujet de ce mot une remarque fort curieuse.
Je copie textuellement : « Qu'il me soit permis, en terminant cette digression, d'ajouter en-
« core un rapprochement. Champollion, dans sa *Grammaire hiéroglyphique*, désigne la
« corbeille, que nous avons vue avoir la valeur de ΝΗΒ, seigneur, comme exprimant le
« baschmourique ΝΙΒΙ, tout, toute, tous (ΝΙϢ. T. ΝΙΒΕΝ. Μ.), lorsque cette corbeille est
« employée comme adjectif à la suite d'un nom. Maintenant, comparons le mot copte ΤΗΡ,
« qui signifie Dieu, au mot copte ΤΗΡ, qui signifie tout; il me paraît résulter évidemment
« de ce rapprochement que dans l'ancienne langue égyptienne, les idées : maître et tout,
« étaient synonymes. »

masculin, et il se prononçait πτηρ, comme l'autre groupe 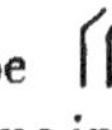, que nous avons déjà rencontré, et qui, se composant du même indice, précédé du tracé tachygraphique d'un personnage divin, emprunté à l'écriture hiéroglyphique, se prononçait aussi τηρ, ainsi que le constate la transcription grecque Αμονρασονθηρ du groupe démotique qui représente le nom de cette divinité.

Phrase 7 — 5.

 — ΗΜ — ϩυ.

La phrase grecque correspondante au texte égyptien que nous étudions en ce moment ne nous fournit absolument aucun secours pour l'interprétation de tout ce qui suit le groupe 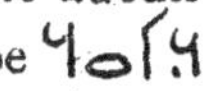, équivalent de l'expression grecque ἠγαπημένου ὑπὸ τοῦ Φθᾶ. Mais heureusement la formule de chancellerie qui accompagne le nom de Ptolémée se reproduit nombre de fois dans le texte grec du décret de Rosette, et par suite nous sommes à même de reconnaître sur-le-champ que les cinq mots égyptiens qui se trouvent placés entre l'idée : chéri de Phtah, et le nom Ptolémée, correspondent constamment aux expressions grecques θεὸς ἐπιφανὴς εὐχάριστος. Nous venons déjà de reconnaître le groupe symbolique 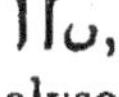, πτηρ, le Dieu; les mots dont nous allons entreprendre l'analyse doivent donc nous fournir les équivalents égyptiens des titres grecs ἐπιφανὴς et εὐχάριστος. Nous allons reconnaître que ces deux épithètes se trouvent parfaitement reproduites, mais implicitement dans une périphrase, dont le sens est d'ailleurs fort clair et fort naturel. Passons donc à l'analyse successive de tous les mots qui composent cette périphrase.

Le groupe dont nous avons à nous occuper d'abord se compose de deux lettres seulement. La première est un hori, ϩ, ainsi que nous l'avons déjà reconnu; la seconde, qui se présente à nous pour la deuxième fois, est l'μ du mot , μτο (υτο), présence, que nous avons étudié plus haut. Nous avons donc, abstraction faite des voyelles, un radical ꙁⲩ, dont il s'agit maintenant de déterminer le sens. Or, en ouvrant le lexique de Peyron, nous trouvons ⲎⲈⲘⲒ, ⲎⲘⲘⲈ (ꙁⲉⲩⲓ. Ⲙ. ꙁⲩⲩⲉ. ⲧ.), signifiant *administrare, regere, gubernâre*, d'où ⲡⲉϥⲡꙁⲩⲩⲉ et ⲡⲉϥⲡꙁⲉⲩ (1), *gubernator, rector, administrator*. Rien ne nous empêche d'adopter ce sens pour le mot égyptien 𓄿 , et nous avons ainsi le sens : le Dieu régissant, gouvernant, administrant, régnant, pour les deux groupes , PTER HM (ⲛⲧⲏⲡ ꙁⲉⲩⲓ).

Phrase 7 — 6.

ꙅ — M — ū̱.

Préposition *dans*, déjà rencontrée plusieurs fois.

Phrase 7 — 7.

— ETPE — ⲉⲧⲡⲉ.

La première lettre de ce groupe est une voyelle vague ⲁ, ⲉ, ⲟ; la deuxième est le ⲧ du mot , ETO (ⲉⲧⲟ), *père*. Les deux traits parallèles qui suivent sont un ⲉ, et le signe placé au-dessus de ces deux traits que le graveur a notablement inclinés pour gagner de la place, est le ⲡ initial du nom Ptolémée. En lisant ces caractères dans l'ordre naturel, nous avons le mot ETPE (ⲉⲧⲡⲉ), dont nous allons chercher la valeur. Or, le copte nous offre immédiatement les mots ETPE, MPETPE (ⲉⲧⲡⲉ, ⲙⲡⲉⲧⲡⲉ) qui signifient *sursùm, suprà*, lesquels sont formés tous les deux de ⲛⲉ, *cœlum, summitas*. Il serait superflu d'appuyer longuement sur la convenance de cette lecture

---

(1) Mots qui, par parenthèse, confirment mon opinion sur l'origine et le sens primitif du mot ⲡⲉϥ, lequel ne peut signifier ici : celui qui *fait*, sans impliquer pléonasme avec le radical p̄ ou ⲉⲡ, faire.

qui se démontre par elle-même. Nous avons donc ici, en joignant la préposition м qui précède, avec le mot ετρε, le composé μετρε qui ne différe du copte que par l'absence de l'article singulier masculin, et par conséquent les quatre premiers groupes de la périphrase correspondante aux mots grecs θεὸς ἐπιφανὴς εὐχάριστος, se lisent птнр ?еu ueтпe, et se traduisent tout naturellement le Dieu régnant en haut; ἐπιφανὴς veut dire à la lettre apparent, ou qui se fait remarquer au-dessus des autres : cette idée est donc réellement exprimée, mais implicitement, dans les mots égyptiens régnant en haut, régnant au-dessus.

C'est ici le lieu de faire, à propos du mot ⸂ɜ⸃ , ετρε, la remarque que nous avons faite plus haut à propos du mot ⸂⸃, ερaηou, de la phrase 2. Ce mot, composé de la particule ε, de l'article singulier р et du radical aηou, partie postérieure, aurait dû, suivant l'orthographe constante du dialecte démotique, s'écrire ⸂⸃ , l'article singulier masculin comportant ainsi la forme usitée; mais cet article, avons-nous dit, a fini par se lier si intimement au mot aꙁoꙋ, que l'on trouve en copte пeqꙁaꙁoꙋ, au lieu du régulier пeqꙁaꙁoꙋ. Cette adhérence de l'article doit donc dater de très-loin, puisque le mot égyptien ερaηou est écrit ⸂⸃ , au lieu de ⸂⸃ , et comme si l'article р faisait corps avec le radical aηou. Il en est précisément de même, je crois, pour le mot ετρε, ⸂⸃ , dans lequel l'article т se rapportant au radical рε, ciel (пе), a été écrit ⸂⸃ au lieu de ⸂⸃ , image ordinaire de cet article féminin. Quant à la particule ε, elle est exactement la même que dans le mot ερaηou; de telle sorte qu'il y a identité complète dans la formation des deux mots de la même classe, ⸂⸃,ερaηou (епaꙁoꙋ), après, par derrière, et ⸂⸃,ετρε (етпе), au-dessus. Je crois que la lecture et l'interprétation de l'un de ces deux mots analogues corroborent singulièrement l'interprétation et la lecture de l'autre. Pour ma part, j'avoue que je ne conserve aucune espèce de doute sur la légitimité de la leçon que j'ai proposée.

Phrase 7—8.

〈ᴜᴌᴜᗨ⚹ — NKHRDJRT — ⲛϩⲉⲣⲭⲓⲣⲧ.

Le groupe que nous avons actuellement à étudier demande d'a-
bord à être dégagé des particules qui l'accompagnent, et nous
allons voir qu'il faut immédiatement le dépouiller du premier et
du dernier signe. En effet, le premier n'est autre chose que celui
que nous avons déjà reconnu comme l'image constante du pronom
possessif de la troisième personne, son, sa, ses. Le dernier qui
est le ᴛ ordinaire, n'est autre chose que l'article singulier féminin
rejeté à la fin du mot dont il sert à caractériser le genre. Mais c'est
là ce qu'il faut avant tout démontrer.

Dans la ligne 28 nous trouvons le mot ❘ᴜᴌᴜᗨᲒ représentant
l'idée: les bienfaits, qui n'est autre chose que le pluriel du substantif
féminin 〈ᴜᴌᴜᗨ, 8ᵉ mot de notre phrase 7.

Dans la ligne 21, les mots : ❘⚹⚹❘ᴜᴌᴜᗨ ❘⌐ᴌᲒ ᴜᴊ❘ , et les
autres bienfaits en général, répondant aux mots grecs καὶ τ' ἄλλα
ἀγαθὰ πάντα de la 35ᵉ ligne, contiennent encore le même mot
❘ᴜᴌᴜᗨ , au pluriel, mais devant lequel cette fois on n'a plus
placé l'article Ჲ , ɴ, parce que celui-ci se trouvait déjà dans le
groupe ❘⌐ᴌᲒ , les autres, qui précède, ce qui, soit dit en passant, justifie pleinement la valeur que j'ai assignée au caractère Ჲ ,
initial des groupes écrits au pluriel.

Nous avons donc le droit de séparer aussi l'article féminin
final 〈 du groupe en question, lequel, en définitive, reste sous la
forme ᴜᴌᴜᗨ ; c'est donc cette forme que nous avons actuellement à étudier. Or, quatre articulations essentielles ne peuvent
avoir formé un radical primitif d'une langue monosyllabique comme
la langue égyptienne ; nous pouvons donc encore admettre *à priori*
que le mot qui nous occupe est un composé de deux radicaux distincts. Nous allons voir en effet que le mot ᴜᴌᴜᗨ se compose
de deux groupes ᴜᗨ et ᴜᴌ, dont nous aurons à chercher sé-

parément la signification, pour obtenir finalement celle du composé qu'ils constituent.

A la ligne 19, il est question des honneurs à rendre à Ptolémée, et après avoir mentionné les panégyries, les sacrifices et les libations, le texte égyptien porte : ⟦𝕏⟧, et toute autre offrande à donner. Le grec (ligne 32) porte καὶ τῶν ἄλλων τῶν νομιζομένων. Dans la même ligne, il est question des bienfaits accordés aux temples et à l'Égypte; à la place du grec τὰ τίμια, les récompenses, le texte démotique offre le mot ⟦𝕏⟧, ou ⟦𝕏⟧, qui n'est évidemment que le pluriel du mot déjà trouvé ⟦𝕏⟧, offrande ou don d'affection. Cette même expression se représente aux lignes 20 et 21, sous les deux formes ⟦𝕏⟧ correspondant au grec τὰ τιμιότατα et ⟦𝕏⟧ avec la valeur τὰ τίμια déja montrée (ligne 19).

Ligne 24, nous lisons : ⟦𝕏⟧, qu'on accomplisse pour elles toutes les autres cérémonies (pour offrandes) légales, à la place du grec καὶ τ' ἄλλα τὰ νομιζόμενα συντελεῖν.

La même expression égyptienne revient encore ligne 29 pour représenter le grec τὰ νομιζόμενα, désignant tous les actes d'adoration autres que les sacrifices et que les libations.

Enfin, à la ligne 30, la même énumération de cérémonies religieuses est encore écrite, et cette fois au grec καὶ τ' ἄλλα τὰ καθήκοντα l'égyptien substitue : ⟦𝕏⟧, c'est-à-dire toute autre offrande d'affection à donner.

De la comparaison de tous ces passages, il résulte que le mot masculin ⟦𝕏⟧ doit signifier ce que signifie le grec τίμιον, c'est-à-dire prix, récompense, ou mieux don, cadeau, bienfait, offrande.

Ce radical ⟦𝕏⟧ que nous allons d'abord chercher à lire matériellement, est, je n'en doute pas, la première partie du composé ⟦𝕏⟧ qu'il s'agit d'expliquer.

La deuxième lettre nous est connue, c'est un R; mais la première se présente ici pour la première fois : établissons donc sa valeur alphabétique.

Cette lettre ayant précisément la même forme que le ϧ des Coptes. nous sommes autorisés à essayer avant tout si cette valeur est admissible. Or, c'est précisément ce qui arrive; car, partout où ce caractère égyptien se présente, la lettre copte à lui substituer pour obtenir un sens convenable, est toujours le ϧ.

Ainsi, ligne 16, nous trouvons la mention des rebelles réunis ....ꓘ, pour affliger par les troubles ceux qui refusent de se soumettre à eux; et le mot ⳩ , KHODJ, est le radical ϧⲱϫⲉ, qui signifiait comprimer, affliger, opprimer, puisque l'intensif copte ⲋⲟϫⳡⲝ, ⲋⲉϫⲋⲱϫ, ⲋⲉϫⲋⲟϫ, a précisément le sens *premere, comprimere, arctare, affligere*, et que le ⲋ et le ϧ sont deux lettres qui se remplacent mutuellement sans difficulté.

Dans les lignes 21 et 22, plusieurs fois de suite l'expression grecque τῶν γονέων αὐτοῦ, pour : ses parents, et pour : ses aïeux, est rendue par ꓘ, et par ꓘꓘ, ceux ayant été avant lui, et ceux ayant été avant ceux ayant été avant lui. En copte, le mot ϧⲁϫⲱϥ signifie avant lui, littéralement sur la tête de lui; et de ce mot est venu le composé ⲫⲏⲉⲧϧⲁϫⲱϥ, signifiant mot à mot *ille qui est antè caput ejus*, et par extension *anterior ei, qui est antè eum*. Peut-être ce composé ϧⲁϫⲱ est-il un mot moderne qui n'a été formé avec l'adjonction du mot ϫⲱ, *caput*, que pour distinguer les cas où la préposition ϧⲁ signifiait *avant*, de ceux où elle signifiait *sur*. Quoi qu'il en soit, la valeur ϧ attribuée au caractère égyptien ⳩ est encore bonne dans ce cas. Nous allons voir maintenant que le mot ⳩ , KHER (ϧⲉⲣ) lui-même nous offre précisément un sens qui convient ici. Nous avons en copte le radical DJER (ϫⲉⲣ. M.) qui signifie *dissipare, disperdere;* il se présente aussi sous la forme ϫⲱⲱⲣⲉ ⲉⲃⲟⲗ. M. ϫⲟⲟⲣ ⲉⲃⲟⲗ, ϫⲱⲱⲣⲉ ⲉⲃⲟⲗ, ϫⲟⲟⲣⲉ ⲉⲃⲟⲗ. T., *dissipare, disperdere, spargere, diffundere, diffundi, dividi.* (Par exemple: ϫⲱⲱⲣⲉ ⲉⲃⲟⲗ ⲛ̄ ⲛ̄ϣⲁϫⲉ, *prolixus esse in verbis, diffundere orationem.*) Nous savons que les deux lettres ϭ et ϫ se rencontrent fort souvent l'une à la place de l'autre; et cependant le lexique de Peyron ne nous fournit pas

les formes ϲⲉⲣ, ϲⲱⲣ, ϲⲟⲟⲡⲉ du radical ϫⲉⲣ, ϫⲱⲣ, ϫⲱⲱⲣⲉ, prononcé plus durement; en revanche nous trouvons les mots memphitiques ϧⲉⲣ ⲉⲃⲟⲗ, ϧⲟⲣ ⲉⲃⲟⲗ, ayant le sens *perdere*, *vastare*, et
il serait difficile de ne pas reconnaître sous cette nouvelle forme
le même radical ϫⲉⲣ. Celui-ci s'est donc écrit également ϧⲉⲣ, ϧⲟⲣ,
et ϫⲉⲣ, ϫⲟⲣ, et il a eu le sens primitif *dissipare, spargere, disperdere, diffundere, perdere*.

Je n'hésite pas à retrouver notre mot ﻛﺮ , KHER (ϧⲉⲣ) dans
ce radical, en lui attribuant le sens de don, de libéralité, de profusion. Nous allons voir tout à l'heure que ce sens peut, et doit
même être admis; mais pour cela il faut préalablement passer à
l'analyse de la seconde partie du mot ﻛﺮﺟﺮ . Elle se compose
des deux lettres bien connues ⲇⲓ et ⲣ (ϫⲣ). Voyons s'il existe un
autre radical ϫⲉⲣ ayant un sens différent du copte ϫⲉⲣ ou ϧⲉⲣ, signifiant dissiper, répandre, perdre. Nous trouvons effectivement
ϫⲏⲣ, *jocus, luxus, deliciæ*, et si nous adoptons ce sens, nous pouvons considérer notre composé ﻛﺮﺟﺮ , KHERDJER, comme
signifiant littéralement *dissiper délices, répandre délices;* c'est-à-
dire délices de répandre, de dépenser, ou magnificence.

Ce qui légitime cette explication, que l'on pourrait au premier
abord regarder comme beaucoup trop subtile, c'est l'existence,
dans le copte, d'un mot de composition parfaitement analogue,
mais que l'on n'a pas compris jusqu'ici; ce mot est celui par lequel
on désigne un avare. En effet, avare se dit ⲗϥϭⲓⲣ, et le savant
Peyron me paraît s'être trompé en disant (p. 16, verbo ⲗϥϭⲓⲣ) *quasi
muscarum speculator, explorator*, à ϫⲏⲣ. Quelque effort que j'aie
fait, je n'ai pu saisir le moindre rapport entre l'idée avare et celle
que Peyron a cru retrouver dans le mot ⲗϥϭⲓⲣ. Heureusement
l'égyptien est venu à mon secours, et il m'a fait, je crois, deviner
le véritable sens de ce mot, sens que chacun, je l'espère, trouvera
fort naturel. En copte, ⲗϥ, ⲗⲁϥ, ⲁⲃ (ⲧ. ⲙ.), signifie abeille, tandis
que dans le décret démotique de Rosette, plusieurs fois le mot 𐍄𐌆𐌆,
(ⲗⲁϥ) comporte forcément le sens de réunion, de rassemblement. Il

me paraît donc fort probable que de l'idée de l'abeille, vivant en
essaim, les Égyptiens auront tout naturellement passé à l'idée même
d'essaim, de réunion; et de deux choses l'une : ou du nom de l'a-
beille ils auront fait le verbe ayant le sens de se réunir, ou du verbe
ayant le sens de se réunir, se rassembler, ils auront fait le nom
de l'abeille. Ce qui est certain, incontestable, ainsi que nous ne tar-
derons pas à nous en convaincre, c'est que le mot égyptien ꞋⳄⳄ
signifie amasser, assembler, réunir, accumuler. Dès lors le mot
ⲁϥⲭⲓⲣ, avare, signifiait littéralement amasser-délices, et par suite
l'avare était pour les Égyptiens celui qui faisait ses délices d'amasser.
Revenons maintenant au mot expliqué, ayant le sens : munificent,
généreux, libéral; c'est ϧⲉⲣⲭⲓⲣ. Il est clair que ce mot exprime
exactement l'opposé de ⲁϥⲭⲓⲣ, de même que les deux radicaux ϧⲉⲣ
et ⲁⲁϥ expriment les deux idées diamétralement opposées : dissiper
et amasser. Y a-t-il rien de plus logique, je le demande, que le choix
des expressions que je viens d'analyser? Et quels noms plus justes
eût-on pu donner à la munificence et à l'avarice, que ceux de bonheur
de dépenser et de bonheur d'amasser. Je n'insisterai pas sur le sens
de ces deux mots, et je crois en avoir assez dit pour faire partager
à tous mes lecteurs ma conviction sur la valeur du groupe ⲟⲗⲟϧ .

En résumé, ce groupe, qui est un substantif féminin, a le sens de
munificence, parce qu'il se décompose en deux parties, dont l'une,
qui signifie dépenser, répandre, se lit KHER, et dont l'autre, qui se lit
DJER, signifie joie, délices, bonheur. De plus, le premier de ces deux
radicaux se rencontre fréquemment isolé dans le texte démotique du
décret de Rosette, avec le sens précis de don, de présent, d'offrande.

Revenons enfin au groupe muni de la particule possessive, et
rattachons-le aux mots qui le précèdent. Nous avons, à n'en pouvoir douter : le Dieu régnant en haut par sa munificence, pour
exprimer les mots grecs θεὸς ἐπιφανὴς εὐχάριστος; nous avons dit déjà
que l'idée ἐπιφανὴς était bien représentée par les mots égyptiens
ⲌⳆ ⳘⲌⳚ , HEMI EMETPE (ϩⲉⲙⲓ ⲛ̄ ⲉⲧⲡⲉ), régnant au-dessus
ou en haut. C'est le mot ⟨ⲟ ⲗ ⲟ ϧ ⟩ , NKHERDJERT, par sa muni-

ficence, qui reproduit fort convenablement l'idée εὐχάριστος, gracieux, agréable.

Phrase 7 — 9.

$|$ (⟨ιιϱιιιϽɿⲌ2⟩) — (PTLOMIS) $|$ — (ΠτΑωιιⲓⲥ) $|$.

Ptolémée.

Il est certain, par le contexte de cette phrase, qu'elle est destinée à établir la filiation de Ptolémée Épiphane, fils de Ptolémée et d'Arsinoë Philopators; mais aucun signe n'exprime cette filiation. La particule de flexion ordinaire manque elle-même, et la position respective des noms propres suffit pour fixer la descendance du personnage nommé le premier.

Phrase 7 — 10.

ⲟⲚ — ÈR — ⲎⲢ.

Les deux lettres qui composent ce groupe nous sont connues, et nous obtenons immédiatement la transcription ÈR. De plus, l'inspection toute matérielle du texte démotique du décret de Rosette nous démontre que ce mot joue constamment le rôle de la copulative et ou avec. Cependant, le copte ne nous offre plus aucune trace de l'emploi de cette particule, qui s'est complétement perdue. En revanche, l'écriture hiéroglyphique nous apprend que cette conjonction était également en usage dans le dialecte sacré.

En effet, Champollion a reconnu et constaté, par l'étude d'un grand nombre d'exemples fort précis, que l'écriture hiéroglyphique employait indifféremment, avec le sens de la préposition avec, ou de la conjonction et, un mot ⲻ se présentant aussi sous les formes équivalentes ⲻ , ⲻ , ⲻ , ⲻ, ou ⲻ, et se lisant constamment ⲎⲈⲢ (ϩⲣ). Il est bien clair que cette conjonction du dialecte sacré ne diffère de celle qui est usitée dans le dialecte vulgaire que par l'addition d'une aspiration initiale. Mais comme nous avons déjà vu, à propos de la préposition ⲟ, ⲟⲩ, que les textes sacrés fournissaient des exemples de l'emploi de cette préposition avec une aspiration initiale ⲍⲟⲩ, forme de laquelle procède sans aucun doute le préposition copte ⲍⲛ, il n'y a rien de bien étrange à proposer l'assimilation des deux mots ⲏⲣ et ⲍⲉⲣ, ayant très-certainement la même signification.

Salvolini (*Anal.*, etc., p. 108), en s'occupant du texte hiéroglyphique du décret de Rosette, s'est trouvé dès l'abord obligé d'analyser le mot ⲍ, qu'il lit Ⲏⲣⲁ, et, avec. Voici comment il s'exprime : « Ce mot remplit toujours les fonctions de conjonction ; nous verrons que le texte démotique le remplace dans ces différents endroits par une transcription exacte du copte ⲟⲩⲟⲍ, ⲁⲧⲱ, que l'on sait avoir précisément la signification de et, avec, *etc.* (Cf. Dém., XI, 2 *et passim.*) » D'abord, en recourant au mot indiqué par cette note entre parenthèses, je tombe sur la particule ⲋⲛ, tout à fait différente de la particule ⲟⲩⲛ, équivalent constant de la conjonction et, dans le texte démotique du décret de Rosette. Mais admettons que cette dernière particule eût été bien indiquée, je ne demanderais pas moins comment il serait possible de la lire à la fois ⲟⲩⲟⲍ et ⲁⲧⲱ, formes dont Salvolini prétend qu'elle est une transcription exacte. Cette assertion me semble plus que hasardée, et je défie de prouver que ce groupe présente autre chose que la syllabe ⲉⲣ.

Sans admettre dans tout ce qu'elle a d'absolu, la théorie que Salvolini développe pour établir que la conjonction égyptienne ⲋ ou ⲍ n'est autre chose que le mot ⲍⲣⲁ, *facies, vultus*, des Coptes, mot à l'aide duquel se forment plusieurs prépositions, je crois devoir renvoyer le lecteur aux pages 108 et suivantes de son analyse grammaticale. Peut-être y puisera-t-il plus de conviction que moi-même ; mais ce qu'il y trouvera à coup sûr, c'est la nécessité d'attribuer aux groupes sacrés et démotiques ⲋ et ⲟⲩⲛ , Ⲏⲉⲣ et ⲉⲣ (ⲍⲉⲣ et ⲏⲣ)

22

la double valeur de la conjonction et, et de la préposition avec (1).

***

Phrase 7 — 11.

|(ⵣ ꓷ ⲓⲓⲓ ⟨ⲓⲓ ⟋ ⲩ) — (ARSINE) | — (Ⲁⲣⲥⲓⲛⲟⲉ) | .

Nous avons encore ici un nom royal inscrit dans un cartouche, et les lettres qui composent ce nom sont, la première un ᴀ, ainsi que cela est rendu évident par l'analyse des noms propres d'Aietus, ⟨ⲓⲓ ⌈ ⵎ ⲓⲓⲓ ⲩ , Aietos (Ⲁⲓⲉⲧⲟⲥ), d'Areïa, ⲓⲓⲓ⟋ⲩ , Aria (Ⲁⲣⲉⲓⲁ), et d'Alexandre, ⲙ ⲩ ⲩ⟋ⲩ , Alksantrs (Ⲁⲗⲉⲕⲥⲁⲛⲧⲣⲟⲥ), tirés des premières lignes du décret de Rosette, ainsi d'ailleurs que le cons- tatent à chaque instant les transcriptions grecques du manuscrit de Leyde. La seconde lettre est un ʀ, ainsi que nous l'avons reconnu dans les deux mots ⲁⲓⲓⲓ⟋ꓷ , ᴍᴇʀɪʜ (ⲙⲉⲣⲓⲏ), demeure du jour, et ⵣⲩ⟋ⵎ , ᴅᴊʀᴏᴋ (ⲭⲣⲟⲕ), victoire, de la deuxième ligne. La troisième est l's ordinaire; la quatrième, un ɪ; la cinquième, l'ɴ des noms Philinus, ⟨ⲓⲓ ꓷ ⲓⲓⲓ ⟋ ⲓⲓⲓ ⵣ , Pɪʟɪɴs (Ⲡⲓⲗⲓⲛⲟⲥ), de Bérénice, ⲓ⟋⟨ⲓⲓⵎ ꓷ ⟋⟋ , Bʀɴɪᴋᴇ (Ⲃⲉⲣⲉⲛⲓⲕⲉ), et de Diogène, ⟨ⲓⲓ ꓷ⟋⟨ⵣ ⲓⲓⲓ ⟋ , Tɪᴏᴋɴs (Ⲧⲓⲟⲕⲉⲛⲉⲥ) de la ligne 3. Enfin, la dernière est une voyelle vague ᴀ, ᴇ, ᴏ. En réunissant ces valeurs, nous avons le nom Aʀsɪɴᴇ, qui est bien évi- demment le nom de la reine Arsinoë, mère d'Épiphane.

***

Phrase 7 — 12.

ⵣ ⌈ ⵢ ⵣ — ɴ(ᴛᴇ̀ʀ)ᴏᴜ — ⲙ(ⲧⲏⲣ)ⲟⲧ. — Dieux.

---

(1) Salvolini (loc. cit.) affirme que les mots thébains ⲥⲣⲁⲓ , ⲥⲣⲁⲕ , ⲥⲣⲁϥ signifient : avec moi, avec toi, avec lui. Je ne sais où il a pris cette notion grammaticale; mais ce que je sais, c'est que ⲥⲣⲁⲓ, ⲥⲣⲁⲕ, ⲥⲣⲁϥ , abstraction faite des pronoms affixes, se traduisent nettement par ad faciem pour obviàm, ou par coràm : toute autre signification m'est inconnue.

Phrase 7 — 13.

𓅱 ⌈𓄿⊥𓏏𓃀 — RAFETO $\frac{T}{3}$ — ΠΑϙΕΤΟ $\frac{T}{3}$. — Philopators.

Ce groupe, que nous avons analysé déjà, en nous occupant de la phrase qui commence la seconde ligne du texte démotique, se présente cette fois sous une forme un peu différente. Ainsi, le caractère initial ⌒ est écrit ici 𓂦, et la voyelle ⎮, initiale du mot ⌈𓄿⎮, est écrite ⊥. Nous ne pouvons donc nous dispenser d'insister sur ces variantes, dont j'ai ailleurs constaté l'existence sur le plâtre déposé à la Bibliothèque royale. Il n'est pas douteux que les signes ⌒ et 𓂦, ⎮ et ⊥ remplissaient le même rôle; l'existence des deux variantes du groupe ayant le sens de Philopator le démontre suffisamment. Peut-être le signe 𓂦 n'est-il qu'un ʀ lié à la voyelle ⎮, qui entrait dans le mot 𓃒⎮⌒, écrit constamment ailleurs 𓃒𓄿⌒, avec la voyelle intermédiaire exprimée. Peut-être aussi la barre verticale qui surmonte le signe ⌒ n'est-elle là que par suite d'une faute du graveur, qui, croyant avoir déjà ciselé ⌒, aura commencé le ϙ qui suit cette lettre, et ne se sera aperçu de sa faute que lorsqu'elle était à demi faite; revenant alors sur ses pas et ne pouvant sans inconvénient effacer le trait fautif déjà gravé, il aura, sans s'en inquiéter autrement, remis à sa véritable place la lettre qu'il avait omise. J'aurai trop souvent l'occasion de signaler des erreurs de gravure manifestes, pour que je craigne d'être taxé de témérité lorsque j'expose cette hypothèse (1).

Quant au signe ⊥, c'est un homophone de la voyelle ⎮. Cela n'est pas douteux; et comme ce signe se reproduira plusieurs fois dans le texte du décret démotique, il n'est pas possible, pour expliquer la forme qu'il affecte, d'invoquer encore cette fois un *lapsus scalpri*. D'ailleurs, le même groupe contenant la même lettre ⊥ à la place de ⎮, se représente au commencement de la ligne 3, et ce

---

(1) Ceci était écrit lorsque j'ai retrouvé ce même signe dans des proscynèmes démotiques ; il faut donc s'en tenir à la première hypothèse qui du trait vertical fait la voyelle liée à l'articulation ʀ.

fait suffit pour démontrer que le caractère en question a bien été ciselé comme le graveur l'a voulu.

Nous sommes arrivés au bout de la septième phrase du texte dé- motique, qui, transcrite en lettres coptes avec restitution des voyelles, des articles et des particules de flexion supprimées, devient :

(Πτολουειοc)| ωχετ, Ϥ(ταϩ)ραϥ, π(τηρ) ϩευι υετπε ⲛϩⲉⲣⲭⲓⲣⲧ ,
(ⲛ) (Πτολουειοc)| ηⲣ (Ⲁⲣⲥⲓⲛⲟⲉ)| , ⲛ(τηⲣ)ⲟⲧ ⲣⲁϥⲉⲧⲟ $\frac{3}{\tau}$,

et se traduit :

Ptolémée, toujours vivant, chéri de Phtah, le Dieu régnant en haut par sa munificence, (fils de) Ptolémée et d'Arsinoë, Dieux Philopators.

C'est donc avec raison que j'ai affirmé, avant d'entamer l'analyse de cette phrase, que le texte grec correspondant ne tenait compte que des premières expressions, puisqu'on n'y lit que Πτολεμαίου αἰωνοβίου ἠγαπημένου ὑπὸ τοῦ Φθᾶ.

<hr/>

2ᵉ ET 3ᵉ LIGNE.

<hr/>

Phrase 8.

Texte égyptien :

Texte grec :

Ἐφ' ἱερέως Ἀετοῦ τοῦ Ἀετοῦ Ἀλεξάνδρου , καὶ θεῶν Σωτήρων, καὶ θεῶν Ἀδελφῶν, καὶ θεῶν Εὐεργετῶν, καὶ θεῶν Φιλοπατόρων, καὶ θεοῦ Ἐπιφανοῦς Εὐχαρίστου.

Le texte égyptien doit être scindé de la manière suivante :

Il se transcrit en lettres coptes :

(Ⲟⲩ.ⲁ) (Ⲁⲗⲕⲁⲛⲧⲣⲥ)|, ⲏⲣ ⲛ(ⲧⲏⲣ)ⲟⲩ ⲓⲓⲛⲍⲩⲣⲉ, ⲏⲣ .... ⲡⲣⲭⲓⲓ, ⲏⲣ ⲛ(ⲧⲏⲣ)ⲟⲩ ⲣⲕⲉⲧⲟ⸗ᵢ, ⲏⲣ ⲓⲓⲁⲧⲱⲁⲣ (Ⲡⲧⲁⲟⲩⲓⲟⲥ)| ⲡ(ⲧⲏⲣ) ⲍⲩ ⲓⲓⲉⲧⲛⲉ ⲛⲃⲡⲣⲭⲣⲧ Ⲁⲓⲉⲧⲟⲥ.ⲣ Ⲁⲓⲉⲧⲟⲥ.ⲣ,

et se traduit mot à mot :

(Étant) prêtre d'Alexandre, et des Dieux sauveurs et. . . . . . Évergètes et des Dieux Philopators, et du Roi Ptolémée, le Dieu régnant en haut par sa munificence, Aietus (fils d') Aietus.

Nous allons voir, en procédant à l'analyse de cette phrase, qu'il est fort aisé de restituer la lacune qui existe au commencement de la troisième ligne.

Phrase 8 — 1.

ⲟⲩ.ⲁ — OU.A — ⲟⲩ.ⲁ.

Le groupe qui commence la phrase 8 est un de ceux que l'on rencontre le plus fréquemment dans le décret de Rosette, comme dans les protocoles de tous les contrats démotiques, et cependant nous allons voir qu'il est encore difficile d'en fixer la lecture matérielle. Quant au sens réel qu'il comporte, rien n'est moins douteux. Ce groupe signifie prêtre dans le décret de Rosette et dans les contrats; mais de plus, dans le papyrus 36 de Berlin, il représente très-certainement l'idée : momies, cadavres embaumés et purifiés; en un mot, il correspond au mot νεκρὸς de l'antigraphe grec. Il était tout naturel de conclure de là que ce mot devait signifier : pur, et qu'il était l'image du mot copte ⲟⲩⲏⲃ, ayant le sens de purifié, et, par extension, de prêtre. Mais ici se présente une autre difficulté : le mot ⲟⲩⲏⲃ, dans les textes coptes chrétiens, est destiné à représenter l'idée prêtre; n'est-il donc pas naturel de penser que ce mot a été substitué au mot égyptien primitif, qui servait à désigner les prêtres du paganisme, lorsqu'après le triomphe de la religion chrétienne, les Coptes prirent le parti évident de repousser de leur

idiome tous les mots qui, de près ou de loin, pouvaient rappeler
les pratiques de l'idolâtrie? A ce compte, on s'explique avec peine
que les prêtres chrétiens aient consenti à porter le même nom que
les ministres du culte renversé, et cependant nous allons reconnaître que ce fait est vraisemblable, et qu'il donne, pour ainsi dire,
l'exception unique à la règle générale qui fit oublier tous les mots
égyptiens ayant trait à la religion païenne.

Mais avant de passer à l'analyse du groupe démotique, examinons
le groupe hiéroglyphique, qui est constamment l'image de la même
idée. Le Dictionnaire de Champollion, p. 35, nous offre le groupe
〔𓏤〕 , qui, à en juger par le membre de phrase extrait du
décret de Rosette (ligne 13), représente certainement l'idée prêtre,
𓏤 𓏤/𓏤 𓏤, le prêtre du Dieu manifesté. Champollion transcrit ce groupe ouêb et ouab, et le traduit par : purifié, pur. Quelquefois ce groupe est suivi du déterminatif 𓈖𓈖𓈖 , de l'eau.

Évidemment, le petit personnage accroupi au-dessous d'un
vase duquel de l'eau s'échappe, est bien dans l'attitude d'un homme
qui fait une ablution, qui se purifie, et cette idée a dû forcément
conduire à la lecture ouêb de ce groupe symbolique, parce que
ouêb, qui signifie purifié, signifie aussi prêtre en copte, et que le
groupe en question représente infailliblement l'idée prêtre.

En conséquence, Champollion, pour expliquer phonétiquement
ce groupe, donne au caractère 〔𓏤〕 la valeur ou (Gr. Alph., n° 26),
valeur qui du reste se trouve justifiée par la variante 〔𓏤𓈖𓈖〕 du
verbe 〔𓏤𓈖𓈖〕 , se lisant oub pour ouab. (Grammaire, p. 376,
et Précis, 1ʳᵉ édit., nᵒˢ 306, 307.) Salvolini (Anal., p. 18 et 54)
donne également à ce caractère la valeur ou, et il s'exprime ainsi à
son sujet :

« (54) ou, r, caractère représentant un vase duquel s'échappe un
« liquide. Le Rituel gnostique du musée de Leyde (col. XVIII, recto)
« offre la forme hiératique ou démotique 𓏤 de ce signe transcrit
« interlinéairement par ou ou r dans le mot ouomi. Notre caractère
« sert toujours d'initiale aux groupes hiéroglyphiques exprimant les

« idées : pur, *purus*, être pur, en copte ⲟⲩⲏⲃ. Le groupe hiérogly-
« phique ⟨⟩ , très-fréquent dans les textes, offre même tout entier
« la transcription de ce mot copte (1). »

Un peu plus loin enfin (H. 11-27, p. 239), Salvolini analyse le
groupe hiéroglyphique prêtre, et il établit d'une manière fort plausible que ce groupe se prononçait ⲟⲩⲏⲃ. Ceci n'est donc pas contestable et demeure acquis à la science. Le groupe hiéroglyphique
représentant l'idée prêtre se prononçait ⲟⲩⲏⲃ, et ce mot avait déjà,
par conséquent, la signification que les Coptes chrétiens lui ont
conservée. Passons actuellement à l'étude du groupe démotique qui
représente constamment l'idée double de prêtre et d'homme pur.
Le texte du décret de Rosette nous offre ce groupe sous la forme
⟨⟩ ; mais cette forme est loin d'être la même dans tous les écrits
démotiques parvenus jusqu'à nous. Ainsi, le papyrus de Berlin nous
présente les groupes prêtre et prêtresse écrits ⟨⟩ et ⟨⟩, et le
manuscrit de Leyde à transcriptions grecques nous offre nombre de
fois ce même groupe sous la forme ⟨⟩ (col. XIV, *recto*, ligne 1 ;
col. XVIII, *recto*, ligne 1). Il est réellement impossible de ne pas
reconnaître alors une simple copie tachygraphique du groupe hiéroglyphique ayant la même valeur. Nous sommes donc amenés forcément à conclure que le même groupe à demi phonétique, à demi
symbolique, qui, dans l'écriture sacrée, fut destiné à représenter
l'idée : prêtre, passa dans l'écriture vulgaire pour y jouer exactement le même rôle. Mais par cela même qu'il s'agissait de représenter une idée extrêmement vulgaire et rattachée à tout le système
religieux des Égyptiens, nous pouvons penser que l'emploi d'une

---

(1) Après avoir lu ce passage, j'ai dû recourir au texte du manuscrit de Leyde, afin d'y
constater par mes propres yeux, ce qui est toujours prudent, l'exactitude de la citation de
Salvolini. J'ai eu le chagrin de reconnaître ainsi que cette citation était tout à fait inexacte.
Le manuscrit de Leyde ne contient pas à la colonne XVIII, et ne contient nulle part ailleurs,
la transcription ⲟⲩⲟⲁⲓ d'un mot démotique fournissant la valeur ⲟⲩ ou bien ⲧ du signe
⟨⟩ . Il est préjudiciable à la science d'abuser de la sorte de la confiance de son lecteur, et
l'emploi de pareils moyens de démonstration mérite tout au moins un blâme sévère.

sigle dans ce cas devenait la chose du monde la plus naturelle.

Maintenant, qu'y a-t-il de symbolique, qu'y a-t-il de phonétique dans le groupe tel qu'il se rencontre dans le décret de Rosette? Je ne me sens pas de force à le définir. Si le caractère hiéroglyphique ⌠⁰ a reçu la valeur oτ, par cela seul qu'il était le signe supérieur de ce groupe symbolique qui se prononçait oτнв, il peut fort bien être arrivé que le signe démotique ʔ ait reçu la même valeur alphabétique, par la même raison. Remarquons que dans certains protocoles des manuscrits de Berlin publiés par Kosegarten, ce caractère prend la forme ⟩ , et comme précisément ce signe ⟩ reçoit fréquemment la transcription oτ dans le manuscrit de Leyde, il y a dans ce fait, ce me semble, un argument en faveur de l'attribution du son oτ au caractère ʔ du décret de Rosette. Quant au second signe, s'il est phonétique, c'est à coup sûr une voyelle vague. Le groupe en question pourrait donc se lire alors oτʌ, oτн, oτe, et nous obtiendrions ainsi une véritable abréviation du mot oτнв, purifié, prêtre.

Mais tout ceci n'est qu'une pure hypothèse. Il est plus sage, je crois, de ne voir dans le groupe démotique qu'une simple dégénérescence du groupe hiéroglyphique destiné à peindre la même idée.

Quoi qu'il en soit, il paraît probable que les Égyptiens prononçaient ce groupe oτнв; malheureusement, c'est là un fait indémontrable, et qu'il faut admettre en désespoir de cause, jusqu'à ce que quelque trait de lumière inespéré vienne éclaircir cette question. Nous remplacerons donc partout ce groupe par le mot oτнв, mais en ayant soin de placer celui-ci entre parenthèses, afin de marquer nettement que notre intention n'est pas de le donner comme une transcription certaine et incontestable.

Phrase 8 — 2.

|(⊜⊻⊹⊘) — (Alksantrs) | — (Ⲁⲗⲉⲕⲥⲁⲛⲧⲣⲟⲥ) |.

De tous les caractères qui entrent dans la composition de ce nom propre, le troisième seul est encore indéterminé; mais comme il se présente aussi dans les noms Bérénice, ⟨⟩, Brnike, et Diogènes, ⟨⟩, tiokns (ligne 2), il devient évident qu'il comporte le son de notre k. Nous avons donc le groupe Alksantrs écrit dans un cartouche royal, et, par conséquent, il est impossible de méconnaître le nom d'Alexandre.

———

Phrase 8 — 3.

ꞮꞮ — èr — ⲏⲣ. — Et.

———

Phrase 8 — 4.

⟨⟩ — n(tèr)ou — ⲛ(ⲧⲏⲣ)ⲟⲩ — Des Dieux.

———

Phrase 8 — 5.

⟨⟩ — mnhmre? — ⲙⲛⲉⲩⲣⲉ?

Le sens de ce groupe est parfaitement déterminé par la place qu'il occupe non-seulement ici, mais encore dans un autre passage du décret de Rosette. Chaque fois il correspond au mot grec Σωτήρ, et il signifie, par conséquent, sauveur, conservateur, protecteur.

Il n'en est malheureusement pas de même pour la forme matérielle des caractères qui le composent; et, en effet, nous allons voir que ce mot n'est pas écrit deux fois de la même manière.

23

A la ligne 22, où il est encore fait mention des Dieux sauveurs, le groupe en question est orthographié 〔〕.

Enfin à la ligne 20, dans l'énumération des biens que les Dieux sont dits avoir accordés à Épiphane pour le récompenser de sa conduite généreuse envers les prêtres.et l'Égypte entière, nous trouvons ὑγίειαν, la santé, et à ce nom correspond le groupe démotique 〔〕, qui est évidemment un substantif singulier masculin, muni de l'article déterminatif.

Ajoutons qu'à la fin de la ligne 2 la pierre est un peu usée; car le groupe Dieux, qui précède le mot dont nous nous occupons, a été totalement enlevé. A la ligne 22, le trait est fort net et bien conservé. Cette fois donc, nous pouvons nous fier à la forme matérielle du mot. Enfin, à la ligne 20, il y a encore, comme dans la deuxième, de légères mutilations qui font craindre avec raison que le texte ne soit altéré, dans la copie publiée par la commission d'Égypte. Nous ferons donc sagement de reporter toute notre attention sur le groupe tel qu'il se présente à la ligne 22.

Voyons si le tracé de cette variante se trouve confirmé par la lecture des contrats démotiques.

Le papyrus 36 de Berlin (Koseg., pl. IX) nous donne le groupe. . . . . 〔〕

Le papyrus 38 a de Berlin (Koseg., pl. XII). . 〔〕

Le papyrus 39   id.   (id.). . . . . . 〔〕

Le papyrus 40   id.   (id.). . . . . . 〔〕

Le papyrus 45   id.   (id., pl. XIII). 〔〕

Le papyrus de Grey (Young, *Dict.,* pag. 18). 〔〕

Les deux copies de Paris du même contrat. 〔〕 et 〔〕

Le papyrus c de Grey. . . . . 〔〕

Un papyrus de Paris (Young, p. 28). . . . . . 〔〕

Le papyrus 46 de Berlin. . . . . 〔〕

Un papyrus de Turin (Young, pag. 32). . . . 〔〕

Que pouvons-nous conclure de la comparaison de toutes ces formes si diverses du même mot? Que la lecture en est fort problématique. Le groupe tel qu'il est extrait de la ligne 22 du décret de Rosette, nous donne les lettres ΜΝΗΜΡΙ, et ces mêmes lettres, nous les trouvons dans presque toutes les formes extraites des contrats, mais avec des modifications introduites par les habitudes particulières de chacun des scribes, et avec suppression de l'ʀ que présente le groupe de la ligne 22 (1). Nous avons donc très-probablement un groupe ΜΝΗΜΟΥ ou ΜΝΗΜΙ, dont il s'agit maintenant de reconnaître rigoureusement, à l'aide du copte, la signification que le contexte des passages où il se trouve nous a révélée d'une manière positive.

Le mot copte ΝΟΗΕΜ (ΝΟ2ΕΙΙ. M. ΝΟΥ2ΕΙΙ. B. ΝΟΥ2ΙΙ. T. ΝΑ2ΙΙ. T. ΝΘ2ΙΙ. B.) signifie *salvare, liberare, salvari, liberari, salvus evadere, sanari,* d'où ϕΝΟ2ΕΙΙ. M. ΠΝΟΥ2ΙΙ. T., *salus.*

Indubitablement, ce mot entre dans la composition du mot égyptien dont nous cherchons l'origine. Nous avons vu que ce mot égyptien signifie à la fois Σωτήρ et ὑγίεια ; de même, en copte, ΝΟ2ΕΙΙ signifie *liberare* et *sanare.* L'ʀ final est peut-être encore ici un ʀ paragogique. Quel rôle joue donc alors l'ᴍ initial de ce mot égyptien, initiale qui disparaît lorsqu'il s'agit du substantif la santé (écrit avec l'article, ligne 20, /ᐱ ᐱ⁀ᔓᴗ), du moins autant que le mauvais état de l'inscription a permis de le voir au dessinateur de la commission d'Égypte? Je suis bien tenté d'y trouver le mot ᴍᴀ (ɪɪᴀ. T. ᴍ.), qui sert d'impératif au verbe ✝, *dare,* et qui, muni de la paragogique ρε, devient la particule préformative de l'optatif, l'équivalent du latin *utinam.* De la sorte, le mot ὑγίεια étant rendu par ΝᴇΙΙ....., l'idée Σωτήρ aurait été rendue en égyptien par ᴍᴀΝΟΗΕΜ, littéralement : *dans salutem,* celui qui donne la santé. On me permettra, j'espère, de conserver cette lecture, même avec une certaine confiance, jusqu'à ce que l'on en ait proposé une meilleure, qui rende plus simplement compte de l'addition de cette lettre ᴍ au mot qui signifie la santé, lorsque ce mot, en changeant de valeur, doit représenter l'idée : qui donne la santé, *salutifer,* Σωτήρ.

---

(1) Quant au signe ⋎ , c'est un ʀ. Les groupes ⟨ᴗᴸᴗᵇ et ⟨ᵧᴸᴗᵇ des lignes 2 et 18 prouvent que ᴗ et ⋎,⋎ sont homophones.

23.

Phrase 8 — 6.

ᴜᴊɪ — ÈR — ʜᴘ — Et.

Ici se présente une lacune qu'il est heureusement peu difficile de faire disparaître. Le texte grec nous donne, après les mots καὶ θεῶν Σωτήρων, le membre de phrase καὶ θεῶν ἀδελφῶν, καὶ θεῶν Εὐεργετῶν, etc. Or, nous venons de trouver les équivalents des mots καὶ θεῶν Σωτήρων, καὶ.... ; de plus, le premier mot lisible de la troisième ligne est le mot ꞁᵢⵏ↙⹁, ᴘʀᴅᴊɪɪ, Évergètes, Εὐεργετῶν. Les mots égyptiens qui ont disparu correspondaient donc aux mots θεῶν ἀδελφῶν, καὶ θεῶν, et si nous connaissions le groupe démotique représentant l'idée exprimée par le mot grec ἀδελφῶν, nous serions immédiatement en mesure de reconstituer ce passage. Heureusement, la ligne 22 nous fournit précisément le groupe désiré. En effet, il y est fait mention des Dieux adelphes, ancêtres d'Épiphane, et cette idée : Dieux adelphes est rendue par ꞁᵢ₂ſ⧸₂, ɴ(ᴛÈʀ) ou S.ɪ. pour Soɴɪ, (en copte, coɴ, *frater;* ᴄʜᴀʏ. ᴛ. ᴄɴʜʏ. ᴛ. ʙ. ᴄɴʜᴏʏ. ᴍ. ʙ. *fratres*). Nous reviendrons en temps et lieu sur la lecture de ce groupe, que je ne puis qu'indiquer ici, puisque son existence en ce point du texte, bien qu'elle soit vraisemblable, n'en est pas moins hypothétique. Si donc nous admettons que ce groupe ait ici, comme à la ligne 22, reçu la même orthographe, nous pouvons restituer les mots :   ₂ſ⧸₂ ᴜᴊⵏ ꞁᵢ₂ſ⧸₂ , qui remplissent exactement la lacune que la fracture de la pierre a causée dans le texte démotique. C'est avec toute confiance que je propose cette restitution, que je crois d'ailleurs à l'abri de toute contestation.

Je reprends maintenant l'analyse de ce qui reste du texte égyptien.

LIGNE 3.

Phrase 8 — 7.

⌈ıⵊ⵿⵷2 — PRDJIÔ — ⲛⲉⲣⲭⲓⲟ.

Ce groupe signifie Évergètes; je l'ai suffisamment démontré déjà (voyez phrase 3—6); mais le jeu du caractère final ⌈, qui est peut-être un ô, aussi bien que l'indice habituel des mots étrangers et remarquables, n'est pas encore suffisamment éclairci pour moi. A la ligne 3, le mot ⌈ıⵊ⵿⵷2 est au pluriel; il est écrit de même et dans les mêmes conditions à la ligne 22. A la ligne 6, ⌈ıⵊ⵿⵷2 est au singulier; puis, à la ligne 20, il est écrit au singulier ıⵊ⵿⵷2 simplement, et la forme du féminin de cet adjectif est ⟨ıⵊ⵿⵷2⵷ . Il est donc probable que la forme primitive et régulière est ıⵊ⵿⵷2 ; et dès lors le caractère final ⌈ , qui s'emploie aussi bien au singulier qu'au pluriel, doit probablement ne plus être considéré que comme l'indice.

J'ai eu déjà l'occasion de signaler la singulière coïncidence du mot égyptien ⟨ıⵊ⵿⵷2⵷ , EPERDJET et du mot grec équivalent εὐεργέτις, employés dans le même cas, c'est-à-dire lorsqu'il s'agit de Bérénice Évergète. Je me suis demandé, en citant ce fait singulier, si ce n'était pas le mot grec qui avait motivé le choix d'un mot égyptien offrant à très-peu près les mêmes consonnances. S'il en était ainsi, l'adjonction de l'indice qui accompagne tous les mots étrangers, abrégés ou symboliques, n'aurait plus rien qui dût étonner, et dès lors l'emploi de cet indice, au singulier aussi bien qu'au pluriel, deviendrait très-facilement explicable. Je ne me permettrai pas d'insister plus longtemps sur cette hypothèse, que je ne propose que pour essayer de rendre compte de la présence de ce caractère final, qu'il n'est guère possible d'ailleurs de considérer comme un signe orthographique, comme une terminaison prononçable.

Phrase 8 — 8.

ویا — ER — ϭⲣ — Et.

Phrase 8 — 9.

ⲣ[ⲃⲥ — N(TÈR)OU — ⲛ(ⲧⲏⲣ)ⲟⲩ — Des Dieux.

Phrase 8 — 10.

ⲱ[ⲍ⊥ⲩⲟ — RFETO $\frac{\tau}{3}$ — ⲣⲁϥⲉⲧⲟ $\frac{\tau}{3}$ — Philopators.

Phrase 8 — 11.

ویا — ÈR — ϭⲣ — Et.

Phrase 8 — 12.

ⲟⲓ[ⲍⲡ⊃ — MATÔAR — ⲙⲁⲧⲱⲁⲣ — Du Roi.

Phrase 8 — 13.

ⲩⲥⲓⲓⲥⲓⲓⲟ[ⲍⲍⲥ⊃ — |(PTLOMIOC. R. — |(Πⲧⲁⲟⲩⲓⲟⲥ. p.

C'est bien évidemment là le nom de Ptolémée Épiphane; mais, par une erreur qu'il n'est pas possible d'expliquer, le graveur, préoccupé sans doute de la présence du nom d'un autre Ptolémée, simple particulier cité à la fin de la même ligne, a négligé de fermer le cartouche royal, et en a remplacé les deux derniers éléments démotiques par le signe que nous allons retrouver un peu plus loin, à la fin de tous les noms propres, autres que ceux des personnages royaux. La faute que je viens de signaler ne saurait être révoquée en doute. Le graveur s'est cru arrivé au nom du Ptolémée, père de la prêtresse Irène, et la présence du signe qui termine cette fois le nom du roi Ptolémée n'a et ne peut avoir d'autre cause.

Phrase 8 — 14.

⌐⌐ ∪ — P(TÈR) — ⋂(THP) — Le Dieu.

Phrase 8 — 15.

⟿ — HM — ʒⲉⲩⲓ — Régnant.

Phrase 8 — 16.

ϩⲓⲍⲍⲟ — METPE — ⲙⲉⲧⲡⲉ — En haut, au-dessus.

Phrase 8 — 17.

⟨ⲟⲗⲱⲭ — NKHRDJRT — ⲙ̄ϩⲉⲣⲭⲓⲡⲧ — Par sa munificence.

Phrase 8 — 18.

Ɣ⟨ⲓⲓ⌐ⲍⲍⲓⲓⲓⲍⲟ — AIETOS. R. — Ⲁⲓⲉⲧⲟⲥ. ⲣ.

Cherchons d'abord la lecture matérielle de ce mot. La première lettre est un A; la seconde, un I; puis viennent une voyelle vague A, E, O, un T, un ô long, un s, et un dernier signe que nous ne connaissons encore que pour l'avoir rencontré, par suite d'un *lapsus scalpri*, à la fin du nom royal ⟨ⲓⲓʒⲓⲓⲟⲍⲍⲍ, à la place des éléments ⌐⟨ du cartouche royal ordinaire.

Ce signe est indubitablement un signe caractéristique des noms propres de simples particuliers; car nous le retrouvons indistinctement à la suite des noms d'homme ou de femme, cités dans le décret de Rosette.

Ce signe jouait le rôle d'un indice des noms propres de simples particuliers, mais d'un indice dont il était très-permis de se passer, puisque dans la même ligne 3, où cet indice se trouve exprimé après les deux noms de Pyrrha et de Philinus, son père, il ne l'est plus après les noms d'Areia et de Diogènes, son père, tandis qu'il reparaît au commencement de la ligne suivante après ceux d'Irène et de son père Ptolémée.

Salvolini a prétendu (*Camp. de Ramsès*, pag. 12 et suiv.) que ce signe était le déterminatif des noms des individus ou des peuples étrangers, et voici comment il s'exprime à son sujet : « Cette circons-« tance d'un déterminatif des noms des individus ou des peuples « étrangers ne peut pas surprendre ceux qui ont pris le soin d'exa-« miner le texte démotique de la pierre de Rosette. Dans ce texte « précieux, on a eu occasion de rappeler plusieurs fois des noms « propres étrangers, et toujours on les voit suivis d'un signe parti-« culier de la forme suivante ⱱ . Tels sont, à la ligne 3 et 4, les « noms propres d'Aëtes, de Pyrrha, de Philinus et d'Irène. Il paraît « même qu'on ne se contenta pas seulement de le tracer à la suite « des noms propres, mais aussi des mots étrangers, lorsqu'on avait « occasion de les employer dans les textes, puisque l'inscription « précitée de Rosette en offre un exemple à la ligne 8, dans le mot « grec συντάξεις. »

Ce passage du livre de Salvolini mérite de nous arrêter un instant.

Il y a peu de bonne foi, ce me semble, à baser une théorie sur les faits qui la vérifient, en se gardant bien de citer ceux qui l'infirment. Comment se fait-il qu'après avoir écrit ce mot *toujours* lorsqu'il s'agit de la présence du prétendu déterminatif des noms étrangers, les seuls noms cités par Salvolini soient ceux qui en sont munis, tandis que ceux qui ne le comportent pas sont passés sous silence? Est-ce que, par hasard, les noms Areia et Diogènes étaient moins étrangers que les noms d'Aietus, de Pyrrha, de Philinus et d'Irène? Je le répète, il n'y a pas de bonne foi dans la rédaction de ce passage; et comme je suis bien décidé à ne rien laisser passer de semblable à personne, j'ai cru devoir insister et mettre au grand jour l'étrange moyen de démonstration que Salvolini avait adopté, pour faire admettre sa théorie du déterminatif des noms propres étrangers.

Il est bien vrai que moi aussi je regarde ce signe comme un déterminatif des noms propres, mais je prétends que son emploi était tout à fait facultatif. Maintenant, quelle pouvait en être l'origine? Je l'ignore. Remarquons toutefois que ce signe se présente plusieurs fois avec la valeur indubitable de l'articulation ʀ. Ainsi, à la ligne 18, le groupe signifiant la munificence est écrit ⟨ʏ⊥ᴗ⊃, ᴋʜʀᴅᴊʀᴛ, et dans la même ligne nous trouvons le mot ʏ⟨ʅ⟨, ɴᴏᴀʀ, en copte ɴᴀoʏᴀᴘ, autant que. Or, un nom se dit ʀᴀɴ en égyptien; le signe déterminatif en question est donc l'initiale de ce mot. Et de même que l'image d'un cartouche ⊂⊃ , signifiant *nom* dans le texte hiéroglyphique du décret de Rosette, représentait une idée qui probablement se prononçait ʀᴀɴ, il est fort possible que l'ʀ final des groupes démotiques, images des noms propres de particuliers et de l'impôt appelé σuνтάξεις, n'ait été que l'initiale ʀ du mot ᴘᴀɴ, avertissant le lecteur de la nature même du groupe qui le précédait.

Il ne me reste plus qu'une dernière remarque à faire. Le texte démotique porte en toutes lettres ᴀɪᴇᴛᴏs. Le nom du personnage était donc ᴀɪᴇᴛᴜs, et non ᴀᴇᴛᴇs : ceci est indubitable.

Phrase 8 — 19.

ʏ⟨ɪɪʃ⟨ᴢɪɪɪ⌣ — Aıᴇᴛᴏs. ʀ. — Ⴑɪᴇᴛᴏᴄ. ᴘᴀɴ.

Ce nom est précisément le même que celui que nous venons d'analyser précédemment. Il manque évidemment ici une particule de flexion, indice de la filiation qui existait entre les deux Aietus.

24

Nous avons déjà constaté l'absence de cette même particule entre le nom d'Épiphane et ceux de son père et de sa mère.

Tout ceci posé, la huitième phrase du texte démotique se transcrit :

(OUÈB) | (ALKSANTRS), ÈR N(TÈR)OU MNHMRI?, ÈR | (N(TÈR)OU SNÈU, ÈR N(TÈR)OU | PRDJI, ÈR N(TÈR)OU RFETO$_3^T$, ÈR MATÔAR | (PTLOMIOS. R P(TÈR) HM METRE NKHRDJRT, AIETOS. R. AIETOS. R.

Transcrivant de nouveau cette phrase en lettres coptes, et restituant de plus les voyelles, les articles et les particules de flexion supprimées, nous avons, en définitive, le texte suivant, qui peut être comparé au copte :

(ογηв ᴍ | (Ⲁⲗⲉⲕⲥⲁⲛⲧⲣⲟⲥ), нр ⲛ̄ ⲛⲧⲏⲣⲟⲩ ⲙⲁⲛⲟⲍⲉⲩⲣⲓ, нр | ⲛ ⲛⲧⲏⲣⲟⲩ ⲥⲛⲏⲩ, нр ⲛ ⲛⲧⲏⲣⲟⲩ | ⲡⲉⲣⲭⲓⲟⲩ, нр ⲛ̄ ⲛⲧⲏⲣⲟⲩ ⲣⲁϥⲉⲧⲟ$_3^T$, нр ⲛ ⲙⲁⲧⲱⲁⲣ | (Ⲡⲧⲟⲗⲟⲙⲓⲟⲥ (ⲣⲁⲛ) ⲡⲧⲏⲣ ⲍⲉⲩⲓ ⲙⲉⲧⲡⲉ ⲛ ⲃⲉⲣⲭⲓⲣⲧ, Ⲁⲓⲉⲧⲟⲥ (ⲣⲁⲛ) ⲛ Ⲁⲓⲉⲧⲟⲥ (ⲣⲁⲛ).

La traduction de cette phrase nous donne :

(Étant) prêtre d'Alexandre et des Dieux Sauveurs, et (des Dieux Adelphes et des Dieux) Évergètes, et des Dieux Philopators, et du Roi Ptolémée (nom), le Dieu régnant en haut par sa munificence, Aiëtus (nom), (fils d'Aiëtus) (nom).

Inutile de dire que cette phrase est la reproduction rigoureusement exacte de la phrase grecque, sauf toutefois que le nom de Ptolémée, qui ne se trouve pas exprimé avant les mots θεοῦ ἐπιφανοῦς εὐχαρίστου, l'est dans le texte égyptien.

LIGNES 3 ET 4. — PHRASE 9.

Texte égyptien :

Texte grec :

Ἀθλοφόρου Βερενίκης Εὐεργέτιδος , Πύρρας τῆς Φιλίνου, κανηφόρου Ἀρσινόης

Φιλαδέλφου, Ἀρείας τῆς Διογένους, ἱερείας Ἀρσινόης Φιλοπάτορος, Εἰρήνης τῆς Πτολεμαίου.

Le texte égyptien doit être scindé de la manière suivante :

[hieroglyphic/demotic text line 1]

[hieroglyphic/demotic text line 2]

[hieroglyphic/demotic text line 3]

Il se transcrit en lettres coptes de la manière suivante :

- Ⲡⲣⲁ.ⲣ. ϣⲉⲣ? Ⲡⲓⲁⲓⲛⲥ.ⲣ. ϥⲓⲡⲉ ⲣⲛⲣ ⲛ̄ ⲡⲕⲛⲓϣ ⲙⲁⲍ |(Ⲃⲣⲙⲓⲕⲉ) ⲉⲛⲣϫⲓⲧ. Ⲇ̀ⲣⲓⲁ ϣⲉⲣ ? Ⲧⲓⲟⲕⲛⲥ ϥⲓ ⲛ.......... ⲓⲛⲉ)| ⲉⲣϥⲉⲛ - Ⲋ̀ⲣⲙⲁ.ⲣ. ϣⲉⲣ? Ⲡⲧⲁⲟⲩⲓⲟⲥ.ⲣ. (ⲟⲧⲏⲃ)ⲧ |(Ⲇ̀ⲣⲥⲓⲛⲉ) ⲉⲣϥⲉⲧⲟ,

et se traduit littéralement :

- Pyrrha (nom) fille de Philinus (nom), portant le fouet de la puissance devant Bérénice Évergète. Areïa fille de Diogènes portant les .... inoe) Philadelphe. Irène (nom), fille de Ptolémée (nom), prêtresse d'Arsinoë Philopator.

Passons maintenant à la justification de cette transcription et du sens qui en découle.

Phrase 9 — 1.

[demotic symbol] —.Ⲡʀᴀ. ʀ. —.Ⲡⲣⲁ. ⲣ(ⲁⲛ).

Le dernier mot de la phrase qui précède celle-ci étant un nom propre, *[demotic symbol]*, et le premier de celle-ci étant également un nom propre, puisque les lettres, toutes connues, Ⲡʀᴀ qui le composent nous fournissent évidemment les articulations essentielles du nom grec Πύῤῥα, il faut nécessairement que le petit trait horizontal qui commence ce groupe, et qui partout ailleurs est la particule de flexion ɴ, ⲛ̄, soit considéré ici comme un simple signe de ponctuation qui sépare les deux phrases. Quant au signe qui suit immédiatement le nom *[demotic symbol]*, Ⲡʀᴀ (ⲛⲣⲁ), Pyrrha, nous nous sommes expliqués plus haut sur son compte. C'est un R, et il est permis de présumer que cette lettre n'est que l'initiale du mot ᴘᴀɴ, nom, que l'on plaçait le plus souvent après les noms propres, pour les faire reconnaître au premier coup d'œil.

<hr />

Phrase 9 — 2.

☲ — CHÈRE? — ϣⲉⲣⲉ?

J'ai bien longtemps hésité avant de me décider à chercher des lettres dans ce groupe, dont la signification : fille de, est fixée d'une manière tout à fait certaine par le texte démotique du décret de Rosette (1). J'avais supposé d'abord que ce pouvait être la représentation tachygraphique d'une petite figure de femme assise; mais j'ai dû renoncer à cette hypothèse par la raison suivante. Le déterminatif hiéroglyphique des noms propres de femme est 𓀾 ou 𓀎 , et entre cette figure et celle qui devrait en être le trait simplifié, il n'y a certainement aucune espèce d'analogie. Ce n'est donc pas le déterminatif ordinaire femme qui se voit ici. Ne sachant plus alors comment expliquer la présence de ce groupe singulier, je me suis rappelé que son analogue hiéroglyphique est perpétuellement le suivant : 𓅓, 𓅓 ou 𓅓 (Précis, 1ʳᵉ édit., n° 254), et j'ai cru reconnaître l'identité des deux groupes; cherchant alors quelles étaient les différentes formes du même groupe lorsqu'il se présentait dans d'autres textes démotiques, j'ai rencontré les suivantes : ⳤ, dans les papyrus de Paris, dont les protocoles ont été publiés par M. Champollion-Figeac dans le *Journal asiatique* de 1823, et ⳤ et ⳤ , tirés par Young (*Dict.*, p. 107) de deux autres papyrus de Paris, dont la copie lui avait été communiquée par Champollion le

<hr />

(1) Kosegarten l'a parfaitement reconnu, et ce groupe figure dans son tableau (Tab. C, n° 4) intitulé : *Vocabula Enchoria alia perbreviter scripta.*

jeune. D'un autre côté, le papyrus de Leyde à transcriptions grecques me présentait nombre de fois les deux signes démotiques ⟨signe⟩
et ⟨signe⟩ comme équivalents entre eux, puisqu'ils étaient tous les deux
transcrits par la lettre grecque zêta. Il n'y avait pas à se méprendre
sur l'identité des signes qui entrent dans les différents groupes
signifiant : fille de, des papyrus de Paris, et de celui qui est
fourni par le manuscrit de Leyde; et comme enfin il y avait une
identité tout aussi certaine entre le groupe ⟨signe⟩ du décret de Rosette et les groupes ⟨signe⟩ ou ⟨signe⟩ des contrats de Paris, il a bien
fallu que je me décidasse à voir dans le signe initial ⟨signe⟩ une
lettre équivalente du signe démotique ⟨signe⟩, dont la valeur s ou CH
était déjà bien fixée. Ceci posé, les deux petits traits verticaux parallèles placés au-dessous pouvaient être considérés comme un È
ouvert ordinaire; restait alors la grande barre horizontale; mais
nous trouvons dans les deux lignes 7 et 12 les deux groupes identiques ⟨signe⟩ et ⟨signe⟩, qui établissent que les signes ——
et ⟨signe⟩ sont homophones, ainsi que ⟨signe⟩ et ⟨signe⟩. Des deux premiers
signes comparés, le second ⟨signe⟩ est certainement un R; le premier
en est donc un aussi, et par suite nous avons, en définitive, pour
le groupe démotique dont nous faisons actuellement l'analyse, les
lettres s ou CH, È et R. Si maintenant nous recourons aux lexiques coptes, nous trouvons le mot CHÈRE (ϣⲉⲉⲣⲉ), qui précisément
veut dire fille. Certes, on peut bien être tenté d'adopter cette lecture, qui d'ailleurs ne contrarie en rien la filiation des deux groupes
hiéroglyphiques et démotiques chargés de représenter la même idée.

Quant aux groupes extraits des contrats démotiques de Paris et
que j'ai cités plus haut, ils me paraissent présenter des traces d'une
filiation plus directe encore que le même groupe tel que nous l'ob-
servons dans le texte démotique du décret de Rosette.

Des deux signes ⟨⟨, qui, pris isolément, sont des T, l'un est
peut-être l'équivalent du ⟨signe⟩ du groupe hiéroglyphique ⟨signe⟩; mais
peut-être aussi, précisément à cause de la duplication de ce signe,
ne doit-on les considérer que comme un tracé négligé des deux

pattes de l'oie Chenalopex, qui, dans l'écriture sacrée, représentait
symboliquement l'idée : fils (1).

En résumé, ce groupe signifie certainement : fille de. Il peut se
lire CHÈR ; et comme en copte ϣⲉⲉⲣⲉ veut dire fille, il me paraît tout
naturel d'adopter cette leçon.

Phrase 9 — 3.

ⲅ⟨�ⲓ ᴺ ⲓⲓⲓ ⲓⲓⲓ ⲓ — PILINS. R. — ⲡⲓⲗⲓⲛⲥ. ⲣ(ⲁⲛ).

Toutes les lettres de ce groupe nous sont connues ; c'est un nom
propre qu'elles nous donnent, puisqu'elles sont suivies du signe ⲅ,
R, initiale du mot ⲣⲁⲛ. Ce nom se lit PILINS, et c'est là précisément
celui que nous devions trouver, puisque le texte grec nous apprend
que Pyrrha était fille de Philinus, Πύρρας τῆς Φιλίνου. Le nom doit donc
être lu PILINOS : nous pouvons remarquer ici que le Φ grec est rendu
par un P dur. Il devait donc y avoir une nuance bien marquée
dans la prononciation des deux lettres Φ grecque et ϥⲉⲓ égyptienne.

Phrase 9 — 4.

ⲓⲍⲓⲓⲓⲅ — FIPE — ϥⲓⲡⲉ.

Ce groupe est composé de quatre lettres : la première est un F,
ϥ ; la seconde, un ⲓ ; la troisième nous est inconnue, et la dernière,
un E ou un I.

Essayons d'abord d'arriver à la valeur du signe ⲍ .

---

(1) Salvolini (*Anal.*, n° 240) démontre que le signe l'oie, qui très-certainement a été le
plus souvent employé pour représenter l'idée : fils, a reçu quelquefois la valeur de la
voyelle ⲱ, et cela probablement à cause du nom ⲱⲧⲛ, de l'oie Chenalopex (Champ.,
Gramm., p. 73), que Rossi a retrouvé dans le mot ⲱⲃⲧ. Quant à ce changement de place
des consonnes, il n'a rien de plus étonnant que celui qui se remarque dans les mots identiques ⲟⲧⲛ et ⲟⲛⲧ, porter.

Les deux papyrus de Paris, dont les protocoles ont été publiés dans le *Journal asiatique* de 1823, nous fournissent les noms ⲩ ʋ𝚒𝚒ᴫ , ᴘᴛᴏʟᴍɪѕ.ʀ, de Ptolémée, , ᴛʀᴏᴘɪᴏɴ. ʀ., de Dropion, , ᴘɪʟɪɴᴏѕ. ʀ., de Philinus, dans lesquels le signe est un ᴘ. Ce signe est bien voisin du nôtre.

Le papyrus B. de Grey nous offre le nom de Ptolémée écrit , et cette fois la ressemblance est plus grande encore ; mais, d'un autre côté, une tablette provenant de Sakhara et figurée dans les *Hieroglyphics,* pl. 71, contient le nom de Cléopâtre écrit .

Enfin, une autre tablette provenant de la même localité (*Hieroglyphics,* pl. 75, 76) nous donne le nom Cæsar écrit . Le signe initial peut donc par suite se lire ᴋ aussi bien que ᴘ.

Mais voici ce qui, du moins à mon avis, démontre que cette lettre doit ici se lire ᴘ. Dans le papyrus 36 de Berlin publié par Kosegarten, les mots athlophore, canéphore et galactophore sont représentés par les groupes , , , dans lesquels le groupe du décret de Rosette se trouve reproduit sous une forme qui ne peut laisser aucune incertitude. C'est donc bien certainement ꜰɪᴘᴇ qu'il faut lire.

Cherchons maintenant à nous rendre compte de la composition de ce mot. Il est bien évident que dans les différents groupes que je viens de rapporter, la partie qui représente constamment l'idée de porter est celle qui nous occupe actuellement. Nous la trouvons dans l'expression galactophore, écrite sous la forme masculine , ᴘꜰɪᴘᴇ, et dans les expressions athlophore et canéphore, sous la forme féminine , qui est d'ailleurs beaucoup plus complète dans les protocoles des papyrus de Paris, publiés en 1823 dans le *Journal asiatique*, puisque l'article féminin < , ᴛ, s'y trouve placé ainsi qu'il suit : .

Tout ceci prouve que le mot à étudier, pour être débarrassé des signes grammaticaux, ne doit plus conserver que la forme ꟻIPE. Or le mot ꟻI veut dire porter (ϥI. T. M. B. BI. T. B. ϥλI. T. M. ϥƐI. T. BλI. T.). C'est donc bien ce radical qui se présente dans le mot ꟻIPE. Quant à la dernière syllabe PE, nous trouvons en copte le mot ⲛⲉ. T. M. B., qui signifie *esse*, de telle façon que ⲁⲛⲟⲕ ⲛⲉ veut dire *ego sum*, ⲛⲧⲁⲕ ⲛⲉ, *tu es*, ⲫⲁI ⲛⲉ, *hic est* (1). ⲉ....ⲛⲉ. T. M. B. signifie ὤν, existant. C'est, en un mot, le participe présent du verbe être.

Enfin, la syllabe ⲛⲉ. T. M. B. se place après les radicaux pour y jouer le rôle de déterminatif des verbes, dans le cas où il pourrait y avoir confusion. Ainsi, par exemple, le mot ⲛⲉϥϣⲁⲝⲉ peut signifier *sermones ejus* aussi bien que *loquebatur*, tandis que ⲛⲉϥϣⲁⲝⲉ ⲛⲉ ne peut signifier absolument que *loquebatur*. Je ne doute pas que la présence de notre syllabe ⲛⲉ après le radical ϥI ne soit précisément destinée à caractériser la nature du mot ϥI, qui doit être pris ici comme verbe, et non comme le substantif ϥI. T., qui veut dire *ablatio* (2). ꟻIPE ou ꟻAIPE signifie donc à la lettre celui qui est portant, celui qui porte, ainsi que nous devions le trouver.

Phrase 9 — 5.

◡⌒丄 — RPR — pⲛp.

Occupons-nous d'abord de la transcription de ce groupe. Le premier signe est un R, nous allons le démontrer; le second est un P, et le troisième un R. Nous avons donc le mot RPR, dont il s'agit

---

(1) Ce mot ne s'accorde ordinairement qu'avec un nom masculin, et pourtant on trouve des exemples où il se rencontre accolé avec un nom féminin; de même que la syllabe ⲧⲉ, qui signifie aussi *esse*, mais qui se construit d'ordinaire avec le féminin, se rencontre parfois aussi en construction avec le masculin.

(2) Je ne dois pas omettre de mentionner ici le mot copte ϥⲁI ⲉⲧⲛⲟ T. (ⲉⲧⲫⲱ. M.), *onus ferens, bajulus*, qui a quelque analogie avec notre égyptien |ⵎⵏⵏⵅ , ꟻAIPE (ϥⲁIⲛⲉ).

de déterminer l'origine, lorsque nous aurons trouvé la valeur réelle de la lettre démotique ⋋.

Si nous pouvions avoir toute confiance dans les deux formes différentes /⋋⋋⊃ʊ et /⋎⊃⊅⊃, PNHMRE et MNHMRE, des deux mots démotiques : la santé et sauveur, ὑγίεια et σωτήρ, l'identité des signes ⋎ et ⋋, dont le premier est sûrement un R, suffirait pour démontrer que le signe ⋋ est l'image de la même articulation ; mais nous ne pouvons admettre cette démonstration comme suffisante, et il faut d'autres preuves pour nous décider à accepter cette valeur. Heureusement, ces preuves nécessaires ne manquent pas ; le chiffre 10, dans l'écriture hiératique et dans l'écriture démotique, lorsqu'il s'agit des dates de jour, n'est autre chose que la lettre ⁄, R, qui nous est bien connue. Dès qu'il s'agit des nombres communs, l'écriture hiératique nous donne les deux variantes ⋋, ⋋, et l'écriture démotique ⋋ seulement. Or, puisque c'est la lettre R qui représente le chiffre 10 dans un cas, il est assez naturel de supposer que c'est la même articulation, représentée par une homophone, qui représente ce chiffre dans l'autre. Nous pouvons donc raisonnablement conclure de ce que ces signes ⁄ et ⋋ ont la même valeur comme chiffres, qu'ils ont également la même valeur comme lettre.

Dès lors ⋋ peut être considéré comme un R.

Voici maintenant qui va confirmer pleinement cette hypothèse. Dans le papyrus 36 de Berlin (Kosegarten, pl. X), l'idée : la moitié est représentée par les groupes féminins ⟨⋋⋋⟩ et ⟨⋋⋋⟩, qui, en prenant le signe ⋋ pour un R, se lisent, le premier EPRKT, et le second EPRDJT. Il est évident que nous retombons ici sur le radical ⋋⋋⋋, PRDJ, qui a servi, par extension, à former le nom ⟨⋋⋋⋋⟩, EPRDJET, Évergète, qui répand des bienfaits, et qui n'est autre chose, dans le sens restreint et absolu, que le verbe copte ⲡⲣϧ, ⲛⲉⲡϧ, ⲛⲱⲡϧ, *dividere, separare,* diviser, séparer, partager. On ne niera pas, je l'espère, qu'il y ait une liaison intime entre les idées : division, partage, et moitié. Je conclus formellement

25

et sans hésitation de ce rapprochement qui ne peut être fortuit, que le signe ⅄ est bien réellement un ʀ, ainsi que je l'ai avancé.

Voyons maintenant ce que peut signifier le mot ʀᴘʀ, dans lequel des voyelles peuvent et doivent venir s'intercaler.

Je trouve dans le *Lexique* de Peyron (p. 181) un mot copte qui me paraît avoir une origine commune avec le mot égyptien représenté par le groupe ⌒Ƶ , ʀᴘʀ ; c'est le mot ʀɪᴘɪᴛɪ (ⲣⲓⲡⲓⲧ. ᴍ.), *fla-bella*, que Peyron a extrait du livre de Kircher. Ce mot est un pluriel ; peut-être donc pourrait-on voir dans la syllabe ⲧ, ᴛɪ qui le termine, une désinence plurielle très-fréquente dans l'écriture hiéroglyphique, et que nous avons déjà retrouvée dans le texte démotique du décret de Rosette (𓏤𓍿𓂝𓏤𓂻), bien que, d'après l'avis de Champollion, j'aie pensé devoir transcrire cette terminaison par un ᴛ suivi du chiffre 3, au lieu d'un ᴛ suivi d'un ɪ. Comme, d'un autre côté, le mot ⲧ. ᴛ. ᴍ. signifie *datio, actio dandi* et *percussio*, il se pourrait fort bien que le mot ⲣⲓⲡⲓⲧ dût se traduire littéralement par : les coups de fouet. Dans cette hypothèse, pour laquelle j'ai, je l'avoue, certaine prédilection, le mot copte ʀɪᴘɪᴛɪ devrait se décomposer en deux parties, la première ʀɪᴘɪ signifiant *flabellum,* et la deuxième ⲧ, *percussio*. Or, le mot ʀɪᴘɪ, si l'on y ajoute un ʀ paragogique, devient ʀɪᴘɪʀ, et ce mot est exactement celui que nous trouvons dans l'expression égyptienne de l'idée athlophore, expression dont les deux premières parties se traduiraient littéralement par : celle qui porte le fouet ou le fléau. On sait que ce fouet est un attribut divin de l'épervier, image d'Horus, du chacal, image d'Anubis, etc., etc. « De même, le déterminatif générique des noms propres « d'homme (Champ., *Gramm.*, p. 127) se montre souvent sous la « forme d'un personnage accroupi, assis sur un trône ou fauteuil, et « tenant un fouet dans ses mains; mais ce caractère ne détermine « habituellement que les noms propres des personnages distingués et « occupant un rang élevé dans la hiérarchie sociale. »

Puisque le fouet ou fléau était un attribut de la puissance, il était assez naturel que dans les cérémonies publiques où les insignes d'une royauté considérée comme divine, devaient entourer les princes, il y eût des prêtres chargés de porter ces insignes. Rien donc d'étonnant à ce qu'une prêtresse attachée au culte de Bérénice Évergète, ait eu pour fonction de porter ce fouet, marque distinctive de la divinité et de l'autorité suprême (1). En résumé, le sens que nous offrent les deux premiers mots ⟨glyphes⟩ n'a rien qui doive nous surprendre, et le mot RPR peut très-bien signifier, ainsi que je l'admets, un fouet, un fléau. Poursuivons maintenant l'analyse de l'expression démotique de la fonction sacerdotale que les Grecs ont désignée par le nom d'athlophore, et après en avoir étudié la forme extraite du décret de Rosette, nous examinerons avec le même soin une seconde désignation démotique de cette même fonction, désignation tout à fait différente de la première, et qui nous est fournie par les contrats démotiques que renferment aujourd'hui les différents musées de l'Europe.

Phrase 9 — 6.

— — N — N. — de.

---

(1) Le protocole du papyrus n° 1, publié par M. Champollion-Figeac dans le *Journal asiatique* de 1823, présente les mots ⟨glyphes⟩ que je n'hésite pas à transcrire :

| (Ptolmis) poutf nrip.

| (Πτολουιος) ποτωτϥ νριπ, Ptolémée le premier, ou l'illustre par le fouet.

On voit qu'ici le groupe ⟨glyphe⟩ n'est pas muni du ⌣, a, ϼ paragogique que nous offre toujours le texte du décret de Rosette. Cela tient-il à des différences locales de prononciation? C'est ce que je ne saurais affirmer. Il n'y aurait cependant rien de bien étonnant à ce que, dans des textes écrits, l'un à l'extrémité nord de l'Égypte et l'autre à Thèbes, c'est-à-dire à une distance de cent cinquante lieues, les mêmes mots présentassent des différences telles que celles qui existent dans ces mots οτοτ, οτοτϥ, ριηρ, ριη, puisque ces différences ne tiennent, en définitive, qu'à l'addition ou à la suppression des deux paragogiques ρ ou ϥ, dont le copte lui-même a conservé l'emploi, sans que cet emploi fût en rien fixé par quelque règle grammaticale.

25.

Phrase 9 — 7.

⌇ ııı ⩵ ⌣ — PKNICH — ΠΙΚΝΙϣ.

Ce groupe, dont je me suis occupé déjà (phrase 5 — 4) se rencontre dans trois passages différents, et j'ai constaté, par l'examen du contexte de ces trois passages, qu'il devait signifier la puissance, la suprématie. C'est un substantif masculin, car nous le trouvons ici précédé de l'article   , P ou PI (ⲡ, ⲡⲓ), tandis qu'à la ligne 23 nous rencontrons le texte : ⌇ ııı ⩵, ⟋⋏⩘ȳ ⌒ϩ , ERNEF PHN KNICH (ⲉⲣⲙⲁϥ ⲡⲉ⁀ⲛ ⲕⲓⲟⲓϣ), faisant à lui ou pour lui accession de la puissance. Il s'agit maintenant de fixer la lecture matérielle, c'est-à-dire la transcription de ce mot. Or, sur quatre lettres, les trois dernières nous sont bien connues; mais la première seule ⩵ n'est pas déterminée, et les éléments nécessaires pour arriver à sa détermination ne me paraissent pas encore suffisants.

Le manuscrit de Leyde nous fournit deux transcriptions qui peuvent faire croire que la valeur réelle de cette lettre est K. Ainsi, dans la colonne V r°, ligne 15, nous trouvons le groupe ⌐ıο⩵ qui est transcrit χομρη, et dans la colonne IX r°, ligne 17, le groupe ⌐⫛⫝̸ ⫙ ⩵ ııı ⪢ıı est transcrit εδιχομπῖω. Ces deux exemples nous montrent nettement la différence qui existe entre les deux signes assez voisins ⩵, K, ⩘ , M, et le premier étant précisément celui qui entre dans le groupe démotique signifiant la puissance, il y a de fortes présomptions en faveur de la leçon KNICH. Mais, je le répète, ce ne sont encore là que des présomptions, et il faudrait plusieurs autres faits analogues pour trancher définitivement la question. Nous trouvons bien, il est vrai, à la ligne 11, où il est question des rebelles émigrés et rentrés en Égypte pour faire leur soumission, les mots ⌐⩵⩵⌇ⲣ⪡ , qui, s'ils se lisent NPI KNKNI (ⲛⲉⲛⲉⲓ ⲕⲛⲕⲛⲓ), peuvent se traduire : les hommes soumis, le mot KNKN étant le fréquentatif du verbe KN (copte : ⲥⲩⲛⲉ), *subjicere, sub-*

mittere; mais ce n'est pas encore là une preuve en faveur de la transcription κ ou σ du signe ⇁ .

En admettant cette transcription, nous pourrions arriver aisément, pour le mot ↓ ⫫ ⇁ , KNICH (ⲕⲛⲓϣ), à une décomposition capable de rendre compte de la signification indubitable de ce mot. En effet, si ⇁ , KN ou GN (ⲕⲛ, ⲅⲛ) signifie *subjicere, submittere,* nous avons le mot copte ECH, ou simplement CH (ⲉϣ, ϣ), qui signifie à la fois *posse* et *solere;* de telle sorte que le mot KNICH ou GNICH voudrait dire le pouvoir de soumettre ou l'habitude de soumettre. Cette analyse, on le voit, justifierait jusqu'à un certain point l'emploi du mot égyptien ↓ ⫫ ⇁ ∪ dans la phrase où cette expression correspond aux mots grecs ὅπλον νικητικόν; car offrir l'arme qui sera victorieuse ou le pouvoir de soumettre, c'est exactement la même idée exprimée en d'autres termes.

Je ne veux pas du reste me faire la moindre illusion sur l'explication qu'en désespoir de cause je viens de proposer pour le mot égyptien KNICH. Elle peut être bonne, comme elle peut être fausse. De nouveaux textes pourront seuls dissiper quelque peu l'incertitude que je me vois, à mon grand regret, forcé de laisser subsister, sur l'origine et la lecture matérielle d'un mot dont le sens ne saurait être douteux.

Phrase 9 — 8.

⌐⌐ — MAH -- ⲙⲁϩ.

Trois lettres entrent dans cette ligature; ce sont un M, une voyelle vague A, E, I, et un H. Nous avons donc le groupe MAH, MEH ou MIH, dont il faut débrouiller le sens; mais avant tout il est nécessaire de prouver que la décomposition de cette ligature est légitime. Pour cela, il me suffit de rapporter ici quelques variantes de ce groupe, que nous fournissent les contrats démotiques.

Papyrus de Paris, n° 2; *Journ. asiat.* de 1823.

Papyrus du Vatican; Young (*Dict.*, lettre P).

et ⌐⌐ Papyrus de Grey; *Id.* (*Id.* A et A').

Papyrus de Casati.

On voit que dans la dernière de ces variantes, la voyelle intermédiaire n'a pas été exprimée.

Le copte nous fournit un mot thébain ⲙⲁϩ, dans lequel Peyron pense retrouver le mot memphitique ⲙⲟϩ, *aspectus*. Ce mot ⲙⲁϩ sert à noter le datif; ainsi, l'on trouve fréquemment des phrases analogues à la suivante : ⲁⲧⲉⲓⲣⲉ ⲛϩⲉⲛϭⲗⲓⲗ..... ⲙⲙⲁϩ ⲡϫⲟⲉⲓⲥ, *fecerunt holocausta domino.*

Il me paraît tout naturel d'admettre que notre mot égyptien ⌐⌐ , ⲙⲁϩ, ⲙⲁϩ, n'est autre chose que le mot thébain ⲙⲁϩ dont je viens de rappeler le rôle, et qu'il signifiait littéralement : *in aspectu, in conspectu,* devant, et par suite, à.

Si nous récapitulons maintenant tout ce que nous venons de trouver sur les groupes qui entrent dans l'expression égyptienne de la fonction des prêtres que les Grecs ont appelés athlophores, nous avons la périphrase suivante : celle qui porte le fouet de la toute-puissance devant Bérénice Évergète, à la place des mots grecs Ἀθλοφόρου Βερενίκης Εὐεργέτιδος; il est clair que le sens que nous obtenons par notre analyse est admissible, et qu'il rentre parfaitement dans les idées religieuses des Égyptiens, puisque le fouet était pour eux un des attributs principaux de la divinité (1).

_____

(1) Il n'est pas hors de propos de rappeler ici l'analyse que Salvolini a donnée de ce groupe; elle nous fournira un échantillon à l'aide duquel nous pourrons apprécier le travail qu'il avait promis sur le texte démotique du décret de Rosette. Après avoir dit (*Camp. de Ramsès,* p. 72) que le mot égyptien signifiant combattre reçoit pour déterminatif soit le bras tenant le casse-tête, soit plus souvent le caractère représentant une massue, il ajoute : « Je fonde mon assertion sur la comparaison du texte même de Rosette. Je crois reconnaître « la forme radicale ⲧⲛ ou ⲧⲱⲛ du mot ⲧⲏⲧⲱⲛ (qu'il traduit : combattre), dans l'expres « sion égyptienne du grec ἀθλοφόρου (pl. 11, n° 44),(qu'il écrit ainsi : ↓ ⲓⲓⲓ ≅ ⲓⲓⲓ). « Il m'a été facile de distinguer les mots qui font partie de ce composé, parce qu'on les

Avant d'aller plus loin, je dois, ainsi que je l'ai promis, étudier avec soin la seconde expression que l'on trouve employée dans les textes démotiques pour représenter les fonctions de la prêtresse qui chez les Grecs portait le titre d'athlophore de Bérénice. Nous allons voir l'analyse de cette nouvelle expression nous donnant tout autre chose que celle que nous venons d'examiner, et nous serons pourtant forcés de reconnaître que le sens qu'elle nous offre est également convenable.

Voici d'abord les variantes de cette nouvelle expression, afin d'en pouvoir préciser la lecture matérielle :

〔démotique〕	Pap. 36 de Berlin (Kos. pl. 9).
〔démotique〕	Pap. Casati (Young, *Dict.*, lett. E').
〔démotique〕	Pap. de Grey (Young, lett. D', *Hiérog.*, pl. 35).
〔démotique〕	Pap. de Grey (Young, lett. Y, *Hiérog.*, pl. 34).

« trouve isolément dans le courant du même texte. On y voit d'abord l'orthographe exacte
« du mot ϥⲁⲓ, *portant*, puis un groupe déjà employé à la ligne 23, que le grec traduit par
« ὅπλον, l'insigne; vient enfin le mot ⲦⲚⲎ, déterminé par la forme enchoriale du signe : la
« massue. On serait naturellement porté à croire, d'après le sens littéral du mot ἀθλοφόρος,
« que ce dernier mot rappelle l'idée : victoire; mais on est obligé de renoncer à cette
« observation, lorsqu'on observe qu'à la ligne 20 de notre texte démotique, il est immé-
« diatement précédé du mot ϭⲣⲟ, la victoire. J'insiste donc à croire que l'expression
« égyptienne du mot grec ἀθλοφόρος ne peut se traduire à la lettre que : le porteur de l'in-
« signe des combattants. Quant à la voyelle Ⲏ qui termine le mot ⲦⲚ̄ dans l'inscription de
« Rosette, elle me paraît exprimer la désinence plurielle copte Ⲏ, puisqu'une variante du
« même mot égyptien exprimant l'athlophore, que je lis, soit sur le papyrus Casati, soit sur
« le papyrus C de Grey, remplace cet Ⲏ par la voyelle ⲞⲨ ou Ⲩ, autre désinence du pluriel.
« Les variantes susdites portent aussi le déterminatif : le bras tenant le casse-tête au lieu
« de la massue. » Je me contenterai de faire observer : 1° que le groupe démotique sur
lequel Salvolini fait porter son analyse n'est pas exactement copié; 2° que les variantes
qu'il indique sans les reproduire ont été inutilement cherchées par moi; 3° enfin, que je
maintiens comme la seule naturelle et la seule vraie, l'analyse que j'ai donnée plus haut,
de la double expression démotique du mot grec.

Nous pouvons d'abord faire abstraction du groupe 〔ᴢ.ɪɪɪ⁄ᴢ〕, portant, porteuse, celle qui porte, groupe qui est commun, ainsi que nous l'avons vu, à toutes les dénominations égyptiennes des sacerdoces dont les noms grecs contiennent l'élément φόρος, auquel il correspond invariablement.

Il reste alors à étudier deux groupes bien distincts et dont la séparation est parfaitement marquée dans la variante tirée du papyrus 36 de Berlin.

Le premier de ces groupes se présente sous les formes suivantes :

$$\text{ᴢ⁄ᵎ⁄ᵌ , ᵡᵎ⁄ᵌ , ᵡᵎᴵᴵᵛᵌ}$$

qui diffèrent entre elles par la présence ou l'absence de la voyelle ɪɪ. Toutes les lettres nous étant connues d'ailleurs, nous devons lire le groupe

TNK ou TNIK.

Le second groupe offre les variantes suivantes :

$$\text{ᵡ⤫⤸ , ᵡᵧ⤫⤸ , ᵡᵎᵎ⤫⤸ , ᵡᵎᵎ⤫⤸}$$

comme pour le précédent, la voyelle est écrite ou supprimée, et lorsqu'elle est écrite, elle l'est par un seul ou par deux traits.

Cette fois encore tous les caractères du groupe nous sont connus, et nous obtenons les deux transcriptions NTREK et NTRK, dont la lettre initiale N est la particule de flexion, puisqu'elle n'est pas exprimée dans le contrat 36 de Berlin. En définitive, nous avons les deux groupes TNK, TNIK et TRK, TREK, dont il s'agit maintenant de trouver la signification. Ni l'un ni l'autre ne se trouve dans le lexique copte de Peyron. Mais j'y trouve les mots TNH (ⲦⲚⲌ.Ⲧ.ⲦⲈⲚⲌ. ⲦⲎⲚⲌ.M.) *ala*, et TRE(ⲦⲢⲈ.Ⲧ.ⲐⲢⲈ.M.) *vultur, milvus.*

En assimilant nos deux mots égyptiens à ces deux mots coptes, nous aurions pour traduction de l'expression égyptienne de la fonction sacerdotale de l'athlophore : celle qui porte l'aile de vautour.

M. Ch. Lenormand, dans son essai sur le texte grec de l'inscription de Rosette, s'est préoccupé de la nature des fonctions de l'athlophore et de la canéphore, et je ne puis mieux faire que de transcrire ici les notes qu'il a cru devoir ajouter à leur sujet, à son explication de la ligne 5. « Les titres d'athlophore de Bérénice « Évergète et de canéphore d'Arsinoë Philopator, reproduits dans « un contrat sur papyrus, dont M. Boeckh a donné l'explication, « offrent une énigme qui n'a pas encore été éclaircie. On ne pos- « sède pas de détails sur le culte institué en l'honneur des Ptolémées « déjà morts, et l'on ignore si ce culte n'offrait pas une combi- « naison des cérémonies grecques et des rites égyptiens.

« On reconnaît l'athlophore sur les bas-reliefs égyptiens, dans « l'officier qui accompagne la personne royale, en portant au bout « d'un long manche une grande plume, emblème de victoire. A « Ipsamboul, un prince d'Éthiopie est investi de cette fonction; à « Beitoualli, l'athlophore est un fils de Ramsès II. Existait-il un « rapport entre la prêtresse athlophore de Bérénice et les athlo- « phores des anciens Pharaons? C'est ce que nous ne pouvons « décider. Drumann croit que le sacerdoce de Pyrrha se rapportait « aux victoires que Bérénice, qui envoyait des chevaux aux jeux « Olympiques, était présumée y avoir remportées. On peut voir « rassemblées au même endroit, d'autres conjectures moins heu- « reuses encore d'Ameilhon, de Combe et de M. Boeckh. Drumann « et les autres interprètes ne sont pas plus satisfaisants dans leur « explication de la canéphore d'Arsinoë Philopator. On pourrait « considérer comme des canéphores les figures assez souvent re- « produites sur les monuments égyptiens, entre les mains desquelles « on remarque des corbeilles chargées des produits de la riche « végétation de la contrée. Voyez, par exemple, le soubassement de « la façade du grand temple à Dakké. »

On le voit, l'athlophore, sur les bas-reliefs égyptiens, est un officier qui accompagne la personne royale, en portant au bout d'un long manche une grande plume, emblème de victoire. Il n'y a donc rien d'étonnant à ce que l'athlophore de Bérénice Évergète soit intitulée celle qui porte l'aile de vautour. *Penna* veut dire à la fois aile et plume, et il est fort possible qu'il en ait été de même du mot

26

égyptien ⲧⲉⲛ⳨. Resterait alors à se rendre compte de la présence du signe ⳨ qui termine l'un et l'autre groupe. Ce signe, dont la valeur est parfaitement constatée, est un ⲕ, et très-probablement il n'y faut voir cette fois encore que des consonnes finales qui ont disparu de la prononciation, comme cela a eu certainement lieu pour le mot égyptien ⳨⳨/⳨, ⅾⅉⲢⲟⲕ (ⲭⲣⲟⲕ), devenu simplement ⲭⲣⲟ, ou ⳽ⲣⲉ, dans le copte moderne.

, Champollion (*Précis*, 1ʳᵉ édit., p. 96) rapporte, d'après Zoëga (*Catal. cod. copt.*, p. 455), des passages extraits d'une homélie de saint Schenouti (portant le n° CXCIV), et dont je me suis déjà servi pour essayer de démontrer que, pour les Coptes eux-mêmes, le mot ⲧⲏⲡⲟⲩ voulait dire les Dieux. Un de ces passages me fournit, relativement au mot ⲭⲣⲟ   , victoire ou vaincre, une remarque importante. Je transcris la citation de Champollion :

ⲟⲩⲟⲓ ⲙⲡⲉⲧ┼ ⲛ̅ⲧⲉϥⲟ̅ⲓⲭ ⲉⲣⲛ̅ⲣⲱϥ, ⲉϥⲟⲩⲱ̅ⲏ̅ⲧ ⲉⲣⲟⲥ, ⲉϥϫⲱ ⲙ̅ⲙⲟⲥ, ϫⲉ ⲭⲁⲓⲣⲉ Ⲡⲣⲏ, ⲏ ϫⲉ ⲭⲣⲟ⳨ ⲡⲟⲟ⳨.

Malheur à celui qui, portant la main vers sa bouche, adore en disant : Salut, ô Prê, ou bien : Sois victorieux, ô Pooh (1).

Nous trouvons d'abord dans ce passage un exemple moderne de la juxtaposition antique du pronom possessif après le nom. C'est le mot ⲉⲣⲛ̅ⲣⲱϥ qui nous le fournit; mais ce qui est plus digne d'attention, c'est le mot ⲭⲣⲟ⳨, qui devrait être écrit simplement ⲭⲣⲟ, et qui se trouve ici suivi d'un ⳨ⲟⲡⲓ.

Si Champollion ne s'est pas trompé, en le transcrivant ainsi, il se peut que ce ⳨ⲟⲡⲓ ait d'abord remplacé le ⲕ égyptien du mot ⳨⳨/⳨, pour tomber à son tour.   .

Peyron, du reste, en copiant aussi (p. 394, *Lexique*) les mots ⲭⲣⲟ ⲡⲟⲟ⳨, tirés du même texte, a fait disparaître ce hori, qui lui sem-

_____

(1) Voici le sens littéral de ce passage : Malheur à celui qui, plaçant sa main contre sa bouche, fait un acte d'adoration dans elle, disant salut, Rê, ou sois vainqueur, Ooh.

blait probablement irrégulier. Si j'insiste sur cette forme du mot,
c'est que je crois y trouver un fait analogue à celui qui a modifié le
mot ⲧⲉⲛⲥ dont la forme primitive était peut-être ⲧⲉⲛⲕ. Dans cette
hypothèse, l'altération de ce mot ne serait encore qu'à moitié con-
sommée, et elle se serait arrêtée après la première transforma-
tion (1).

Quant au mot TREK, vautour ou milan, il a tout à fait perdu sa
consonne finale ᴋ, pour ne conserver que les trois premières lettres ᴛ, ʀ, ᴇ. Les partisans du système de Champollion et de Salvolini, sur les déterminatifs démotiques qu'ils voyaient partout,
auraient pu tirer bon parti de la forme du groupe que nous venons
d'analyser. En effet, le mot aile ou plume, et le mot vautour, étant
tous les deux terminés par le signe ⲙⲁ qui ressemble assez à un
oiseau les ailes éployées, on pourrait, à la rigueur, prétendre que
ce signe ne joue ici que le rôle d'un déterminatif imprononçable.
Quant à moi, je ne suis pas plus disposé cette fois que toutes les
autres, à reconnaître autre chose que l'articulation ᴋ dans un signe
qui, partout ailleurs, se présente avec cette même valeur, bien
constatée.

En résumé, les Égyptiens désignaient l'athlophore de Bérénice
Évergète, soit par les mots : celle qui porte le fouet de la puissance,
soit par les mots : celle qui porte la plume de vautour.

Voilà donc deux des attributions des prêtresses athlophores,
qui nous sont révélées par les noms égyptiens de cette fonction sacerdotale.

---

(1) Le mot copte ⲦⲰⲞⲨⲚ2Ⲁ signifie *sustinere, portare, sustentare, tolerare.* Il vient
certainement de ⲦⲰⲚ. ᴍ. ʙ., *surgere,* ⲦⲈⲚ. ᴍ., et de 2Ⲁ, *in, super.* Il signifie donc à la
lettre : soutenir en haut. C'est là peut-être l'origine du mot moderne ⲦⲈⲚ2, aile.

Phrase 9 — 9.

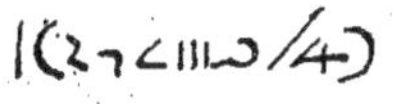

│(Ϟ┐ᴄⅢᴗ/4⸝) — (ʙʀɴɪᴋᴇ) │ — (Βρɴɪᴋε) │.

La première lettre du nom inscrit dans ce cartouche, se présente
à nous pour la première fois. Mais dès que les autres sont déterminées, la valeur de cette lettre s'en déduit forcément. Ces autres
lettres sont ʀ, ɴ, ɪ, ᴋ et ᴇ. Nous avons donc ici tous les éléments du
nom propre Βερενίκη, à l'exception de l'initiale ʙ. La lettre qui nous
était encore inconnue est donc nécessairement un ʙ, et nous avons
trouvé, à n'en pouvoir douter, le nom de Bérénice, au point même
où le texte grec nous avait appris qu'il devait se rencontrer.

———

Phrase 9 — 10.

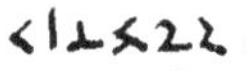

⟨ⅼⲦ≺ⳍⳍ — ᴇᴘʀᴅᴊᴇᴛ — ⲉⲛⲉⲣⲭⲉⲧ.

Forme féminine du mot ⅼⲦ≺ⳍ , ᴘʀᴅᴊᴇ, bienfaisant, Évergète.
(Voyez plus haut, Phrase 3 — 6, et Phrase 8 — 7.)

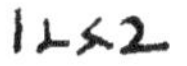

———

Phrase 9 — 11.

ⳍⅢⅼ/�485ᴗ — ᴀʀɪᴀ — Ἀριᴀ.

Ce nom ne présente aucune difficulté; il se lit immédiatement
ᴀʀɪᴀ, et il reproduit exactement le nom Ἀρείας, du texte grec.

———

Phrase 9 — 12.

ⲅ — ᴄʜᴇʀ — ϣⲉⲣⲉ — Fille de. (Voyez même Phrase 2.)

———

Phrase 9 — 13.

⟨ıⳂ⟩⟨ꝛⳑⳑı⟨ — TIOKNS — ΤΙΟΚϬΗΕϬ.

Tous les signes de ce nom propre nous sont connus; il se lit donc sans aucune difficulté TIOKNS. C'est le Διογένους du texte grec. L'organe égyptien ne connaissait pas la lettre D, et lorsqu'il fallait reproduire un nom propre étranger comportant ce son inusité, on y suppléait en employant le son dur analogue T. L'orthographe du nom Diogènes le démontre très-bien.

Phrase 9 — 14.

.....⟨ ıⳑ⟩ — FIN — ϥⲁıⲛ.....

Après le nom d'Aria, fille de Diogènes, le texte grec nous offre la désignation de son ministère dans le mot Κανηφόρου; malheureusement, le texte égyptien présente ici une lacune à cause de la fracture de la pierre, dont le morceau enlevé contenait le commencement des quinze premières lignes du texte démotique. Nous ne pouvons donc espérer de reconnaître ici, comme nous avons eu le bonheur de le faire en étudiant l'expression égyptienne correspondante au grec Ἀθλοφόρος, quelque indication des fonctions attribuées aux prêtresses canéphores.

La troisième ligne du texte se termine par le groupe ⟨ ıⳑ⟩ dans lequel il n'est pas possible de méconnaître le radical copte ϥı, ϥⲁı, porter, que nous avons déjà retrouvé dans le nom de l'athlophore. La lettre qui vient après le mot ıⳑ⟩ , est fort probablement un article pluriel N; mais quel était le nom auquel cet article se rattachait? c'est ce qu'il faut se résigner à ignorer.

Toutefois, je ne puis me dispenser de donner ici quelques conjectures sur le groupe qui, dans le texte des contrats démotiques, remplace constamment la dénomination grecque de canéphore.

En voici les variantes que j'ai réunies en étudiant les papyrus déjà publiés.

Pap. A. de Grey, Y. de Young.

Pap. A'. de Grey.

Pap. B. de Grey.

Pap. C. de Grey, *Hiérog.* Pl. 35.

Pap. n° 1, *Jour. asiatique*, 1823.

Idem, n° 2, *idem*.

Pap. 36, de Berlin.

Toutes les variantes copiées dans le dictionnaire de Young me paraissent avoir grand besoin d'être vérifiées sur les originaux, si j'en juge par celle qui est extraite du papyrus 36 de Berlin, publiée par Kosegarten, et dont la copie de Young est peu exacte. Je ne puis donc me fier qu'aux variantes extraites des **deux** protocoles publiés en 1823 dans le *Journal asiatique* par M. Champollion-Figeac, et du papyrus 36 de Berlin, dont le fac-simile orne le livre de Kosegarten. Nous trouvons bien des différences notables entre ces trois variantes; mais elles ne suffisent pas moins pour légitimer entièrement la décomposition du groupe total en trois parties distinctes.

La première n'est autre chose que le qualificatif féminin ЕФІРЕ (papyrus 36 de Berlin, et pap. de Grey), muni de l'article final т dans les deux protocoles du *Journal asiatique*, lesquels ont été très-probablement tracés par le même scribe. Nous avons déjà étudié ce mot (phrase 9-4); il serait donc superflu d'y revenir ici; qu'il nous suffise de rappeler qu'il signifie: la porteuse ou celle qui porte.

La seconde se présente sous les trois formes:

, . Toutes les trois commencent par les lettres ТNАÔ ou ТNÔ seulement; quant au signe final des deux premières, j'ignore sa valeur; mais je dois noter ici qu'il représente l'idée or, χρυσὸς, dans le texte du décret de Rosette, et que or se dit нотв en copte. C'est une corbeille qui dans les textes sacrés signifie seigneur, инв, et tout, ниві ; en copte нотвт. м. signifie *implexere, intexere ramos palmæ*, нввϯ. м. инвтв. т. *opus contextum ex plexis palmis*, нвчт. м. нвтч. т. *flectere, inflectere;* et il est fort possible que la forme première de ce mot ait été simplement нвч, de même que le mot нвч. т. *sufflare*, prend la forme нвчт, quand il est muni des suffixes. La canéphore était une prêtresse dont le nom grec nous indique clairement que dans les cérémonies elle portait une corbeille. Je laisse à de plus habiles le soin de déduire quelque conclusion du rapprochement de ces faits que je n'ai voulu que rapporter ici. S'agit-il d'une corbeille sacrée désignée par le signe ⌒̣ ? ou bien la corbeille ou tout autre objet, attribut de la canéphore, désigné par le groupe ⎰ ou ⎰ , était-il d'or, ainsi qu'on peut encore le supposer en trouvant l'expression constante de l'or ⌒̣ , telle qu'elle se rencontre dans le texte démotique de Rosette? C'est ce que je ne suis nullement en état de préciser. Dans la première hypothèse, nous pourrions lire тоноу , *sursùm* (тоноу, тωноу, тонω, тϣнв), de тωотн, тωн, тви, тωωн, тотн, *ferre, deferre, surgère, sustinere, tolerare;* et par suite, le nom de la canéphore signifierait littéralement : celle qui porte en l'élevant la corbeille. Mais cette explication est si incertaine, que j'ai presque regret de m'y arrêter un instant. Enfin, la troisième et dernière partie est certainement le mot мáн que nous avons étudié (phrase 9-8), et qui signifie *in conspectu*, *in aspectu*, devant, et par suite, à, comme dans le copte moderne.

Nous ne pouvons donc affirmer qu'une seule chose, c'est que le nom égyptien de la canéphore est exactement de la même forme que celui de l'athlophore, et que cette prêtresse était chargée dans les cérémonies religieuses de porter quelque chose, probablement une corbeille sacrée, devant l'effigie de la déesse Arsinoë Philadelphe.

Nous avons vu quelle incertitude naissait généralement de l'étude des textes démotiques manuscrits; il est probable que tant qu'une nouvelle inscription démotique gravée sur pierre n'aura pas été retrouvée, il sera fort difficile de se rendre un compte satisfaisant du groupe qui, dans l'écriture démotique, était destiné à représenter les fonctions de la prêtresse que les Grecs ont appelée la canéphore.

LIGNE 4,

Phrase 9 — 15.

$|(\,\text{ꝛↄ}\,\text{III}\,\text{ꝗ}\,\text{II}/\text{ꝛ}\,)$ — ((ARS)INE) | — ((ΑΡC)IΝOϵ) |

Nous ne pouvons avoir d'hésitation pour reconnaître dans ces cinq premiers signes de la quatrième ligne, la fin du nom propre de la reine Arsinoë, accompagné de la portion de gauche du cartouche royal. Ce nom, que nous avons étudié déjà (phrase 7 — 11), ne nous ayant présenté aucune difficulté de lecture, nous pouvons en toute sûreté la restituer ici, ainsi que l'exige d'ailleurs le contexte de la phrase grecque correspondante.

Phrase 9 — 16.

ꝗ ꝙↄ — ERPꞨN — ϵPϥϵN.

Le surnom qui dans le texte grec accompagne le nom d'Arsinoë étant φιλαδέλφου, nous devons nécessairement en trouver l'équivalent dans le texte démotique, et cet équivalent ne peut nous être fourni que par le groupe que je viens de transcrire; il faut donc chercher à analyser ce groupe, de façon à reconnaître à posteriori qu'il comporte bien le sens que le contexte lui assigne à priori.

Nous avons déjà rencontré plusieurs mots égyptiens correspondant à des mots grecs contenant l'idée : a imer, rendus par le dissyllabe φιλο. Ce sont, ligne 2 et 3 , ꝗꝙꝛꝙↄ et ꝗꝙꝛↄꝙↄ, φιλοπατόρων; ligne 2, ꝙↄꝗꝩ, ἠγαπημένῳ ὑπὸ τοῦ Φθα.

L'analyse de ces mots nous y a fait reconnaître la syllabe égyp-

tienne ⳑⲟ , ʀꜰ (ⳑⲥⲟ , ʀᴀꜰ des papyrus) pour l'équivalent du
dissyllabe grec φιλο. Cette même syllabe se trouve donc parfaitement à sa place dans le groupe dont nous nous occupons actuellement, groupe qui est affecté du signe initial du féminin ⳡ ,ainsi
que cela doit être, puisqu'il est directement en rapport avec le
nom de femme Arsinoë : nous avons donc déjà le droit d'opérer
dans ce groupe la coupure qui sépare les deux idées, aimer et frère,
impliquées par l'expression grecque φιλαδέλφου. Dès lors, la première
partie de ce groupe étant bien déterminée, il ne s'agit plus que
d'opérer la lecture matérielle, et par suite l'explication rigoureuse
de la dernière. Deux signes seulement la composent; le premier
qui paraît ici pour la première fois, ne nous est malheureusement
fourni par aucun nom propre; il serait donc fort difficile d'en déterminer la valeur, si le manuscrit de Leyde à transcriptions
grecques ne nous offrait assez fréquemment le signe ⳑ avec la
valeur du sigma grec. Ce fait une fois reconnu, il n'est plus difficile de se rendre compte de la forme du mot lui-même, et par
suite de la valeur de son second signe. En effet, en copte, le mot
frère se dit ᴄᴏɴ (ᴄᴏɴ. ᴛ. ᴍ. ᴄᴀɴ. ʙ., d'où ᴄⲱⲧⲉ. ᴛ. ᴄᴏɴ. ᴍ. ʙ., sœur,
et ᴄᴍⲁⲧ. ᴛ. ᴄɴʜⲧ. ᴛ. ʙ. ᴄɴʜⲟⲧ. ᴍ. ʙ. frères); et par conséquent le
petit trait qui accompagne l's initial du mot égyptien représentant l'idée frère, peut être reconnu pour l'articulation ɴ, ɴ, que
nous trouvons, dans le texte du décret, représentée à chaque pas
par le même petit trait plus ou moins incliné.

Nous obtenons donc, en résumé, par la transcription matérielle
du mot égyptien signifiant philadelphes, ou qui chérit son frère,
ᴇʀꜰsɴ, ⲉⲣϥᴄɴ (avec les voyelles à restituer, ⲉⲣⲁϥᴄᴏɴ), et ce mot,
convenablement coupé, nous présente les mots composants ⲉⲣⲁϥ,
signifiant, ainsi que nous l'avons reconnu plus haut, celle qui
aime, ᴄᴏɴ, mot copte ayant le sens frère. C'est précisément là
le sens que nous devions nous attendre à rencontrer; dès lors nous
avons le droit d'affirmer que notre lecture est bonne et inatta-
quable.

Voici, du reste, de quoi la confirmer. Les contrats démotiques nous offrent fréquemment l'idée philadelphe, exprimée par des groupes se rapportant tantôt à un nom de roi, tantôt à celui d'une reine. Je choisis donc quelques variantes dont la vue justifiera la lecture que j'ai proposée :

(Féminin) Pap. A. de Grey, Y. de Young, *Hiérogl.*, pl. XXXIV.

id. id. B. de Grey, Z. de Young, copie A' de Paris.

(Masculin) Papyrus Casati.

(Féminin) Papyrus 36 de Berlin.

(Masculin) idem.

Les variantes du papyrus A, de Grey comportent, après le mot RAF, l'article féminin ‹ , T; celle du papyrus B. de Grey nous offre la ligature de la lettre ⸮ , s et de l'N démotique ordinaire ⸮ . Quant à celles qui sont extraites du papyrus 36 de Berlin, l'une d'elles semble montrer que le trait qui suit l's initial du mot CON, est un signe souscrit comme le trait qui accompagne le ϥ qui précède, trait qui, fort souvent, se réduit dans les contrats à un simple point. Enfin, la variante du masculin, tirée du même papyrus, semble comporter un N véritable, formé d'un trait horizontal avec un point souscrit, que le scribe a négligemment lié au trait supérieur.

Je dois encore ajouter ici un fait essentiel, c'est que l'idée : Dieux adelphes, qui se rencontre souvent dans les textes démotiques, est représentée par les groupes suivants :

Décret de Rosette, ligne 22.

Papyrus 36 de Berlin.

Papyrus de Paris, O. de Young.

Papyrus de Berlin, 41, B.

Il est impossible de méconnaître au premier coup d'œil 1° le groupe pluriel Dieux ; 2° celui auquel nous avons assigné plus haut la signification frère, mais cette fois avec la désinence du pluriel.

En définitive, le premier signe de ce mot est bien certainement un s, et le second peut être un N, bien que parfois il paraisse plus probablement n'être qu'un simple petit trait abréviatif. Quoi qu'il en soit, le sens de ce groupe n'est pas douteux, il signifie frère ; il est souvent entièrement comparable au mot copte ⲥⲟⲛ, frère; mais quelquefois aussi il ne présente que l'initiale de ce mot, suivie d'un point abréviatif. Il n'en demeure pas moins certain que notre traduction du groupe égyptien 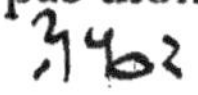, est légitime, aussi bien que sa transcription ERFSN (ⲉⲣⲁϥ ⲥⲟⲛ).

Phrase 9 — 17.

 — HRNE.R. — ϩⲓⲣⲉⲛⲉ. ⲣ(ⲁⲛ).

Les caractères de ce groupe nous sont tous connus. Le premier pourrait être la particule de flexion ⲛ̄ ; mais il n'est ici qu'un signe de ponctuation, comme celui que nous avons déjà reconnu devant le nom 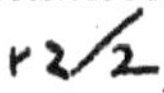, de Pyrrha ; le second est le ϩⲟⲣⲓ ; le troisième un R ; le quatrième un N ; le cinquième, la voyelle vague A, E, O, et le sixième l'R, qui termine les noms propres autres que les noms royaux, et dans lesquels j'ai pensé que l'on devait reconnaître l'initiale ⲣ du mot ⲣⲁⲛ placé à la suite des noms propres, pour en indiquer la nature même. Nous avons donc le nom HRNA R (ϩⲣⲛⲉ ⲣ.) qui, avec les voyelles supprimées, devient HIRENA R(AN), ϩⲓⲣⲉⲛⲉ. ⲣⲁⲛ. La contre-partie grecque nous offrant, en ce point, le nom Εἰρήνης, il y a, comme toujours, accord parfait entre les deux textes.

Quelques-uns des savants qui ont cherché à déchiffrer le texte démotique du décret de Rosette, ont cru devoir déduire de la lecture de ce nom, la valeur d'une voyelle E ou I pour le signe . Ainsi Kosegarten (page 8) a admis qu'il devait être transcrit I ou EI; mais j'ai fait voir déjà que c'était une erreur, et que l'un des papyrus publiés dans le *Journal Asiatique* de 1823, en nous offrant la variante  de ce nom, rendait à lui seul très-évidente la nature propre de ce signe, qui n'est qu'une véritable aspiration, ainsi que le démontre surabondamment, d'ailleurs, le manuscrit de Leyde à transcriptions grecques.

Phrase 9 — 18.

 — CHÈR — ϣⲉⲣⲉ. — Fille de. (Voyez plus haut, Phrase 9—2).

Phrase 9 — 19

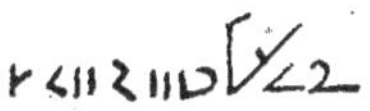 — PTLOMIOS. R. — Ⲡⲧⲗⲟⲙⲓⲟⲥ ⲣⲁⲛ.

Nous retrouvons ici, lettre pour lettre, le nom déjà bien connu de Ptolémée, ainsi que cela devait être, puisque le texte grec nous apprend que la prêtresse Irène était fille d'un Ptolémée. Mais comme cette fois l'individu qui porte ce nom n'est plus qu'un personnage vulgaire, le cartouche qui enveloppe les noms royaux a disparu, et il se trouve remplacé par l'R, que l'on avait soin d'inscrire après les noms propres, pour éviter toute méprise dans leur lecture.

Phrase 9 — 20.

 — OU ? A. — (ⲟⲩ. ⲁ) ?

Prêtresse (voir plus haut, Phrase 8 —1).

En ce point, malheureusement, la pierre est peu nette, et il devient impossible de déterminer le signe qui précédait le groupe en question, et dont on n'aperçoit que de faibles traces.

Ce signe, si toutefois il existait, était-il destiné à faire passer au féminin le groupe 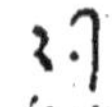 , ordinairement masculin? C'est ce que je ne suis nullement en état de préciser. Je ne puis donc me permettre qu'une seule chose, c'est d'affirmer que le groupe en question est l'équivalent du mot ἱερείας, de la contre-partie grecque, et que nous y trouvons l'image habituelle de l'idée prêtre, pur, (ⲟⲩⲏⲃ des Coptes et du dialecte sacré) abstraction faite de la particule grammaticale, quelle qu'elle soit, qui devait ici modifier le genre du mot.

Phrase 9 — 21.

 — (ARSINE)| — (Ⲁⲣⲥⲓⲛⲟⲉ)| — Arsinoë.

Phrase 9 — 22.

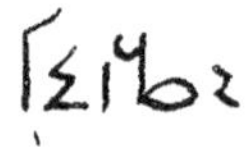 — ERFETO — ⲉⲣⲁϥⲉⲧⲟ. — Philopator.

Il est inutile de revenir ici sur la lecture matérielle et le sens de ce mot, déjà suffisamment analysé plus haut.

La phrase que nous venons d'analyser se transcrit donc :

PRA. R. CHER PILINS. R. FIPE RPR N PKNICH MAH (BRNIKE)| EPRDJET, ARIA CHER TIOKNS FI.N..... INE)| ERFSN, HRNE. R. CHER PTLOMIOS. R.... (OUÈB)? (ARSINE)| ERFETÔ.

Transcrivant de nouveau tous les mots en lettres coptes, et restituant les voyelles, les particules de flexion et les articles supprimés, nous obtenons, en définitive, le texte suivant, qui peut être comparé au copte :

Ⲡⲓⲣⲁ ⲣ(ⲁⲛ) ϣⲉⲣⲉ ⲛ̄ Ⲡⲓⲗⲓⲛⲟⲥ ⲣ(ⲁⲛ) ϥⲉⲓⲡⲉ ⲡⲣⲓⲡⲓⲣ ⲛ̄ ⲡⲓⲕⲛⲓϣ ⲙⲁϩ (ⲃⲉⲣⲉⲛⲓⲕⲉ)| ⲉⲡⲉⲣϫⲓⲧ, Ⲁⲣⲉⲓⲁ ϣⲉⲣⲉ ⲛ̄ Ⲧⲓⲟⲕⲉⲛⲉⲥ ϥⲉⲓⲛ .... (ⲙⲁϩ Ⲁⲣⲥ) ⲓⲛⲟⲉ)| ⲉⲣⲁϥⲥⲟⲛ, ϩⲓⲣⲉⲛⲉ ⲣ(ⲁⲛ) ϣⲉⲣⲉ ⲛ̄ Ⲡⲧⲟⲗⲟⲙⲉⲓⲟⲥ ⲣ(ⲁⲛ) (ⲟⲩⲏⲃ)? ⲛ̄ (Ⲁⲣⲥⲓⲛⲟⲉ)| ⲉⲣⲁϥⲉⲧⲟⲉ.

Et cette phrase, ainsi que nous venons de le vérifier par l'analyse, nous offre le sens suivant, tout à fait identique avec celui de la phrase grecque correspondante. Pyrrha (nom propre), fille de Philinus (nom propre), portant le fouet de la puissance devant Bérénice l'Évergète, Areia, fille de Diogènes, portant les...... devant Arsinoë Philadelphe; Irène (nom propre), fille de Ptolémée (nom propre), étant prêtresse d'Arsinoë Philopator.

LIGNE 4 — 5. — PHRASE 10.

Texte égyptien :

Texte grec :

Ψήφισμα οἱ ἀρχιερεῖς καὶ προφῆται καὶ οἱ εἰς τὸ ἄδυτον εἰσπορευόμενοι πρὸς τὸν στολισμὸν τῶν θεῶν, καὶ πτεροφόραι, καὶ ἱερογραμματεῖς καὶ οἱ ἄλλοι ἱερεῖς πάντες οἱ ἀπαντήσαντες ἐκ τῶν κατὰ τὴν χώραν ἱερῶν εἰς Μέμφιν τῷ βασιλεῖ πρὸς τὴν πανήγυριν τῆς παραλήψεως τῆς βασιλείας τῆς\Πτολεμαίου αἰωνοβίου, ἠγαπημένου ὑπὸ τοῦ Φθᾶ, θεοῦ ἐπιφανοῦς εὐχαρίστου ἣν παρέλαβεν παρὰ τοῦ πατρὸς αὐτοῦ, συναχθέντες ἐν τῷ ἐν Μέμφει ἱερῷ, τῇ ἡμέρᾳ ταύτῃ, εἶπαν.

Le texte égyptien doit être scindé en groupes de la manière suivante :

Il se transcrit en lettres coptes ainsi qu'il suit :

ϫⲉ ⲛ̄ ϩⲣⲁ ⲉⲡⲛ ⲡⲟⲩⲁ ⲛ̄ⲧⲛⲟⲩ ⲏⲣ ⲛⲓⲧⲓ ⲏⲣ ⲛ̄(ⲟⲩⲏⲃ)ⲓ ⲩ̄ ⲩⲧ ⲣⲩ(ⲟⲩⲁⲃ)ϩⲓ
ⲧ ⲡⲣⲟⲩⲟ(ⲟⲩ)? ⲛ̄ ⲛ̄(ⲧⲏⲣ)ⲟⲩ ⲏⲣ ⲛ̄ⳉⲓ ⲟⲩϫⲓⲁ ⲏⲣ ⲛ̄ⳉⲓⲛϩⲉⲱⲛϩⲉ ⲏⲣ ⲛϭⲉⲓ ⲉⲧⲡⲁⲧ ⲛ̄
ⲛⲁⲡⲓϩⲓ ⲕⲩⲉⲣ.... ⲡⲥⲩⲟ ⲛ̄ ⲡⲕⲣ ⲧⲧⲏⲕⲉⲟ ϩ ⲛ̄ ⲧ ⲩⲁⲧⲱⲁⲣ (ⲡⲧⲁⲟⲩⲓⲟⲥ) ⲱϫⲧⲉ
ϥⲧⲁϩⲣⲡ, ⲡⲧⲏⲣ ϩⲉⲩⲓ ⲩ̄ ⲉⲧⲡⲉ ⲛ̄ⳉⲣϫⲣⲧ ⲛⲥⲁ ⲛ̄ ⲉⲧⲟⲉ, ⲉⲧⲁⲁϥ ⲛ̄ ⲱⲕϩ ⳝϫⲣⲟⲓ
ⲉⲧⲧ ⲛⲥⲁ ⳉϥ

Et se traduit mot à mot:

Donc , en ce jour, décret; les prêtres suprêmes et les devins, et
les prêtres en présence de l'auguste demeure de prêtre pour donner les vêtements aux Dieux , et les scribes proclamant la gloire et
les scribes séparés vivant séparés, et les autres prêtres accourus
des temples d'Égypte... la célébration de la susception des confirma-
tions de gloire à faire pour le roi Ptolémée vivant en permanence,
Phtah le chérissant, le Dieu régnant en haut par sa munificence,
après son père, réunis dans le temple de Memphis, disant ensuite
touchant lui.

Nous avons maintenant à justifier cette transcription et la traduction qui en découle.

Phrase 10 — 1.

ⳝ — DJE — ϫⲉ.

La lecture de ce groupe est indubitable; elle nous fournit le
mot ϫⲉ, qui n'est autre chose que la particule copte ϫⲉ comportant
les différents sens : *Dicens, dicentes, ultrà, prætereà, ampliùs,
igitur, verò (vel similis particula pleonastica,* ajoute le savant
Am. Peyron). Nous pouvons donc lui attribuer ici le sens : donc
ou or, à notre choix.

Phrase 10 — 2.

— — N — N̄ — dans.

Phrase 10 — 3.

 — HRA — ϩⲣⲁ.

Trois signes composent ce groupe : le premier est le hori initial du nom d'Irène. Ce hori forme évidemment une ligature avec le second signe qui est un cercle ouvert par le haut ; le troisième est une voyelle A, E ou I. Nous avons donc le mot HRA dont il s'agit d'obtenir rigoureusement la signification, après en avoir *à priori* constaté le sens certain, par l'examen des différents passages du décret dans lesquels ce mot se trouve.

A la ligne 23 nous lisons les mots 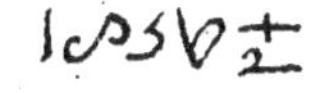, ⲥⲟⲡ 3 ⲧⲉ ϩⲣⲁ, trois fois chaque jour.

A la ligne 24, 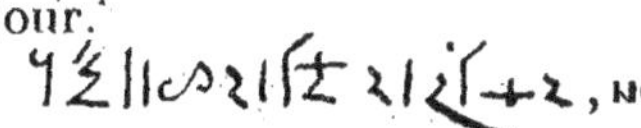, ⲛⲥⲱⲙⲓ ⲛⲥⲧⲱⲓ ⲛϩⲣⲁⲓ, les panégyries solennelles des jours.

A la ligne 25, 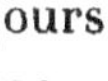, ⲡϩⲣⲁ, aujourd'hui.

Aux lignes 27 et 28, 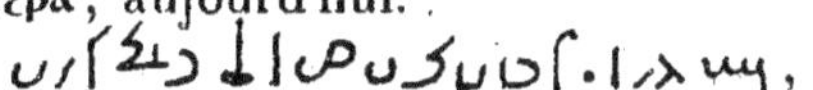, (4 ϩı) (mésori), 30, ⲙⲉⲡⲧ ⲡϩⲣⲁ ϣ ⲙⲁⲧⲱⲁⲣ, le 30 de mésori dans lequel est à célébrer le jour de la naissance du roi.

A la ligne 28, 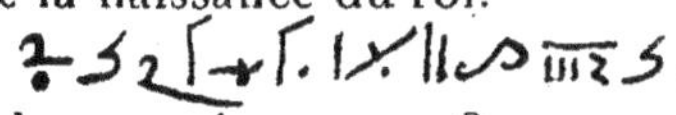, ⲧ ⲛⲁⲓ ϩⲣⲁⲓ 17. 30. ⲥⲱⲙ ⲧ ⲡ. Célébrer dans ces jours, 17, 30, une panégyrie, chaque mois.

Enfin, ligne 29, 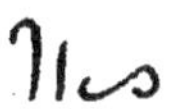, le jour 5.

Du rapprochement de tous ces passages, il résulte indubitablement que les groupes 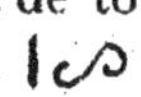, 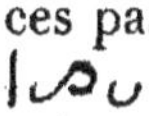 (avec l'article) et au pluriel 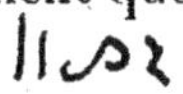, signifient jour, le jour, les jours.

Dans le texte hiéroglyphique du même décret, le mot jour est rendu, ligne 12, par le groupe 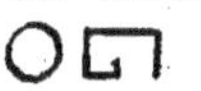, se lisant nécessairement HR, ϩⲣ, comme notre groupe démotique ; à la ligne 10 nous trou-

vons l'idée, le jour de naissance exprimé par le groupe complexe ⟨O ⊓ HR ⟩, HRMS, ꝫpuc., dans lequel il est impossible de
ne pas reconnaître sur-le-champ le mot uec т. м. uac. м., *gignere*,
parere, uice. т. uici м., d'où est venu eꝫooт uuici. м. ꝫoтuice. т. jour
de naissance. Il est donc certain que dans les deux dialectes
sacré et vulgaire, à l'époque où fut rédigé le décret de Rosette,
l'idée simple, jour, était rendue par le même mot ꝫpᴀ, tandis que
l'idée composée, jour de naissance, était ꝫpuc pour le dialecte
sacré, et ꝫpᴀᴙ (1) pour le dialecte vulgaire; ce qui, soit dit en
passant, est une preuve de plus de la dissemblance de ces deux
dialectes.

Je ne puis maintenant me dispenser de rapporter ici l'opinion
de Champollion sur les différents groupes, sacrés et vulgaires, qui
sont destinés à représenter l'idée jour. Je transcris donc ce qu'il en
dit dans son Mémoire sur les notations du temps (Mém. de
l'Acad., t. XV, 1ʳᵉ part., p. 80 et suiv.).

« Le rectangle ouvert par le bas, qui est un caractère phonétique
« répondant à notre н, le hori ꝫ des Coptes, est l'initiale du mot,
« et le caractère soleil n'est que le déterminatif tropique de ce
« mot lui-même. On trouve souvent, en effet, le groupe entier et
« sans abréviation, dans les textes hiéroglyphiques ou hiératiques
« de toutes les époques.

« Quelquefois, comme par exemple dans le papyrus funéraire
« du jeune Soter, appartenant au Musée du Louvre, le groupe se
« compose des signes phonétiques le rectangle ouvert (ꝫ), l'aigle
« (ᴀ ou o), le *lituus* (oт), suivi du disque solaire qui est le détermi-
« natif tropique. Nous avons ici évidemment le mot ꝫaт, ou bien
« ꝫooт, qui, dans les divers dialectes de la langue copte, signifie en

---

(1) Il n'en faudrait pas conclure cependant que le mot ᴙ avec le sens de naître, n'existait
pas dans le dialecte sacré ; c'est là un fait que je n'entends nullement avancer.

« effet le jour, et a été en toute occasion employé dans le texte
« copte de la Bible pour rendre le mot grec ἡμέρα.

« Mais les monuments écrits nous prouvent aussi que les anciens
« Égyptiens employaient communément avec le mot ϩοοⲩ un autre
« mot exprimant aussi l'idée jour. Dans les plus anciens textes
« hiéroglyphiques, lorsque ce mot a été tracé sans abréviation,
« avec tous ses éléments constitutifs, il se compose du rectangle
« ouvert ϩ, de la bouche ⲣ, et de la caille ou poulet, ⲱ, ⲟⲩ, et ce
« mot ϩⲣⲟⲩ, qui pouvait aussi se prononcer ϩⲟⲩⲣ, vu le déplacement
« assez ordinaire de la voyelle dans les transcriptions phonétiques,
« est également déterminé par le disque solaire.

« Quoique les lexiques coptes ne renferment, à notre connais-
« sance du moins, aucun mot semblable au mot égyptien ϩⲟⲩⲣ
« ou ϩⲣⲟⲩ, comme l'équivalent des idées jour et clarté, sa valeur
« ne saurait être mise en doute, puisqu'il est constamment employé
« en opposition, soit au mot ⲥⲱⲣϩ (copte ⲥⲱⲣϩ, ⲥⲱⲣⲁϩ, ⲉⲭⲱⲣϩ),
« la nuit, phonétiquement exprimé par le fer de hache (ⲥ ou ⲭ),
« la bouche (ⲣ) et la chaîne (ϩ), et tropiquement déterminé par les
« images du ciel et d'une étoile, soit avec le mot ⲟⲩⲏ (copte
« ⲟⲩⲏⲛ), nuit, obscurité, écrit par les signes de son, la caille,
« ⲟⲩ, et le jardin, ⲏ, déterminé également comme le mot ⲥⲱⲣϩ,
« la nuit, par les images réunies du ciel et d'une étoile.

« Les parties du texte démotique du monument de Rosette qui
« correspondent aux passages du texte hiéroglyphique dans les-
« quels nous avons reconnu la notation de l'idée jour, en carac-
« tères sacrés, offrent aussi la notation de cette même idée, suivant
« la méthode démotique. C'est la simple transcription du groupe
« hiéroglyphique, c'est-à-dire le caractère phonétique initial ⲣ, ϩ,
« abréviation du mot ϩοοⲩ, jour, lié avec le déterminatif soleil, le
« disque, suivi de la ligne perpendiculaire.

« Pour compléter enfin nos recherches sur la notation de l'idée
« jour dans les diverses écritures égyptiennes, il faut ajouter que,
« en collationnant et comparant entre eux plusieurs exemplaires

« du grand rituel funéraire hiéroglyphique, nous avons acquis la
« certitude que les Égyptiens se servirent aussi, pour exprimer l'idée
« jour, du caractère soleil, accompagné, comme d'habitude, d'une
« ligne perpendiculaire ⊙ | ou ⊙̣ , c'est-à-dire, qu'ils traçaient
« seulement par abréviation le déterminatif des mots ⲣⲟⲟⲩ et ⲣⲣⲟⲩ,
« de la même manière qu'ils employaient aussi pour exprimer l'idée
« nuit, l'image du ciel et de l'étoile qui sert de déterminatif au
« mot ⲥⲱⲣⲉ, la nuit, en supprimant ainsi la représentation phoné-
« tique du mot lui-même. Les textes hiéroglyphiques offrent du
« reste une foule d'exemples de l'emploi des déterminatifs seuls à
« la place des groupes phonétiques suivis de ces mêmes détermi-
« natifs. »

Je dois maintenant revenir sur quelques-uns des points de doctrine énoncés par Champollion, dans le précieux passage qui précède, avant de proposer la lecture que j'ai pensé devoir adopter.

L'existence simultanée des différents groupes ⊓ ⟆ ρ ⊙ ,
⊓ ⊙ , ⊙ | , ⊙ , ▭ ⟆ ⟨ ρ et ▭ ρ ⊙ , ne semble devoir sugge-
rer d'autres réflexions encore que celles qu'a enregistrées Champollion. Tous ces groupes ont certainement la même signification; cela
ne saurait être douteux; mais comment cela peut-il arriver? C'est
ce qu'il faut tâcher de découvrir; car il ne suffit pas, à mon avis,
d'affirmer que les Égyptiens se servaient indifféremment des mots
ⲣⲟⲟⲩ, ⲣⲣⲟⲟⲩ ou ⲣⲟⲩⲡ, pour exprimer l'idée jour : il faut justifier,
s'il est possible, l'emploi de ces deux mots fort différents.

Avant tout, rappelons le rôle que Champollion assigne à la
petite ligne perpendiculaire placée à la suite des signes hiéroglyphiques (Grammaire, p. 59, n° 78). « Enfin, plusieurs caractères figu-
« ratifs ou tropiques sont habituellement accompagnés de la mar-
« que , soit pour indiquer leur passage de l'état phonétique à l'état
« figuratif, comme ⟨⟩ | , ⲣⲟ, face; ⟨⟩ ⌡ , ⲭⲱ, tête; ⟨⟩ | , ⲣⲱ, bou-
« che, porte, chapitre; soit pour avertir de la transition d'un signe
« phonétique à l'état tropique, ou même symbolico-phonétique; tels
« sont, par exemple, les caractères ⊙ | , ou ⟆ | , ⲣⲓ, fils; ⟆ | ,

« ʙᴀɪ, âme, 🦅 , ⲍⲱⲣ, horus; ⌊⌋ɪ , ⲕᴀ, ⲕⲱ, offrande; ⊏⊐ɪ, ʜɪ,
« ⲩⲁⲛⲅⲱⲛⲉ, maison ;⊙ɪ , ⲣʜ, soleil et ⟨ , ⲟʙⲍⲉ, dent. »

Je ne discuterai pas ici la valeur des différentes transcriptions
contenues dans ce passage, cela m'entraînerait trop loin de mon
sujet, et je dois me contenter d'en extraire la règle adoptée par
Champollion.

Un signe muni de la petite barre perpendiculaire, passe de l'état
phonétique, soit à l'état figuratif, soit à l'état tropique, ou même
symbolico-phonétique. Ceci posé, les groupes ⊓⊐ ⊙ et ⊙ , n'é-
tant pas accompagnés du trait perpendiculaire, sont, par conséquent, phonétiques, et se lisent ʜʀ et ʀ. Passons aux autres groupes
ayant la même signification jour, et dans lesquels le disque solaire
est suivi du trait perpendiculaire. Dès lors, le signe ⊙ de phonétique qu'il était, devient tropique ou symbolico-phonétique, ou
figuratif.

Le caractère ⊙ tropique l'est par métonymie, suivant Champollion (*Grammaire*, p. 24), qui dit : « Ainsi on exprima le jour par le
« caractère figuratif du soleil ⊙ , qui en est l'auteur et la cause. »
Il est clair que dans ce cas, ce signe, suivant Champollion, n'est
plus du tout phonétique et n'entraîne l'émission d'aucun son qui lui
soit exclusivement propre. Mais si le signe ⊙ , par l'addition du
trait vertical, devient symbolico-phonétique, il faut nécessairement
qu'il soit prononçable. Or, pour Champollion, les mêmes signes
sont nommés indifféremment symboliques ou tropiques, et, par
conséquent, pour lui un signe symbolico-phonétique est rigoureusement un signe phonétique, auquel l'addition du trait perpendiculaire n'a fait éprouver aucune espèce de changement ; car il était
phonétique sans le trait, et il reste phonétique avec ce trait.

Reste enfin le cas où le signe, muni d'un trait, devient figuratif ;
il représente alors un objet dont il est l'image conventionnelle ex-
clusive, par conséquent il peut et doit se prononcer.

Résumons ceci. Dans les groupes exprimant l'idée jour et contenant le groupe terminal ⊙ɪ , ou bien celui-ci est tropique et il

ne se prononce pas, ou bien il est figuratif ou symbolico-phonétique,
et alors il se prononce. Voilà ce que Champollion ne dit pas.

Quelle est, de ces deux conclusions opposées, celle que le lecteur
égyptien devait adopter? Il eût été important de trouver une règle
qui déterminât simplement et évidemment les cas où l'addition de
la barre perpendiculaire enlevait le phonétisme au signe qui en
était muni, des cas où l'addition de cette barre lui laissait le phonétisme qu'il possédait avant.

Je l'avoue, tout ceci me semble singulièrement sujet à contesta-
tion, et j'aime mieux croire que le groupe ☉| se prononçait RA dans
tous les cas. J'espère, du reste, en fournir une preuve décisive tout à
l'heure. Voyons, dans cette hypothèse, ce que nous donne la transcription complète des différents groupes signifiant jour; nous avons
les mots HAORA, HR, RA, R, HRORA, qui se groupent immédiatement en
trois classes: la première contenant les mots HAORA, HR; la deuxième,
plus compliquée, contenant le mot HRORA, et enfin la troisième, ne
présentant plus que les mots RA ou R (sans la voyelle), mots qu'il
nous sera donc permis de séparer des groupes des deux premières
classes, lorsque nous voudrons les analyser. Les mots RA et R, sont
évidemment le ⲣⲁ des Coptes, c'est-à-dire l'expression de l'idée
soleil. Donc, d'abord, l'idée un jour pour les Égyptiens, était souvent remplacée par l'expression un soleil; nous autres Français,
qui nous servons quelquefois de cette même expression figurée, nous
n'avons pas le droit de nous en étonner.

J'ai dit que le groupe ☉| devait se prononcer RA lorsqu'il s'agis-
sait de lui faire représenter l'idée jour, et je vais le démontrer.

Champollion, dans le passage que je discute en ce moment,
dit que « les Égyptiens, pour exprimer l'idée jour, se servaient aussi
« du caractère soleil, accompagné, comme d'habitude, d'une ligne
« perpendiculaire, c'est-à-dire qu'ils traçaient seulement par abré-
« viation le déterminatif des mots ⲍⲟⲟⲩ et ⲉⲣⲟⲩ; » puis il ajoute:
« Les textes hiéroglyphiques offrent, du reste, une foule d'exemples
« de l'emploi de déterminatifs seuls à la place des groupes phoné-

« tiques suivis de ces mêmes déterminatifs. » L'application de cette
règle est matériellement impossible dans le cas dont il s'agit. Voici
pourquoi : Je lis dans la Grammaire (page 96, n° 99) : « Le carac-
« tère ⊙ (ᴘʜ) soleil, ou plus fréquemment le groupe ⊙⏐ , ♀̣ (ʀᴀᴛ,
« ᴢᴏᴏʏ) jour, doit être considéré comme le signe déterminatif gé-
« nérique de tous les noms des diverses divisions du temps, soit
« phonétiques, soit symboliques. »

Puisqu'il en est ainsi, comment le lecteur pouvait-il deviner, du
premier coup, que le déterminatif ⊙⏐ , employé pour le mot qu'il
caractérisait, signifiait jour dans un passage donné, plutôt qu'heure,
que nuit, que hier, que mois, qu'année ? Aucune espèce d'indice ne
pouvait lui suggérer le vrai sens de ce groupe, lorsqu'il signifiait
un jour, à moins que l'on n'admette que la règle qui permettait d'é-
crire un déterminatif pour le mot, était inapplicable dès qu'il s'a-
gissait des divisions du temps, l'emploi du déterminatif obligé de
toutes ces divisions ne restant permis que pour les cas où il s'agissait de l'idée jour.

On m'accordera, je l'espère, que cette complication de conven-
tions préalables, si elles existaient, devait être désolante pour le
lecteur peu expérimenté. Pour ma part, je me refuse formellement
à y croire, et j'aime bien mieux admettre tout simplement qu'un
soleil nommé ᴘᴀ, c'était un jour pour un Égyptien; et de ce que le
mot isolé ⊙⏐ signifiait un jour plutôt que toute autre division
du temps, j'en conclus qu'il se prononçait ʀᴀ, et qu'il avait le
sens absolu soleil, que ce monosyllabe a conservé dans la langue
copte.

Passons actuellement aux deux autres groupes ʜᴀᴏʀᴀ et ʜʀᴏʀᴀ,
dont il importe d'obtenir la signification naturelle. Séparons donc,
de part et d'autre, le mot ʀᴀ, soleil, et il nous reste deux groupes
ʜᴀᴏ et ʜʀᴏ, dont les voyelles pourraient, sans inconvénient, être
modifiées de telle sorte, qu'on lût ʜᴏᴏ et ʜʀᴀ. Ceci posé, que signifient ces deux mots ? Le premier, ʜᴀᴏ ou ʜᴏᴏ, n'est autre chose que
le mot thébain et memphitique ᴢᴏ. ᴢᴀ. ʙ., *vultus, facies*, et ce qui

le prouve sans réplique, c'est que le mot ϩρⲁ, également thébain et memphitique, signifie précisément aussi *facies, vultus*, de même que ϩⲏ. ⲧ. ⲙ., signifie *facies, conspectus*. De plus, les mots ϩⲁ. ⲧ. ⲙ. ⲃ., signifiant *apud, in, super*, ϩⲣⲁⲓ avec un ⲓ paragogique, *in*, et ⲉϩⲣⲁⲓ. ⲧ. ⲙ., *super, sursùm*, sont des prépositions évidemment formées des radicaux ϩⲁ et ϩρⲁ, visage. En définitive, il me paraît hors de doute que les deux groupes hiéroglyphiques se lisant HAORA et HRORA, et ayant le sens de jour, signifiaient littéralement, face du soleil, ou peut-être encore, soleil au-dessus. Notre troisième mot de la phrase 10, se lisant HRA, ϩρⲁ, est donc évidemment l'équivalent du groupe hiéroglyphique ☐ 𓎡 ⲟ , HOORA, et, comme lui, il signifie jour, parce qu'il peut se traduire littéralement : face du soleil ou aspect de soleil.

———

Phrase 10 — 4.

𓏤𓏤 — EPN — ⲉⲡⲛ.

Le premier caractère s'est déjà présenté à nous dans le mot 𓂝𓏤𓂋𓏤𓃾, comme homophone du signe ⲓ , qui est une voyelle indéterminée ⲁ, ⲉ ou ⲓ; il a donc précisément cette même valeur. Le second est un ⲡ; le troisième un ⲛ. Nous avons donc un mot ⲉⲡⲛ à expliquer. Ce mot ne se présente qu'une seule fois, sous cette forme, dans le décret de Rosette; mais à la trente-deuxième ligne, nous trouvons le passage 𓏤𓏤𓏤𓏤𓏤𓏤𓏤𓏤𓏤𓏤𓏤𓏤𓏤, on inscrira le décret sur une stèle de pierre; et dans ce passage le mot 𓏤𓏤𓏤𓏤 semble formé du même radical que notre mot 𓏤𓏤 de la phrase 10. Ce sont là, malheureusement, les deux seules fois que ce radical se présente dans le décret, et le texte grec, correspondant aux deux passages, ne peut nous donner à priori aucun éclaircissement sur sa valeur. En effet, dans le premier cas, le grec nous fournit au commencement de la phrase le mot isolé ψήφισμα, et à la fin τῇ ἡμέρᾳ ταύτῃ εἶπαν; dans le second cas, les mots τερεοῦ λίθου, restes d'un membre de phrase tel que : ἐπὶ στήλην ἐκ στερεοῦ λίθου.

Nous serions donc dans l'impossibilité de trouver le sens de ces deux mots, si les textes hiéroglyphiques ne venaient à notre secours. Champollion (*Grammaire,* p. 286, n° 160), traitant des articles démonstratifs, s'exprime ainsi : « Les formes de cet article démonstratif, au nombre pluriel, sont moins variées : on n'en compte « que deux, qui appartiennent aux deux genres indifféremment : « 1° 𓁹 , ϣⲛ, hiératique, ⸢⸣ , ces, comme dans ces deux passages de l'inscription de Rosette. »

Ligne 11. Texte grec, ligne 48.

ϭⲟⲧⲁ ϭⲟⲧ ⲓⲃ ϣⲛ ⲍⲟⲟⲧ.

le 17, le 30, ces jours.

Ligne 11. Texte grec, ligne 49.

ϣⲛ   ⲍⲃⲁⲓ   ⲩ   ⲓⲣⲏⲟⲩⳁ   ⲛⲓⲃ   ⲭⲉⲧ

Ces panégyries dans pratiquées toutes les autres choses.

2° 𓁹 , hiératique ⸢⸣ , ⸢⸣ , ϣⲛⲟⲩ, ces, également pour les deux genres, etc.

Il est clair que ce mot ϣⲛ est celui que nous trouvons ici. Un peu plus haut, Champollion démontre, par d'excellents exemples, que la forme de ce même article, pour le singulier : lorsqu'il se rapporte à un nom masculin, est 𓂋 , 𓂋 ou 𓂋 , ⲡⲛ, lorsqu'il se rapporte à un substantif féminin , 𓂋 , 𓂋 , 𓂋 , 𓂋 , ou 𓂋 , ⲧⲛ; et que ces différents articles démonstratifs se placent constamment après le nom qu'ils accompagnent.

Il me semble assez naturel d'admettre que ces articles démonstratifs, qui ont totalement disparu de la langue copte, ont dû subir des modifications avant d'être définitivement mis hors d'usage. Il

se pourrait donc bien que la véritable forme primitive eût été indifféremment ениᷠ et ниᷠ, pour le singulier, et toujours enoᷮ pour le
pluriel; tandis qu'à l'époque où le décret de Rosette fut rédigé, la
forme ениᷠ était indifféremment appliquée au nombre pluriel et au
nombre singulier. Dans cette hypothèse, nous pourrions nous rendre parfaitement compte de la forme ⸱⸱⸱⸱⸱, ениᷠ, de cet article,
se rapportant au mot singulier ⸱⸱⸱, нкᴀ, гоρᴀ, jour, qui le précède, comme cela a toujours lieu dans les textes conçus en dialecte
sacré. Quoi qu'il en puisse être, il ne peut y avoir de doute sur le
sens des mots ⸱⸱⸱⸱⸱, ᴎ гоρᴀ ениᷠ, en ce jour, dès que l'existence des articles démonstratifs, si bien classés par Champollion,
est admise. Je n'hésite donc pas à traduire de cette façon les groupes en question, et je le fais avec d'autant plus de confiance que
dès lors le texte égyptien nous offre l'équivalent rigoureusement
exact de l'expression grecque τῇ ἡμέρᾳ ταύτῃ. Quant au mot ⸱⸱⸱⸱⸱
de la trente-deuxième ligne, nous y retrouverons plus tard la forme
primitive de l'article démonstratif copte ᴨᴇι, πᴀι, ϕᴀι; et la présence du signe initial ⸱⸱⸱ , ᴇ, que nous ne retrouvons plus dans
la forme copte ᴨᴇι, de cet article, nous fera comprendre pourquoi l'article primitif ениᷠ, ⸱⸱⸱⸱⸱ , sera devenu simplement
ниᷠ, avant de disparaître tout à fait du langage égyptien. En d'autres termes, nous serons forcés de reconnaître que ces deux articles, de même origine, ⸱⸱⸱⸱⸱ , ⸱⸱⸱⸱⸱, ениᷠ, енеι, sont devenus,
par la suite, les deux articles ниᷠ, ᴨᴇι, dont le second seul s'est conservé jusqu'à nous, le premier ayant totalement disparu de l'idiome
copte.

Phrase 10—5.

⸱⸱⸱⸱ — ᴘoᴜᴀ — ᴨoᴛᴀ.

Ce groupe se compose de trois lettres, 1° du cercle ouvert par
le haut, et représentant l'article singulier masculin ᴘ, ᴨ, puisque

dans la ligne 27 ce groupe ⟨⟩ se trouve isolé et débarrassé du
signe ᴗ , qui dès lors ne peut être qu'un article ; 2° d'un caractère qui se montre ici pour la première fois ; 3° enfin, d'une voyelle
vague ᴀ ou ô. Cherchons d'abord la valeur matérielle du second
caractère. Il se trouve dans les mots ⟨⟩ libations, lignes
29 et 30, et ⟨⟩ , colonne de pierre, stèle, ligne 32.

Or, le premier mot, quelque douteuse qu'en soit la terminaison,
n'en est pas moins très-certainement le mot copte moderne ⲟⲩⲱⲧⲛ
ⲉⲃⲟⲗ. ⲧ. ⲟⲩⲱⲧⲉⲛ ⲉⲃⲟⲗ. ⲙ., signifiant libations, et provenant du radical ⲟⲩⲱⲧⲛ ⲉⲃⲟⲗ. ⲧ. ⲟⲩⲱⲧⲉⲛ ⲉⲃⲟⲗ. ⲙ., *libare*, *effundere*, puisque
nous y trouvons à n'en pouvoir douter les lettres ⲟⲩⲧⲉ; le second
est certainement le mot thébain ⲟⲩⲉⲓⲧ, ⲟⲩⲟⲉⲓⲧ, *columna*, στήλη; le
signe initial est donc, sans aucun doute, une diphthongue ⲟⲩ. Cette
démonstration pourrait suffire; mais comme il vaut mieux prouver surabondamment, que laisser des traces d'incertitude, quelque faibles qu'elles puissent être, j'ajouterai que le manuscrit de
Leyde nous offre un très-grand nombre de fois le signe ⟨⟩
transcrit par la diphthongue grecque ου; par conséquent on peut
affirmer que rien n'est plus certain que la transcription de ce
caractère démotique.

Revenons actuellement au groupe auquel nous sommes arrivés.
Il se transcrit donc ⲛⲟⲩⲁ, et d'après la remarque que nous avons
faite à propos du signe initial ⲛ, qui n'est que l'article singulier
masculin, nous avons à trouver la signification du mot ⲟⲩⲁ ou
bien ⲟⲩⲱ. Or, le copte nous offre les mots ⲟⲩⲱ. ⲧ. *nuntiare*, *allo-
qui*, ⲟⲩⲱ. ⲧ. ἀγγελία, φάσις, *nuntium*, *rumor*, *responsum;* ⲉⲣⲟⲩⲱ. ⲙ.
ⲣⲟⲩⲱ. ⲧ. *loqui*, *respondere*, ⲝⲓⲛⲟⲩⲱ, ἀναγγέλλειν, *nuntiare*, *nuntium
afferre*, qui tous ont très-certainement pour origine notre mot
égyptien ⲟⲩⲁ, ⲟⲩô; celui-ci signifiait donc nouvelle, annonce,
allocution, et par suite ce mot tient précisément, dans le texte démotique, la place que le mot ψήφισμα, décret, ordonnance, tient
dans le texte grec.

Phrase 10 — 6.

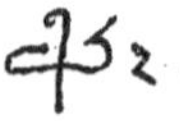 — NTOUN — ⲛⲧⲟⲩⲛ.

D'après la place que tient ce groupe dans le texte démotique, il ne peut avoir d'autre signification que celle que comporte l'expression grecque οἱ ἀρχιερεῖς ; il faut donc essayer d'arriver par l'analyse à cette signification. Les lettres qui composent ce groupe sont d'abord l'article du pluriel N, puis vient un T, dont la partie inférieure est prolongée horizontalement de manière à fournir un N relié au T ; puis enfin le trait horizontal est recoupé par le signe initial du groupe prêtre  , signe qui doit comporter le son ⲟⲩ. Nous avons donc, en définitive, le mot ⲛⲧⲟⲩⲛ ou ⲛⲧⲱⲛ, pour représenter l'idée archiprêtres. Or, en copte, le radical ⲧⲱⲛ. M. B. signifie *surgere* (ⲧϭⲛ. M. ⲧⲱⲱⲛ. T. ⲧⲟⲩⲛ. T. ⲧⲱⲟⲩⲛ. T. M. B.), *suscitare, elevare, surgere, ferre, differre, sustinere, tolerare,* d'où ⲧⲱⲟⲩⲛ ⲉⲡϣⲱⲓ. M. *elevare,* ⲧⲱⲟⲩⲛ ⲉϩⲣⲏⲓ. M. *idem,* et enfin ⲧⲟⲛⲟⲩ. T. *valdè, multum, omninò.* Tous ces mots, impliquant l'idée de supériorité, d'élévation, me paraissent être étroitement liés à notre mot égyptien, qui doit vraisemblablement avoir pour signification littérale, les supérieurs, les suprêmes. Malheureusement, ce mot démotique ne nous est connu que par ce seul passage du décret de Rosette, et par suite, il est impossible de ne pas conserver quelques doutes sur sa véritable forme, bien qu'il y ait toute raison de croire que la transcription NTOUN est exacte.

Phrase 10 — 7.

 — ÉR — ⲉⲣ — Et.

Phrase 10 — 8.

| Ƨ ⅲ ₹ — NITI — ꙨⲉⲓⲀⲦⲓ.

Ici pas d'incertitude sur la lecture matérielle. Nous avons évidemment sous les yeux un substantif pluriel, dont la forme absolue
est Ƨⅲ, c'est-à-dire ⲓⲦ ou ⲉⲓⲦ, abstraction faite des voyelles qui
peuvent venir s'y intercaler. Si maintenant nous cherchons ce mot
dans les lexiques coptes, nous trouvons ⲉⲓⲀⲦ. ⲧ. ⲓⲀⲦ. ⲧ. ⲙ. *Intuitus,
seu physicus oculorum, seu mentis considerantis*, d'où ⲕⲀ ⲍⲀ
ⲉⲓⲀⲦϥ, *ob intuitum vel oculos ponere, considerare, meditari.*

De ce radical, se sont formés les mots coptes ϥⲓⲉⲓⲀⲦ, ϥⲉⲓⲀⲦ, ϥⲓⲀⲦ
ⲉⲍⲣⲀⲓ, *attollere intuitum, seu mentem, intueri, considerare, ani-
madvertere,* ϯ ⲙⲓⲀⲦ. ⲙ. *dare intuitum, intueri, contemplari;* ϯ ⲙⲓⲀⲦ
ⲉⲃⲟⲗ, *edocere, monere;* ⲦⲟⲧⲛⲉⲓⲀⲦ, et ⲦⲟⲧⲛⲉⲉⲓⲀⲦ ⲉⲃⲟⲗ, *excitare mentem, attentionem, maximè ope miraculi, vel revelationis; revelare,
edocere revelando;* ⲦⲟⲧⲛⲓⲀⲦ ⲉⲃⲟⲗ. ⲧ. ⲙ. *revelare;* Ⲧⲟⲧⲛⲟⲧ ⲉⲓⲀⲦ
ⲉⲃⲟⲗ. ⲧ. *revelare.* D'après cela, il est bien clair qu'ici nous avons un
mot égyptien signifiant exactement ce que signifie notre mot un
voyant, un inspiré; or ces voyants, ces inspirés du texte égyptien,
étant désignés dans le texte grec par le mot προφῆται, il est clair
qu'il ne pouvait pas y avoir d'accord plus parfait entre les deux
expressions, puisque nous avons nous-mêmes adopté l'expression
prophète, pour désigner la même classe d'inspirés.

Phrase 10 — 9.

Ʊⅱ — ÈR — ⲉⲣ — Et.

Phrase 10 — 10.

ﾙﾝ — NOU.AI — ⲚⲞⲨ.ⲀⲒ — Les Prêtres.

Nous trouvons ici la forme plurielle régulière du groupe ﾞ·ﾘ , prêtre, que nous avons analysé plus haut (phrase 8 — 1). Il est donc inutile de s'y arrêter plus longtemps.

Phrase 10 — 11.

Ɔ — ⲙ — ⲩ — En.

Phrase 10 — 12.

⟨⟵ — ⲙⲦ — ⲨⲦⲞ — Présence.

(Voir Phrase 2 — 10.)

Phrase 10 — 13.

ﾙﾝﾘﾞⲞⲨ — RM-OU.A-HI — ⲢⲘ-ⲞⲨ.Ⲁ-ⲎⲒ.

Ce groupe est l'un des plus intéressants à étudier, puisqu'il nous offre certainement le nom égyptien du sanctuaire ; il est donc bien important de parvenir à l'analyser d'une manière satisfaisante. Voyons d'abord quel est l'autre passage du décret dans lequel il se retrouve. Nous lisons, à la ligne 28, le membre de phrase, ﾞﾝ ﾙﾝⲞⲨﾞ, on l'honorera dans les sanctuaires avec les autres édicules d'or. C'est la contre-partie de la phrase grecque : καὶ καθιδρύσαι ἐν τοῖς ἀδύτοις μετὰ τῶν ἄλλων ναῶν, de la ligne 42. Ici, les mots τοῖς ἀδύτοις nous font à priori penser que le groupe dé- signant les sanctuaires sera au pluriel. C'est ce qui a lieu en effet ; et puisque nous avons, dans ce cas, le groupe ﾙﾝﾘⲞⲨﾞ, il en faut nécessairement conclure que dans la phrase 10, où nous lisons sans l'article pluriel ⵁ, | ⵅⵁ·⵿⵿ , le premier signe, c'est-à-dire le cercle ouvert à sa partie supérieure, est une lettre radicale ʀ, et non l'article singulier masculin ⵁ . Ceci posé, il est facile de procéder à la décomposition de ce mot qui, par sa forme seule, démontre qu'il contient plusieurs radicaux différents. Remarquons d'abord, qu'au centre de ce mot est placé un groupe immédiatement reconnaissable, celui qui représente partout l'idée prêtre ou pur, c'est-à-dire le mot déjà suffisamment analysé ⵁ·⵿ . Dès lors, nous avons le droit d'affirmer que les parties du groupe total qui précèdent et qui suivent ce groupe intermédiaire, représentent chacune un radical, qu'il s'agit d'étudier à part, afin d'en faire découler le sens littéral du composé destiné à peindre l'idée sanctuaire.

La lecture matérielle de ces deux parties ne présente aucune difficulté. Tous les signes qui les composent nous sont connus, et nous avons, en définitive, à déterminer le sens des mots ʀᴍ (ⲟⲩⲁⲃ) ʜɪ. C'est ce à quoi nous allons procéder.

On reconnaît aisément dans le premier mot ʀᴍ, le mot copte memphitique ʀᴇᴍ (ⲣⲉⲩ), *sublimis esse*, d'où ⲡⲁⲩⲁ, *sublimitas*, *altitudo* (1). Reste alors le mot |ⵅ , ʜɪ (2).

Nous serions fort embarrassés de démontrer quel est le véritable sens de ce groupe, si nous n'avions recours à l'écriture hiéroglyphique. Or il existe un très-grand nombre de textes dont quelques-uns sont rapportés dans le *Dictionnaire égyptien* de Champollion (pages 235 et suivantes), qui prouvent irréfragablement que le signe ⵧⵧ , qui avait la valeur phonétique ʜ (2), était constamment employé pour représenter l'idée maison, demeure, idée qui, dans la langue copte, est rendue par le mot moderne ʜɪ; je dis moderne, parce qu'il suffit d'ouvrir le lexique copte et d'y voir que la lettre grecque ῆτα ne sert d'initiale à aucun autre mot égyptien, pour

---

(1) Ce mot est très-probablement le même que le radical hébraïque רם qui a le même sens.

être convaincu que l'orthographe ʜɪ ne saurait être l'orthographe primitive du mot égyptien qui signifiait demeure. Très-probablement donc ce mot devait être aspiré, et il aurait été plus rigoureusement reproduit dans l'idiome copte, s'il eût été transcrit ⲍⲟ́ⲓ. Je ne puis me dispenser ici de faire un curieux rapprochement qui vient à l'appui de mon opinion. Le seul mot qui, dans le *Dictionnaire copte*, se trouve dans le même cas que le mot ʜɪ, c'est-à-dire qui soit écrit par ἦτα, c'est le nom d'Isis, ʜⲥⲉ, nom qui est toujours exprimé symboliquement, dans les textes sacrés, par un siége , accompagné des caractères du genre féminin. Or, précisément, les textes sacrés nous fournissent le verbe , ʜꜱ, (ⲍⲥ) (1), s'asseoir, à la suite duquel paraît, comme déterminatif, un personnage assis à terre ou dans un fauteuil (*Grammaire*, p. 369). Le vrai nom égyptien de la déesse devrait donc s'écrire ⲍʜⲥⲉ et non ʜⲥⲉ; de même que que ⲍⲟⲓ devrait remplacer la forme altérée et grécisée ʜɪ. Ceci posé, il me paraît hors de doute, que de même que le signe sacré , ⲍ signifiait demeure, de même le signe vulgaire , ayant la même valeur phonétique, avait le sens demeure. Dès lors il n'y a aucune difficulté à expliquer le groupe démotique représentant l'idée sanctuaire par les mots sublime demeure du prêtre ou sublime demeure de la pureté (2). Bien que le signe ⲍ ne précède pas le groupe , dans ce passage, comme dans le second, où il est certainement écrit au pluriel, je n'hésite pas à croire qu'il faut aussi lire ici les sanctuaires et non le sanctuaire. Le signe final | le prouve; et si l'article pluriel initial ⲍ ne paraît pas, c'est certainement que le graveur l'a

---

(1) Quant à la valeur du signe , elle a été parfaitement établie par Salvolini (*Analyse*, n° 200).

(2) Champollion (*Grammaire*, p. 102) nous offre le groupe , qu'il transcrit à tort, je crois, ⲙⲁⲛⲟⲩⲁⲃ et qu'il traduit: lieu de pureté, abaton, le *sanctum sanctorum*. Ce groupe doit se lire ⲟⲩⲁⲃⲍⲟⲓ, et il offre ainsi quelque analogie avec notre mot démotique .

omis. D'ailleurs, nous verrons, à mesure que nous avancerons, nombre de mots dans la composition desquels entre l'idée demeure, et quand ces mots sont au singulier, toujours le signe ⁄⋋ est isolé. Je ne citerai ici pour exemple que le groupe ⁄⋋ⲍ⧸, ⲁⲧⲟⲏⲉⲓ, demeure de multitude, qui sert à peindre l'idée ville, et que nous rencontrerons plusieurs fois dans la description du siége de Lycopolis.

Phrase 10 — 14.

ⲋ — ⲧ — ⲧ.

C'est encore le mot ⲧ ou ⲧ, faire ou donner, du copte moderne, que nous avons étudié en analysant la première phrase.

Phrase 10 — 15.

ⴟⵞⵚⵜ— ⲡⲣⲅⲟ(ⲟⲩ)? — ⲡⲣⲟⲱ(ⲟⲩ)?

Bien que le caractère de ce groupe final soit tout à fait incertain, il n'en demeure pas moins fort aisé de reconnaître l'analogue copte du mot égyptien qu'il nous représente. En effet, si nous faisons abstraction de ce dernier caractère, qui ne peut offrir qu'une terminaison, qu'un signe grammatical, à en juger par la forme du mot que nous offre l'ensemble des quatre premières lettres, nous obtenons, sans difficulté, le groupe ⲡⲣⲅⲟ? qui, avec le verbe faire ou donner, doit être l'équivalent du grec πρὸς τὸν στολισμὸν, pour l'habillement, pour l'action d'habiller; or, nous trouvons dans la langue copte le mot memphitique ⲫⲱⲣⲕ, ⲫⲟⲣⲕ, qui signifie *vestis eremiticæ species, pallium, tunica*, et ce mot n'est autre chose que notre mot égyptien ⲡⲣⲟⲱ. En effet, le dialecte memphitique change presque toujours le ⲡ thébain en ⲫ; ainsi ⲡⲣⲱ, hiver, devient ⲫⲣⲱ; ⲡⲣⲝ, ⲛⲱⲣⲝ, diviser, partager, devient ⲫⲱⲣⲝ; ⲛⲱⲣⲕ, arracher, ⲫⲱⲣⲕ, etc.

Si donc les lexiques ne nous offrent pas un mot thébain ⲛⲱⲣⲕ, ⲛⲟⲣⲕ, signifiant *pallium*, tunique, vêtement, comme le memphitique ⲫⲱⲣⲕ, cela ne prouve qu'une seule chose, c'est que ce mot, dont l'existence est indubitable, n'a pas encore été retrouvé dans les textes coptes.

Quoi qu'il en puisse être, le sens du mot démotique est certain ; mais la forme encore indéterminée du caractère final nous condamne à nous contenter, jusqu'à de nouvelles découvertes, d'un à peu près d'ailleurs assez peu fâcheux.

Phrase 10 — 16.

⌐ — N — N̄ — à.

Phrase 10 — 17.

⟨⌠Ⳑ⟨ — N(ⲧⲉ̀ⲣ)ⲟⲩ — ⲛ(ⲧⲏⲣ)ⲟⲩ — Les Dieux.

Phrase 10 — 18.

ⳡⲓⲓ — ⲉ̀ⲣ — ⲏⲣ — et.

Phrase 10 — 19.

[⌐² — N(??)ⲓ — ⲛ(??)ⲓ.

Le groupe auquel nous venons d'arriver, est encore un de ceux dont la lecture est problématique, quoique le sens en soit parfaitement clair. Commençons par établir celui-ci. Nous trouverons, ligne 32, la phrase suivante :

30

Du texte grec correspondant, il ne reste malheureusement que... (σ) τιρεοῦ λίθου, τοῖς τε ἱεροῖς, καὶ ἐγχωρίοις, καὶ ἑλληνικοῖς γράμμασιν ; mais cela suffit pour nous faire reconnaître l'équivalent du mot γράμμασιν, caractères, dans le groupe démotique 〉〔 ⏝ ; dès lors, nous pouvons prévoir que le groupe impératif 〔-〔⟨⟩ qui commence la phrase, doit se traduire par : on écrira.

D'un autre côté, l'expression ἱερογραμματεῖς, de la ligne 7 du texte grec, est représentée, ligne 4 du texte démotique, par le groupe pluriel ⊤ᴅ⌐ ⊤ᴅ〔-⟨ ; enfin la subscription du papyrus 36 de Berlin, publiée par Kosegarten, nous donne la phrase suivante :

$$\text{з⌐ꚃ⌐τ⌐=⌐⟨-⌐ꚗ⌐,'Ꚗ£⌐-ᴐ.ꚃ ꟾꟾꟾ⚹⚹⌐.ᴧ⌐}$$

scripsit orus Phabitis monographus sacerdotum Amonrasontheris (Koseg., p. XI), dans laquelle le groupe en question paraît deux fois, la première pour peindre l'idée *scripsit*, la dernière dans l'expression du grec μονόγραφος, de l'antigraphe.

Il résulte donc, de la comparaison de tous ces passages, que le groupe démotique 〔⏝ signifie écrire et scribe, et le groupe з〔〔- caractères. Voyons maintenant s'il est possible d'arriver à la lecture matérielle de ces deux groupes.

En copte, écrire se dit ϭⲁϩ. ⲥⲉϩ. ⲧ.; ⲥϩⲁⲉⲓ, ⲥϩⲁⲓ. ⲧ. ⲥϩⲉⲓ. ⲃ. ⲥⲁϩ. ⲧ. veut dire : scribe, docteur, maître; ⲥϩⲁⲓ, lettre caractère, lettre missive, écrit, livre. En copte memphitique, nous trouvons de même les mots ⲥⲁⳡ, ⳓⲉ, ⳓⲁⲓ, ⳓⲏ, écrire; ⲥⲁⳡ, et au pluriel, ⲥⲁⳡⲉⲣ, et ⳓⲟⲣⲓ, scribe, docteur, maître ; ⳓⲁⲓ, lettre, épître, inscription, ⳓⲓ, écriture, écrit, écritoire, étui à plumes.

Nous sommes donc amenés *à priori* à croire que tous ces mots doivent avoir une origine commune avec les groupes 〔-, et з〔- ; voyons si quelque fait vient à l'appui de cette hypothèse.

Remarquons d'abord que le mot hiéroglyphique destiné à peindre l'idée écrire, est 〈⌐〉, ⳓ (Inscr. de Rosette); les mots coptes que nous venons d'énumérer sont donc d'origine égyptienne pure.

Le caractère 〔- qui termine le groupe ne se retrouvant dans aucun autre mot du décret de Rosette, il serait impossible d'en deviner la valeur s'il n'existait dans l'écriture hiératique comme équivalent du caractère hiéroglyphique 𒀭 , ⲍ (Grammaire égyptienne, page 45). Il est donc permis d'adopter cette valeur, bien que cependant sa légitimité ne soit pas démontrée. Cette première hypothèse nous amène de suite à la suivante : le caractère ⳑ peut être l'image de l'articulation s ; reste alors à chercher quelque fait qui justifie cette deuxième hypothèse; et si elle se trouve vérifiée, nous aurons presque le droit d'affirmer que le signe ⳑ est bien un hori.

D'abord, dans le décret de Rosette, la lettre ⳑ est toujours écrite de façon que la tête de la barre verticale soit placée à hauteur de la ligne d'écriture courante, tandis que tout le trait s'étend au-dessous de cette ligne. Il n'y a donc pas possibilité de la confondre avec la lettre I qui est une voyelle ⲁ, ⲉ, ⲓ, et qui s'élève toujours au-dessus de la ligne courante.

D'un autre côté, nous trouvons en plusieurs passages du décret de Rosette un mot ⲛⲥⲁ qui doit signifier après, derrière, et qu'il est alors difficile de ne pas lire ⲛⲥⲁ, mot des trois dialectes signifiant *après*. La décomposition de ce groupe est évidente; l'ⲛ et l'ⲁ sont parfaitement reconnaissables; c'est notre signe encore indéterminé ⳑ qui est placé entre l'ⲛ et l'ⲁ; c'est donc lui qui est l's, et nous pouvons dès lors considérer les mots ⳑ et ⲍⳑ comme se transcrivant ⲥ et ⲥⲍ. Ces deux mots signifient écriture, et par conséquent, il faut ou que le groupe ⳑ soit une abréviation du radical, ou que le groupe ⲥⲍ, ⲍⳑ soit formé d'un radical primitif ⲥⲁ ou ⲥⲉ, suivi d'une affixe ⲍ, qui lui donne la valeur de chose produite. Toutes ces considérations, du reste, n'entrent pas dans mon sujet; ce qu'il m'importait d'établir, c'était la lecture des deux groupes ⳑ, ⲥⲁ (ⲥⲁ), signifiant écrire, scribe, et ⲍⳑ, ⲥⲁϩ (ⲥⲁⲍ), signifiant écriture, c'est-à-dire lettres, caractères, et cette lecture, je la crois à peu près justifiée. On pourrait peut-être dire que le groupe ⲍⳑ est une dégénérescence tachygraphique du groupe hiéroglyphique 𒀭 ; mais je le croirais difficilement.

Quoi qu'il en soit, le groupe |⌐˛   se lit probablement NSI, ИCAI, et il signifie certainement les scribes (1).

Phrase 10 — 20.

|˂ıııⵏ3f — ochднıôı — ωϣхeıoı.

La seconde lettre de ce groupe nous est encore inconnue, mais il nous est facile d'en trouver la valeur. Dans le papyrus de Leyde, le signe ꓢ est transcrit par ζῆτα, et il est aisé de voir que c'est là une forme des caractères ꓩ et ꓩ . Il y a donc, dans ce fait, une présomption en faveur de la transcription e ou ϣ du signeꓢ, mais nous trouvons dans la ligne 21 du texte démotique, l'expression ⵏⵉ13 , ϣe хтe, à toujours, dans laquelle le mot ıı3, se lisant ϣe, est certainement le mot copte ϣa, jusqu'à ; il s'ensuit que la lettre ꓢ doit être transcrite ϣ.

Ceci posé, nous avons à nous rendre compte du groupe composé ochднıôı, ωϣхeıoı, lequel doit être au pluriel, puisqu'il se rapporte au mot |⌐˛ ? les scribes. Si, d'abord, nous retranchons la lettre finale | , indice du pluriel, nous avons le mot ωϣхeıo, qu'il faut interpréter.

Or, dans les lexiques coptes, nous trouvons d'une part le mot

---

(1) Depuis que ce passage est écrit, j'ai été mis à même d'étudier un proscynème démotique, recueilli par Nestor Lhôte, à El Hammamat, sur la route de Qosseyr, lequel se termine par les deux mots isolés,   ꙮ|◯ , que je lis pᴧ тωσe, il a fait cette inscription. La présence du signe ◯ devant le | , pourrait amener à conclure que dans le texte démotique du décret de Rosette, c'est également rᴧ qu'il faut lire pour le groupe |˯ de la trente-deuxième ligne ; d'ailleurs, la voyelle finale | des groupes pluriels se trouve plusieurs fois écrite au-dessous de la ligne courante, dans le papyrus 36 de Berlin ; je ne puis donc que répéter ici mes doutes sur la lecture matérielle du groupe en question, tout en en maintenant la traduction qui est forcée.

ⲱϣ, ⲟϣ. ⲧ. ⲙ. ⲉϣ. ⲧ., qui signifie *legere, invocare, vovere, conse-*
crare, d'où ⲱϣ. ⲧ. ⲙ., *lectio;* ⲣⲉϥⲱϣ, *lector,* et ⲱϣⲉⲃⲟⲗ, ⲧ. ⲙ., *cla-*
mare, exclamare; d'une autre part, ⲭⲁⲉⲓⲟ. ⲧ., *gloria.* De là résulte
que le composé ⲱϣⲭⲁⲉⲓⲟ signifie lecteur, proclamateur de la
gloire.

On me permettra, j'espère, de trouver ce sens assez satisfaisant, et
de regarder comme certain que les prêtres Ptérophores n'étaient
autre chose que des scribes chargés de proclamer les actions glo-
rieuses des rois, de vrais historiographes royaux.

Phrase 10 — 21.

ⲩ‖ — ÈR — ⲏⲣ — Et.

●

Phrase 10 — 22.

ⲓ̅ⲇ̅ ⲓ̅ⲇ̅‖⸗ⲭ — ⲚⲤⲒ? ⲚⲎⲈ Ô ⲚⲎⲈ — ⲚⲤⲀⲒ? ⲚⲈⲌⲈ ⲱ ⲚⲈⲌⲈ.

Le groupe démotique que je viens de transcrire est l'expression
de l'idée représentée par le mot grec ἱερογραμματεῖς, et il s'agit de
nous rendre compte de la composition de ce groupe intéressant.

D'abord, nous pouvons en séparer immédiatement le groupe
‖⸗ⲭ, ⲚⲤⲀⲒ? les scribes, que nous avons reconnu dans l'expression
égyptienne, du nom des Ptérophores. Ici, comme nous avons à trouver dans le texte égyptien, des mots destinés à peindre une idée
grecque, dans laquelle entre l'expression γράμματευς, il est tout naturel que le groupe scribe se présente ; mais quels sont les mots qui
accompagnent ce nom de scribe, mots qui doivent renfermer l'idée
sacrée, puisque ἱερογραμματεῖς signifie scribes sacerdotaux ou sacrés ?
C'est ce que nous allons nous efforcer de reconnaître. La forme du
groupe restant ⲓ̅ⲇ̅ ⲓ̅ⲇ̅ , est assez remarquable. En effet, le

signe ⌐, ô, ω, s'y trouve placé entre deux groupes identiques ⌐ᴅ . Nous savons déjà que cette lettre isolée ⌐, ω, comporte la signification, étant; dès lors, nous n'avons plus qu'à reconnaître le sens du mot ⌐ᴅ . Trois lettres composent ce mot : la première, qui est une barre horizontale, est un ɴ; la seconde, qui a exactement la forme de notre ᴅ majuscule, est un ϩoᴘɪ, car cette lettre se retrouve dans le texte démotique de la stèle bilingue de Vienne, publiée en partie par M. Champollion-Figeac, dans le *Traité de Paléographie universelle* de M. Silvestre, et elle y entre dans le mot |oᴅ, ϩʀᴀ, jour, qui est très-certainement notre mot |ᴄⲟ, du décret de Rosette. Dès lors le signe ᴅ, qui est identique avec le signe ⲟ, hori initial du nom Irène (ligne 3), est lui-même un hori. Quant à la troisième et dernière lettre, c'est une voyelle ᴀ, ᴇ ou ɪ. Nous avons donc, en définitive, le mot ɴϩᴇ. Or, en copte ɴϩᴇ. ᴛ. ᴍ., signifie *separare, secedere;* et Peyron cite, dans son *Lexique,* le précieux exemple suivant, qui fixe très-bien le sens du radical ɴϩᴇ, ɴϩᴇ ᴛʜⲩᴛɴ ɴᴛᴄⲩɴᴀɾⲱɾʜ, ἀναχωρήσατε ἀπὸ τῆς συναγωγῆς, *separate vos, secedite à synagoga.* Le même verbe, plus usité avec l'adverbe ᴇʙoᴧ, a, en outre de la même signification, celle d'*eligere,* de *destinare.* ᴇᴛɴᴇϩ ᴇʙoᴧ. ᴛ., veut dire *seorsìm positus, separatus.*

Il ne me paraît pas douteux, dès lors, que la signification littérale du groupe total ne soit : les scribes choisis ou **séparés**, étant ou vivant séparés. Si je ne me trompe pas, l'analyse de ce nom nous fournit un renseignement positif sur la condition des hiérogrammates; ils formaient une espèce de corporation monacale, vivant dans la retraite et loin du monde.

Le groupe ⌐ᴅ , dont l'analyse vient de nous conduire à cette conclusion, se rencontre ailleurs dans le texte du décret de Rosette; et si le sens que nous lui donnons ici n'est plus applicable, il est permis de concevoir des doutes légitimes sur la valeur de notre interprétation. Heureusement, dans les deux passages où ce mot se retrouve, il appelle précisément le sens de séparé, de destiné, de choisi, que nous avons adopté, en expliquant le nom égyptien des hiérogram-

mates. C'est ce que nous allons vérifier. A la ligne 10, se présente la
phrase :

[démotique]

qui se traduira littéralement plus tard : il a supprimé les portions
des toiles de l'exigé à donner au réservé pour le roi (au trésor particulier du roi), par les temples. La phrase grecque correspondante
étant (lignes 17 et 18) τῶν τ᾽ εἰς τὸ βασιλικὸν συντελουμένων ἐν τοῖς ἱεροῖς βυσσίνων ὀθονίων ἀπέλυσεν τὰ δύο μέρη, il est clair que le sens attribué au
mot ⊺⊃ , est irréprochable. A la ligne 17, nous trouvons encore la
phrase :

[démotique]

que l'analyse force à traduire littéralement : par la cessation ou
l'exemption des toiles de lin dues par les temples aux redevances
à payer séparément au roi, ou au trésor particulier du roi. Le grec
dit (ligne 29) : ὡσαύ(τως δὲ κ)αὶ τὰς τιμὰς τῶν μὴ συντετελεσμένων εἰς τὸ βασιλικὸν βυσσίνων ὀθ(ονίων). Cette fois encore *[démotique]* correspond à τὸ βασιλικὸν, le trésor réservé, séparé, particulier du roi. Le sens est donc
bien celui qu'il fallait retrouver.

Phrase 10 — 23.

ⲟⲩⲓ — ÈR — HP — Et.

Phrase 10 — 24.

[démotique] — NKEI — ⲚⲔⲈⲒ.

Nous rencontrons ici, pour la première fois, le groupe pluriel
qui, partout, dans le texte démotique du décret de Rosette, correspond aux mots grecs οἱ ἄλλοι ; il ne saurait donc y avoir de doute sur
le sens de ce groupe. Mais il faut reconnaître pourquoi il comporte
ce sens, et pourquoi il n'en peut comporter d'autre. Il est au pluriel,
cela est rendu manifeste par la présence simultanée des deux indices

préfixe et'suffixe, qui caractérisent constamment le nombre pluriel ;
si nous faisons abstraction de ces deux lettres, il nous reste un mot
⌐ıı dont la lecture ne présente aucune difficulté. Le signe supérieur est un ᴋ ou un σ copte, comme le démontrent les variantes
suivantes du nom de Cléopâtre ⌡∫⁄ᴢᴢ∫ʃ⌐, ᴋʟᴏᴘᴛʀ. ᴏʀ., du
papyrus 37 de Berlin, ʙ, ⌡∫⁄ᴢᴢ⁄ᴦ⌐ ; ᴋʟᴘᴛʀ. ᴏʀ, du papyrus Casati (*Hieroglyphics*, pl. XXXI); ⸿∫⁄ᴢᴢ∫ʃᴦ, ᴋʟᴏᴘᴛʀ. ᴏʀ, du papyrus 36 de Berlin. Le signe inférieur étant un ᴇ, nous avons, en
définitive, le mot ᴋᴇ, et au pluriel ɴᴋᴇɪ. Or, précisément, le mot ᴋᴇ,
σᴇ. ᴛ. ᴏɥ. ʙ., signifie *alius*, de telle sorte que ᴢᴇɴᴋᴇᴘⱳⱳᴇ, par exemple,
signifie : les autres hommes. Il serait tout à fait inutile d'insister sur
la convenance de cette lecture, et partout où le groupe en question
se représentera, nous serons parfaitement en droit de le transcrire
ɴᴋᴇɪ (ɴσᴇɪ), et de le traduire par : les autres.

Phrase 10 — 25.

⌠ᴢ·⌐ — ᴏᴜ.ᴀɪ — ᴏᴦ.ᴀɪ — Prêtres.

Ce groupe, que nous connaissons bien, est écrit au pluriel ; mais
cette fois, comme il doit être uni au groupe précédent ⌐ııᴢ, il n'y
avait pas nécessité de répéter l'article initial ᴢ, ɴ. C'est très-certainement à cela que tient l'absence de cet article initial. Remarquons,
en passant, que par cela même qu'un mot tel que ᴢ·⌐, prêtre, peut
être écrit au pluriel par la seule adjonction du signe final ɪ, il devient certain que le signe initial ᴢ qui, d'ordinaire, caractérise les
noms pluriels, est véritablement l'article ordinaire du pluriel, ɴ, ᴍɪ.

Phrase 10 — 26.

⟨ıᴢ⌡ıı — ᴇᴛᴘᴇᴛ — ᴇᴛɴᴇᴛ.

Toutes les lettres de ce mot nous sont déjà connues, il ne s'agit

donc pas de la lecture matérielle du groupe, mais bien de sa signification. Nous avons déjà vu le rôle que joue la syllabe ϫι, ετ, ετ,
qui n'est que le pronom relatif copte, lorsqu'elle est placée devant
les radicaux ; elle en forme des adjectifs ou des participes ; c'est donc
un mot de ce genre que nous devons avoir sous les yeux. Le grec,
en ce point, nous offre les mots οἱ ἄλλοι ἱερεῖς οἱ ἀπαντήσαντες ἐκ τῶν κατὰ
τὴν χώραν ἱερῶν ; c'est donc l'équivalent des mots : οἱ ἀπαντήσαντες, que
nous devons trouver. Ce mot, suivi de τῷ βασιλεῖ, signifie littéralement, venus au-devant du roi, s'étant présentés au roi, ayant com-
paru devant le roi. Voyons donc ce que nous donne rigoureusement
le mot égyptien. Le radical débarrassé de la formative ϫι, ετ,
étant Ⳋιϩ, ΡῈΤ, c'est ce mot dont nous devons poursuivre la trace
dans l'idiome copte. Nous trouvons le verbe ⲡⲱⲧ. ⲧ. ⲃ., *currere,*
abire, migrare, ire ; ⲡⲏⲧ. ⲧ., *currere, accurrere,* ⲡⲏⲧ ⲉⲃⲟⲗ, *disce-*
dere, abire ; ⲡⲏⲧ ⲉⲍⲟⲩⲛ, *irruere, intùs currere, congredi ;* ⲡⲱⲧ ⲛⲥⲁ
et ⲡⲏⲧ ⲛⲥⲁ, *persequi, ponè sequi ;* d'où ⲉⲧⲡⲏⲧ, *currens, fugiens,* et
ⲉⲧⲡⲏⲧ ⲛⲥⲁ, *insequens, persequens.* De toutes ces citations, il résulte
que le mot ⲡⲏⲧ, ⲡⲱⲧ, avait pour sens absolu marcher, aller, venir,
et que, par conséquent, le mot égyptien ⲉⲧⲡⲏⲧ, signifie à la lettre,
venus, accourus, arrivés.

Nous allons voir que le complément grec ἐκ τῶν κατὰ τὴν χώραν
ἱερῶν, du mot ἀπαντήσαντες, est parfaitement représenté dans l'égyptien,
par le complément du mot Ⳋιϩϫι, ΕΤΡῈΤ.

Remarquons ici que les signes du pluriel manquent absolument
dans ce groupe, et qu'il est permis d'en conclure que lorsque trois
mots en relation directe et se rapportant aux mêmes personnes, tels
que ceux-ci Ⳋιϩϫιιϩ⳾. ⳾ιϫ, ⲚⲔⲈⲒ ⲞⲨⲀⲒ ⲈⲦⲢῈⲦ, se présentaient
dans une phrase, la syntaxe permettait, 1° que le premier seulement
reçût l'article pluriel ; 2° que le nom au pluriel fût affecté de la terminaison du pluriel seulement ; 3° que l'attribut formé par un participe, comme Ⳋιϩϫι , restât totalement dépourvu des signes
grammaticaux indices du nombre.

Phrase 10 — 27.

⌐ — N — N̄ — de.

———

Phrase 10 — 28.

⌐ ⅄ ⏐⏐⏐ ⚐⏐ ⟩ — NAPIHI — ᴎᴀᴨιᴙι.

C'est encore un groupe pluriel qui se présente ici, et ce groupe, que nous retrouvons vingt-neuf fois dans le texte démotique du décret de Rosette, ne saurait comporter un sens douteux. Partout, sans aucune exception, il correspond au grec ἱεϱον, il est donc l'expression de l'idée temple. Procédons maintenant à l'analyse matérielle de ce mot; mais, préalablement, constatons les différentes formes qu'il affecte dans toute l'étendue du texte. Il se trouve écrit ⌐⅄⏐⏐⏐⚐⏐⟩, lignes 4, 6, 7, 12, 20, 21 (deux fois), 28, 29, 32 (deux fois).

⏐⌐⅄⏐⏐⏐⚐⏐⟩, Lignes 10 (deux fois), 16, 17 (deux fois), 23, 32.

⌐⅄⏐⏐⏐⚐⏐⟩, Lignes 19 et 28.

⟶⌐⅄⏐⏐⏐⚐⏐⌐⅄⏐⏐⏐⚐⏐ᴜ, Lignes 23 (cette expression signifie : dans chaque temple).

⟶⅄⏐⏐⏐⚐⏐⅄⏐⏐⏐⚐⏐ᴜ, Lignes 23, 24 et 25.

⏐⅄⏐⏐⏐⚐⏐ᴜ, Ligne 29.

⟶⅄⏐⏐⏐⚐⏐ᴜᴜ⅄⏐⌐⅄⏐⏐⏐⚐⏐⟩⌐⟩⟩⟩⟩⟩, Ligne 30.

Nous avons donc pour le singulier les trois formes : ⅄⏐⏐⏐⚐⏐ᴜ, ⌐⅄⏐⏐⏐⚐⏐ᴜ, et ⏐⅄⏐⏐⏐⚐⏐ᴜ, qui diffèrent par le signe final. La première est évidemment la plus simple. La deuxième est munie de l'indice des mots étrangers ou des noms propres; tout à l'heure nous allons reconnaître pourquoi. La troisième comporte, par erreur de gravure, un ι final, qui fait faute d'orthographe. Pour le pluriel, nous trouvons les formes   ⏐⅄⏐⏐⏐⚐⏐⟩, ⌐⅄⏐⏐⏐⚐⏐⟩, et ⏐⌐⅄⏐⏐⏐⚐⏐⟩. La première et la troisième sont les pluriels réguliers des formes

⟋ʌⵊⵊ𝆑ⵑⵡ, et ⌈⟋ʌⵊⵊ𝆑ⵑⵡ; quant à la deuxième, qui se reproduit deux fois, elle offre encore une faute d'orthographe à reprocher au graveur, qui a oublié l'ɪ final du pluriel.

Ceci posé, tous les caractères du mot ⟋ʌⵊⵊ𝆑ⵑ nous sont déjà connus, à l'exception du deuxième; mais ce caractère est évidemment un ᴘ, car, dans le décret de Rosette, deux fois on trouve le nom d'Apis, écrit ⌈𝆑ⵑⵑ, ᴀᴘ., avec l'indice des noms propres divins écrits par abréviation (lignes 18 et 19). De cette observation, il résulte que le groupe qui représente l'idée temple, se transcrit ᴀᴘɪʜ, avec ou sans l'indice. Or, nous savons quel rôle joue dans les composés le radical isolé et final ⟋ʌ; il signifie demeure (ⲉⲉⲓ, ʜɪ). Le nom d'un temple, dans le dialecte vulgaire, signifiait donc à la lettre: demeure d'Apis, *Apieum*. Ceci rend compte, de la manière la plus naturelle, de la présence de l'indice ordinaire des abréviations; l'un des composants du nom ᴀᴘɪʜᴇɪ, est le nom propre ᴀᴘɪ, du dieu Apis, et le scribe égyptien aura conservé plusieurs fois l'indice inhérent à ce nom vénéré, tandis qu'il le supprimait plusieurs autres fois dans le même texte. Cette hypothèse me paraît seule capable d'expliquer la présence d'une orthographe double pour un mot aussi vulgaire que celui-là.

En copte, un temple se dit ⲣⲡⲉ, ⲉⲣⲡⲉ, ⲉⲓⲣⲡⲉ. ᴛ. ⲉⲣⲫⲉⲓ. ᴍ. ⲉⲁⲡⲏⲏⲓ, ʙ. au pluriel, ⲉⲣⲡⲏⲧⲉ, ⲣⲛⲏⲧⲉ, d'où est venu' le mot arabe بربة plu‑riel بربي, nom des monuments antiques en Égypte. Il se pourrait fort bien que toutes ces locutions, relativement modernes, ne fussent que des altérations du mot primitif ⲁⲛⲓⲏⲓ, qui, l'on en conviendra, se rapproche assez du bachmourique ⲉⲁⲡⲏⲏⲓ.

Quoi qu'il en soit, je regarde comme constant que la vraie signification du mot égyptien ⟋ʌⵊⵊ𝆑ⵑ est : demeure d'Apis, et cette explication, déjà proposée par le judicieux Ackerblad, ne me paraît pas sérieusement contestable.

Phrase 10 — 29.

⟋ — KMER — ⲕⲏⲙⲉⲣ — de l'Égypte.

━━━━◦◦◦◦━━━━

LIGNE 5.

━━━

Phrase 10 — 30.

⌈Ⱬ＿✛ ⲟ — PSMO — ⲡⲥⲟⲩⲟ.

Après la lacune due à la cassure de la pierre, le premier mot qui paraît à la ligne 5, est le mot que je viens de transcrire PSMO. Il s'agit d'abord de vérifier cette transcription matérielle. Le premier caractère du groupe peut être un P ou un R, suivant qu'il est l'article singulier, ou bien une lettre radicale. Le deuxième est l'articulation s, du nom d'Alexandre; le troisième se présente ici pour la première fois, et nous allons procéder à la recherche de sa valeur; le quatrième est un o.

Le manuscrit de Leyde nous offre le signe ⲍ , transcrit par un Mυ, et ce signe est évidemment celui que nous rencontrons ici. Il y a donc toute probabilité en faveur de cette transcription; et cette probabilité devient une certitude, si l'on considère que le même signe, dans l'écriture hiéroglyphique et dans l'écriture hiératique ⲍ , est précisément l'expression de la même articulation M; nous avons donc certainement à découvrir le sens du mot PSMO.

Remarquons maintenant que le texte grec correspondant à ce passage, porte πρὸς τὴν πανήγυριν τῆς παραλήψεως τῆς βασιλείας, et que l'étude du contexte égyptien autorise à croire que le groupe ⌈Ⱬ＿✛ ⲟ est ici l'équivalent de l'expression grecque τὴν πανήγυριν. Voyons d'abord si l'étude des autres parties du décret justifie l'hypothèse qui donne au mot égyptien PSMO, le sens de πανήγυρις.

Ligne 16, nous retrouvons les mots ..... ⟦𝖊𝗅⟧, qui sont la reproduction fidèle du membre de phrase que nous analysons actuellement, à cela près que le groupe en question est écrit ⟦⟧, PSOM, au lieu ⟦⟧, de PSMO. La portion du texte grec qui correspond à ce passage, se trouve au commencement de la ligne 45 (ὅπως συν)τελεσθῇ τὰ νομιζόμενα τῇ παραλήψει τῆς βασιλείας.

Ligne 19, nous trouvons ⟦⟧, pour célébrer des panégyries, pour célébrer des sacrifices. Le passage grec correspondant (ligne 32) dit : μετὰ θυσιῶν καὶ πανηγύρεων ; ici notre groupe signifie panégyries.

Ligne 24, on lit : ⟦⟧ ⟦⟧, on accomplira pour eux toutes les autres céré-monies qu'il est légal d'accomplir pour les autres dieux dans les pa-négyries solennelles des jours consacrés.

Le grec dit (ligne 40) : καὶ τ' ἄλλα τὰ νομιζόμενα συντελεῖν καθὰ καὶ τοῖς ἄλλοις θεοῖς ἐν (ταῖς ἐν Αἰγύπτῳ πα)νηγύρεσιν. C'est encore l'idée panégyries que représente le groupe démotique ⟦⟧.

Ligne 25, nous trouvons encore ⟦⟧, et dans les grandes fêtes, dans lesquelles on doit célébrer les dieux. Le grec dit : καὶ ἐν ταῖς μεγάλαις πανηγύρεσιν ἐν αἷς ἐξοδεῖαι τῶν ναῶν γίνονται, καὶ τὸν τοῦ θεοῦ ἐπιφανοῦς, κ.τ.λ. (ligne 42). Le groupe ⟦⟧, signifie encore les panégyries.

Ligne 28, on lit ⟦⟧ célébrer ces jours, 17, 30, une panégyrie, chaque mois, dans les temples de l'Égypte, en général. Le grec dit (ligne 17) : ἄγειν τὰς ἡμέρας ταύτας ἑορτ(ὴν, καὶ πανήγυριν, ἐν τοῖς κατὰ τὴν Αἴ)γυπτον ἱεροῖς, κατὰ μῆνα ; c'est toujours au mot panégyrie que correspond le groupe

Ligne 29, l'idée : dans toutes les autres panégyries, est rendue par ⟦⟧, et le grec dit, au point correspondant, καθὰ καὶ ἐν ταῖς ἄλλαις πανηγύρεσιν (ligne 48). Enfin, ligne 31, nous voyons les mots ⟦⟧, on célébrera les panégyries solennelles qui sont dans la coutume, chaque année. Ici, le texte

grec correspondant est tronqué, et il n'en reste que : συντελοῦ(σι....τα)ὶς
κατ' ἐνιαυτόν. Il n'est donc pas possible d'établir cette fois une équiva-
lence matérielle entre les mots   ⌐↤   et πανήγυρις (ligne 32 et 33).

Quoi qu'il en soit, de l'examen des différents passages que je viens
de rapporter, il résulte indubitablement que le groupe en question
signifie panégyrie, fête. Une seule fois il se présente écrit   ⌐↤ ;
dans tous les autres passages où il se retrouve, sa forme est constamment   ⌐↤ ; c'est donc là la véritable orthographe du mot, et
nous sommes en mesure d'affirmer qu'un Égyptien appelait une panégyrie som. Nous allons voir que cette dénomination était parfaitement légitime. Mais avant tout, récapitulons les variantes de ce
groupe, en ne tenant pas compte de la première, qui est évidemment erronée. Au singulier, nous avons   ⌐↤∪ , et sans l'article,
  ⌐↤ ; au pluriel   ⌐↤ϩ, et sans l'article ,   ⌐↤.

Ceci posé, cherchons ce que peut signifier le mot som (cou); nous
trouvons les mots coptes suivants : ϭⲟⲩ. т. м., *celebrare, laudare,
benedicere*, ϭⲟⲩ. т. м., *laus, benedictio, gratiarum actio*, qui, sans
aucune espèce de doute, sont identiques avec nos mots égyptiens.
Remarquons, en passant, que la forme ϭⲟⲩ, s'accorde beaucoup
mieux avec l'orthographe du premier groupe   ⌐↤ qu'avec celle
de toutes les autres variantes, et cependant il est assez difficile d'admettre que, sur neuf fois, le graveur ait écrit une seule fois le
mot correctement, en l'estropiant les huit autres.

La transcription et l'explication du groupe en question n'en sont
pas moins parfaitement certaines, et nous pouvons continuer notre
analyse.

Phrase 10 — 31.

↝ — n — n̄ — de.

Phrase 10 — 32.

ⲣ̌Ⲕ̄ⲟ — PKR — ⲡⲕⲉⲣ.

Trois lettres composent ce mot égyptien, qui doit correspondre
au mot grec παραλήψις : ce sont un P, article singulier masculin, un κ
et un R, ce qui nous donne le mot PKR, ou, abstraction faite de l'article, KR. Le mot ϭⲓ. M. signifie *accipere, capere, excipere*, et ⲛϭⲓ,
acceptio, d'où ⲉⲣⲛϭⲓ, *accipere*. Le même mot se présente sous la
forme ϫⲓ dans les dialectes thébains et baschmourique, qui rendent
ἡ λήψις, *acceptio*, par ⲛϫⲓ. Il est fort possible que ce même radical soit
caché sous la forme égyptienne KR ou KIR. En effet, le copte nous
présente fréquemment des exemples de la substitution du κ au ϭ,
précisément à cause de l'affinité du son. L'égyptien en offrait tout
autant, puisque le nom de Cléopâtre est écrit presque aussi souvent
par un ⌒ que par un ⲭ ; ⲕⲓ ou ϭⲓ sont donc un seul et même mot.
Quant à l'R final, nous avons eu déjà l'occasion de signaler l'habitude antique conservée par les Coptes eux-mêmes, d'ajouter paragogiquement un R final aux radicaux, et cela, sans en modifier en rien
le sens primitif. Il en résulte que ⲕⲓ, ϭⲓ, ⲕⲓⲣ, ϭⲓⲣ, peuvent très-bien
n'être qu'un seul et même mot ; mais ce fait possible devient très-
probable, dès que l'on veut bien remarquer que le mot παραλήψις du
grec, qui doit être représenté par le groupe ⲣ̌Ⲕ̄ , l'est effectivement dès qu'on lit celui-ci, KIR ou GIR. En résumé, il n'est guère
possible de se refuser à admettre l'explication que je propose, parce
qu'elle ne soulève aucune difficulté sérieuse, tout en satisfaisant entièrement aux conditions que doit remplir le mot cherché.

———

Phrase 10 — 33.

ⲍ̌ⲓⲣ̌Ⲉ̄ⲓⲍ̌ — NIꟼEO — ⲙⲓꟼⲉⲟⲟⲧ.

Ce groupe signifie nécessairement ce que signifie le τῆς βασιλείας

du texte grec, c'est-à-dire la suprême puissance qui appartient au
roi. Cela est facile à constater ; mais ce qui est à peu près impossible
à fixer, c'est la véritable lecture, et par suite la signification littérale
du mot. Commençons par examiner les différents passages dans lesquels il se rencontre, et de leur étude naîtra la ferme conviction
qu'il ne peut être traduit autrement que par autorité, puissance
suprême, et non par puissance royale, royauté.

Ligne 6, nous trouvons   *[caractères démotiques]* ,
et ceux sous son autorité de roi en général. La phrase grecque correspondante est (ligne 10) καὶ τοὺς ὑπὸ τὴν ἑαυτοῦ βασιλείαν τασσομένους
ἅπαντας. Il est clair que puisqu'on a cru devoir ajouter le mot *[démotique]*,
du roi, royal, comme complément du groupe *[démotique]*, son autorité,
celui-ci ne comporte en aucune façon l'idée de royauté.

Ligne 7, nous lisons *[caractères démotiques]*
[caractères démotiques], de son côté, il a accordé employer le
fouet de toutes ses forces à l'égard de ceux soumis à son autorité,
afin que tous les hommes reçussent la tranquillité. A cette phrase
correspond le passage grec (ligne 12), ταῖς τε ἑαυτοῦ δυνάμεσιν πεφιλαν-
θρώπηκε πάσαις, qui, on en conviendra, paraît singulièrement faible à
côté des expressions énergiques du texte égyptien. Les mots δυνάμεσιν πάσαις correspondent cette fois aux mots égyptiens *[démotique]*,
de ce qui est dans sa force ; il n'y a donc pas de parallèle à établir
entre le groupe *[démotique]* et le mot δυνάμεσιν.

Ligne 8, nous lisons *[caractères démotiques]*,
l'exigé à donner des hommes habitants de l'Égypte et de ceux sous
son autorité royale tous, etc. Ici encore, l'adjonction du mot *[démotique]*
au mot *[démotique]*, prouve que celui-ci n'a d'autre signification que :
autorité, domination. Quant au texte grec correspondant, il s'exprime ainsi (ligne 13) : τὰ τε βασιλικὰ ὀφειλήματα, ἃ προσώφειλον οἱ ἐν Αἰγύπτῳ
καὶ οἱ ἐν τῇ λοιπῇ βασιλείᾳ αὐτοῦ. C'est donc aux deux groupes réunis
[démotique], que correspond le mot βασιλεία.

Ligne 9 et 10, nous trouvons encore *[caractères démotiques]* (lacune)
[démotique], les hommes.... l'autorité des temples. Le grec dit : καὶ τοὺς ἐκ

τῶν ἱερῶν ἐθνῶν (lignes 16 et 17), et ce passage prouve nettement que le groupe en question ne signifie pas l'autorité royale.

A la ligne 16, se trouve le membre de phrase ⟨glyphes démotiques⟩, pour la panégyrie de la susception de l'autorité, de la manière que c'est à accomplir après son père. Le grec dit (ligne 28) : πρὸς τὸ συντελεσθῆ(ναι αὐτῷ τὰ) προσήκοντα νόμιμα τῇ παραλήψει τῆς βασιλείας. Cette fois encore βασιλεία est représenté par notre groupe, autorité, puissance.

A la ligne 20, se présente le groupe mutilé ⟨glyphe⟩, qui correspond au grec κράτος ; mais l'état de la pierre, en ce point, ne permet pas de tirer la moindre induction du texte égyptien qui s'y trouvait gravé.

A la ligne 21, nous lisons ⟨glyphes démotiques⟩, son autorité royale assurant sur sa tête? et à ses fils à toujours. Le grec porte (ligne 36) : τῆς βασιλείας διαμενούσης αὐτῷ καὶ τοῖς τέκνοις ἐς τὸν ἅπαντα χρόνον. Ici le mot βασιλεία est rigoureusement représenté par les deux groupes démotiques signifiant autorité royale.

A la ligne 26, nous trouvons encore les groupes ....⟨glyphes⟩, la susception de l'autorité, correspondant à παραλήψις τῆς βασιλείας. Mais, en cet endroit, la pierre est en fort mauvais état, et il n'est pas possible de lire intégralement la phrase égyptienne.

A la ligne 28 nous lisons ⟨glyphes démotiques⟩, de Mechyr, le 17, dans lequel il est à célébrer pour lui les institutions de la susception de l'autorité, et plus loin ⟨glyphes⟩, et la susception de l'autorité de la manière à accomplir. Le texte grec correspondant à ces deux passages, dit simplement (ligne 47) : ἐν ᾗ παρέλαβεν τὴν βασιλείαν παρὰ τοῦ πατρός, et rien de plus ; mais évidemment βασιλεία correspond encore ici à notre groupe autorité.

Ligne 30, nous lisons la phrase : ....⟨glyphes démotiques⟩, on écrira l'autorité du prêtre du dieu régnant, etc. Elle correspond au texte grec (lignes 51 et 52) : καὶ καταχωρίσαι εἰς πάντας τοὺς χρηματισμοὺς καὶ εἰς τοὺς α(.....) ἱερατείαν αὐτοῦ. Cette fois ἱερατεία est rendu par⟨glyphes⟩ ⟨glyphe⟩ , l'autorité du prêtre.

32

Nous voici arrivés au bout de l'énumération des passages démotiques contenant le groupe en question, et nous allons récapituler
les différentes formes que ce groupe affecte, formes dont il est indispensable de nous rendre compte.

Nous le trouvons écrit sans l'article pluriel ⟨ , ⟨ lignes
6, 7 et 8, avec l'article et l' | final ⟨, ligne 10 ; mais cette
fois et toutes les autres, à partir de ce passage du texte, le groupe
se termine par la syllabe ⟨ au lieu de la syllabe ⟨ , qui
paraît les trois premières fois ; sans article à la ligne 21, ⟨ ;
avec l'article, mais sans l' | final ⟨ , lignes 26, 28 (deux
fois) et 30.

De l'examen de ces différentes variantes, il résulte que nous
avons deux mots bien distincts à analyser, tous les deux écrits au
pluriel et offrant une partie commune ⟨ , terminés, le premier
par le mot ⟨ , le second par le mot ⟨ , signifiant enfin exactement la même chose.

J'avoue humblement que je ne me sens pas de force à opérer rigoureusement cette analyse, et que je me vois réduit cette fois à proposer des hypothèses auxquelles je ne prétends pas attacher plus
d'importance qu'elles n'en méritent.

D'abord les deux syllabes qui terminent indifféremment le groupe,
se lisant l'une EO, l'autre AR, on peut, je dirai même on doit voir
dans la première le mot ϵοοⲧ. т. в. ϵⲁⲧ. в. ⲱⲟⲧ. м., gloire ; dans la
deuxième, le mot hiéroglyphique ⟨ , AR., signifiant partout
grand, puissant, chef ; ceci ne me paraît pas trop douteux. Mais c'est
quand il s'agit de l'appréciation du groupe ⟨ , qu'il n'est plus
possible de rien affirmer, car pour en venir à bout, il faut avoir recours
à la décomposition du second signe, qui peut bien, il est vrai, être
une ligature, mais qui pourrait aussi n'être qu'un symbole dépouillé
de toute valeur alphabétique. S'il est permis d'y voir une ligature,
il est certain qu'il n'y a pas deux manières d'en effectuer la décomposition. Le caractère supérieur est un ⟨ т., le trait vertical est
un A, et enfin le signe inférieur ⟨ est encore un т. Nous aurions

ainsi un mot ⲁⲧⲁⲧ, ⲉⲧⲁⲧ, qui devient comparable au mot copte ⲧⲁⲁⲧⲉ, T. *splendere ;* ⲧⲁⲁⲧⲉ, *lux*, *splendor*. Quant au signe initial |, il pourrait être pris pour cet ⲁ copte paragogique, qui se place souvent en tête des radicaux sans en modifier la valeur.

Nous aurions de la sorte, en dernière analyse, les composés splendeur de gloire ou splendeur de puissance, pour peindre l'idée autorité, domination. Je me hâte de répéter que cette explication reste complétement hypothétique à mes propres yeux.

Il ne paraîtra sans doute pas hors de propos de rappeler ici la forme sous laquelle se présente le groupe hiéroglyphique qui, dans le texte sacré du décret de Rosette lui-même, est destiné à peindre la même idée de puissance, de domination, d'autorité suprême, que notre mot démotique ou .

Ce groupe nous est fourni par le passage suivant, qui fait partie de la ligne numérotée 11, par Salvolini (*Atlas de son analyse*, pl. nº II).

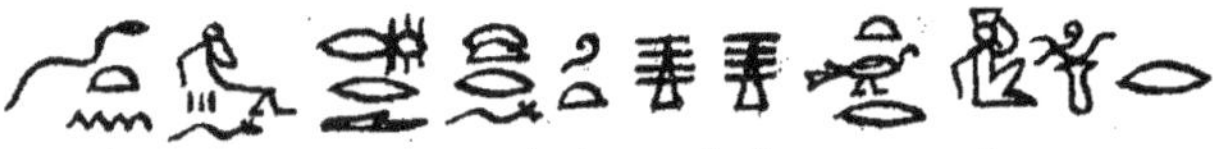

Salvolini (*Analyse*, p. 211 et suiv.) traduit cette phrase :

Afin que sa puissance suprême soit établie solidement sur lui, ainsi que sur la race de ses fils à toujours ; et il la transcrit ainsi en lettres coptes :

ⲣ ⲉⲟⲟⲩϥ ⲧⲉⲟⲉⲣ ⲧⲁϫⲣⲏⲟⲩⲧ ϩⲁⲣⲟϥ ϩⲟ ⲣⲟⲩ ⲙⲓⲥⲉⲩϥ ϫⲧⲏ.

Ce n'est pas ici le lieu de m'occuper de cette transcription, qui ne me paraît pas parfaitement rigoureuse, bien que la traduction du texte égyptien soit légitime. Ce que je veux seulement, c'est comparer à nos deux groupes démotiques et , le groupe hiéroglyphique qui en est l'équivalent, c'est-à-dire , abstraction faite du pronom possessif , ϥ, de la troisième personne masculin singulier. Salvolini, pour expliquer le sens certain de puissance suprême attribuable à ce groupe , a dû nécessairement en chercher les variantes ; or, ligne 9, groupe 35 du décret de Rosette, il l'a retrouvé avec le même sens, mais précédé cette fois du groupe

phonétique (99, pl. 44) 𝒞 ∫ , dont il devient le déterminatif et
qui se lit ⲉ ⲟ ⲟ ⲩ, exactement comme notre syllabe démotique finale
ⲥⲓ . D'autres textes, fort nombreux, lui ont fourni la variante
beaucoup plus complète Ⲩ ⲉ 𝒜 ∫, se lisant ⲉ ⲟ ⲟ ⲩ (100, pl. 44); et
de ce que les textes de tous les actes d'adoration hiéroglyphiques
commencent par le groupe ⲕ ⲉ ⲁ ∫ Δ, se lisant ⲧ ⲉ ⲟ ⲟ ⲩ, glorifier,
glorification, il en conclut, avec raison, que le groupe en question
doit avoir une origine identique avec le mot copte ⲉ ⲟ ⲟ ⲩ, signifiant
gloire. Remarquons que dans le cas où le groupe déterminatif se
présente isolé du groupe phonétique ⲉ ⲟ ⲟ ⲩ, il est accompagné (comme
dans le membre de phrase rapporté ci-dessus) du signe phonétique
le lituus, qui se prononce constamment ⲟⲩ, et qui, dans le cas dont
il s'agit, offre toujours le squelette du mot ⲉ ⲟ ⲟ ⲩ, ⲉ ⲁ ⲩ, ⲱ ⲟ ⲩ, dont,
en définitive, le signe Ⲩ reste encore alors le déterminatif.

Quant à ce symbole en lui-même, Salvolini (*Analyse*, p. 24) y
voyant des cornes placées sur un autel, mentionne des passages de
l'Écriture, où l'expression littérale corne est prise figurativement
pour la puissance, la force, la grandeur; idée d'ailleurs en relation
avec celle de glorification qu'implique l'image de l'autel. Tout ce
raisonnement peut être juste, sans aucun doute; mais comme je n'ai
en aucune façon le dessein de discuter ici les opinions de Salvolini
sur les symboles hiéroglyphiques, je dois me borner à constater que
le mot ⲉ ⲟ ⲟ ⲩ, gloire, existe aussi bien dans le mot sacré que dans le
mot vulgaire destiné à peindre la suprême puissance, l'autorité, la
domination; ajoutons enfin que souvent dans l'image démotique de
cette idée, le mot ⲥⲓ , ⲉ ⲟ ⲟ ⲩ, se trouve remplacé par le mot ⲟⲩⲓ ,
ⲁ ⲣ, ⲁ ⲡ., grandeur, qui se trouve rapproché du groupe Ⲩ , dans
la phrase hiéroglyphique citée plus haut, laquelle nous offre les
mots .... ⲣⲁ ⲓ Ⲩ .... , ⲉ ⲟ ⲟ ⲩ ⲣ ⲧ ⲁ ⲡ (1).

_____

(1) Salvolini (*Analyse*, p. 216) explique le second groupe de la manière suivante :
« ⲟ ⲉ ⲃ-ⲧ., ⲧ.ⲟ ⲉ ⲃ, la suprême (la puissance suprême). L'adjectif ⲟ ⲭ ⲃ, grand, élevé, etc., est ici
accompagné de l'article du genre féminin ⲧ ou ⲧ ⲉ, le copte ⲧ, auquel appartenait en égyp-

Cette comparaison des expressions hiéroglyphiques et démotiques de la puissance, nous prouve sans réplique, je crois, que le groupe final 𝟚𝐼𝐼 doit être lu ⲉⲟⲟⲩ et expliqué par notre mot gloire. Cette remarque nous servira souvent plus tard.

Phrase 10 — 32.

ⲣ — ʜ — ⲥⲉ — de la manière que.

Voyez phrase 1 — 5.

Phrase 10 — 33.

⟋ — ɴ — ⲛ̄ — à.

Phrase 10 — 34.

𝙨 — ⲧ — ⲧ — faire.

Phrase 10 — 35.

ⳃ𝟙⌈𝟚𝓅 — ᴍᴀᴛôᴀʀ — ⲛⲁⲧⲱⲁⲣ — pour le roi.

Phrase 10 — 36.

|(⟨ⵏ𝟚ⵏ⳽𝑉𝟚2) — (ᴘᴛʟᴏᴍɪᴏs)| — (Ⲡⲧⲁ̅ⲩⲓⲟⲥ)| — Ptolémée.

---

tien de même qu'en copte le substantif ⲉⲁⲟⲩ qui précède. » Cette assertion est malheureusement fausse : ⲉⲟⲟⲩ est du genre masculin. Le groupe qui se lit ᴛᴀʀ, n'est donc pas un adjectif féminin ᴛ-ⲟⲉʀ, se rapportant à ⲉⲟⲟⲩ. Du reste, je le répète, je ne me charge pas d'expliquer le texte hiéroglyphique; d'autres prendront ce soin : j'ai seulement voulu montrer que Salvolini, qui reproche si durement aux autres leurs fautes de copte, en pouvait commettre de fort lourdes.

Phrase 10 — 37.

— ÔDJTE — ⲱⲭⲉⲧⲉ — toujours vivant.

Phrase 10 — 38.

— ꝑ(ТАН)ʀꝑ — ϥ(ⲧⲁ϶)ⲣⲁϥ — chéri de Phtah.

Phrase 10 — 39.

— ꝑ(ТÈʀ) — ⲡ(ⲧⲏⲡ) — le dieu.

Phrase 10 — 40.

— нм — ϩⲉⲩⲓ — régnant.

Phrase 10 — 41.

— м — ū — dans.

Phrase 10 — 42.

— ETPE — ⲉⲧⲡⲉ — au-dessus.

Phrase 10 — 43.

— NKHʀDJʀT — ⲛϩⲣⲝⲡⲧ — par la munificence.

Phrase 10 — 44.

— NSA — ИCA.

Les lettres de ce groupe nous sont toutes connues maintenant, et nous pouvons, par conséquent, le lire immédiatement ИCA. Or, en copte, ИCA veut dire après, *post*, et le mot égyptien que nous trouvons ici est par conséquent l'équivalent du mot grec παρά.

Il serait inutile d'appuyer plus longtemps sur la convenance d'une transcription et d'une traduction qui sont parfaitement d'accord avec toutes les exigences du texte.

Phrase 10 — 45.

— NETOE — ЙЕТОТΘ — son père.

Phrase 10 — 46.

— ETAAF — ΘΤΛΛϥ.

Il n'y a aucune espèce de doute à élever sur la transcription matérielle du groupe; il se lit ETAAF, et la présence de la formative ET nous annonce tout d'abord que nous avons sous les yeux un participe dérivé du radical ΛΛϥ, dont il s'agit de déterminer le sens, en remarquant que ce mot doit nécessairement correspondre à l'expression grecque συναχθέντες, étant réunis, étant rassemblés. Si nous ouvrons le dictionnaire copte, nous ne trouvons que Λϥ, ΛΛϥ, ΛΒ. T. M., *musca, apis*, et au premier abord, on ne voit pas trop la liaison qui peut exister entre cette signification et celle que comporte nécessairement le mot , ETAAF. Heureusement, il est possible de découvrir la véritable origine de ce mot par l'analyse d'un autre mot copte, dont jusqu'ici les grammairiens ont été fort

embarrassés d'expliquer la formation; c'est le mot ⲁϥⲭⲓⲣ. M., avare,
que j'ai suffisamment étudié plus haut, en m'occupant (phrase 7⁻8)
du mot ‹ ⲟ⳽ⲩⲃ , KHRDJRT, munificence. Ce mot, ainsi que je l'ai
constaté, signifie littéralement : celui qui fait ses délices d'amasser,
d'accumuler, de rassembler, de même que KHERDJER signifie : celui
qui fait ses délices de répandre. Il faut donc nécessairement que le
premier radical ⲁϥ, du composé ⲁϥⲭⲓⲣ, ait eu le sens de ramasser,
réunir, rassembler, et très-probablement il a pris ce sens du mot
primitif ⲁⲁϥ, abeille, parce que l'abeille vit en essaim.

Ceci posé, ⲁⲁϥ signifiant se rassembler, se réunir, il est clair que
le mot ⲉⲧⲁⲁϥ, ⳥⟨⟨⟋ⲓⲓ , a tout naturellement le sens du participe rassemblé, réuni.

———

Phrase 10 — 47.

⸝ — N — N̄ — dans.

———

Phrase 10 — 48.

ⲅⲁⲭⲅ — OKH — OIⲕ?ⲈI.

Ce groupe se rencontre deux autres fois dans le texte démotique
du décret de Rosette, et le sens qu'il comporte alors est indubitable; il correspond au grec ἱερὸν.

Ici nous avons le droit de nous étonner de ce que le grec ἱερὸν est
rendu tantôt par le mot ⲁⲭⲓⲓⲓⳑⲓ , APIHEI, demeure d'Apis, tantôt
par le mot que nous allons étudier. Mais voyons d'abord quels sont
les autres passages dans lesquels ce mot se retrouve, puis nous
chercherons à nous rendre compte de l'emploi distinct de ces deux
expressions.

Ligne 26, nous lisons :

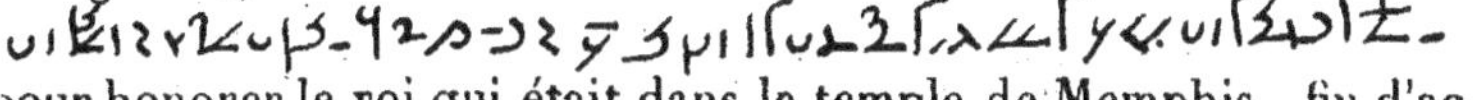

ⲟⲓⲕ⳽ⲓ⳽ⲫⳑⲩ⳽-⳥⳽ⲟⲇ⳽⳽⳽ⳑⲣⲓⲓⳑⲟⲭⳑ�885ⳑⲭⳑⲭⳑⳑⳑⲩⲓⳑⳑⲟⳑⲃⳑⳑⳑⲑ⳽⳽

pour honorer le roi qui était dans le temple de Memphis, ..fin d'ac-

complir pour lui les choses comprises dans la loi, pour faire la susception de la puissance. Le texte grec correspondant est tronqué, et
la phrase ne représente plus que les mots ἣν περιθέμενος εἰσῆλθεν εἰς τὸ
ἐν Μέμφ(ει ἱερὸν, ὅπως ἐν αὐτῷ συν)τελεσθῇ τὰ νομιζόμενα τῇ παραλήψει τῆς βασιλείας. La restitution précédente est indubitable ; le groupe en question est rendu certainement par ἱερὸν dans le premier passage ; dans
le second, la tournure de phrase εἰς τὸ ἐν Μέμφει appelle nécessairement comme complément le même mot ἱερὸν ; ⌐⟋⟍⌐ est donc l'é-
quivalent du grec ἱερόν.

Enfin, au commencement de la ligne 20, ce même groupe se
présente encore dans la phrase indicative des bienfaits par lesquels
Épiphane a relevé le culte d'Apis ; phrase qui, dans le texte grec, se
trouve resserrée dans les mots καὶ ἱερὰ, καὶ ναοὺς, καὶ βωμοὺς ἱδρύσατο.

Remarquons maintenant, quant à la forme matérielle du groupe,
que la première fois seulement il est écrit ⌐⟋⟍⌐ ; les deux autres
fois l'orthographe ⌐⟋⟍⌐, restant invariable, il est certain que
c'est cette dernière orthographe qui est la bonne. Ce groupe se lit
donc ОКНО, si l'on voit dans le signe final une lettre, ou ОКН seulement, si le signe final est pris pour l'indice d'abréviation que nous
avons retrouvé très-fréquemment à la suite du groupe ⌐⟋⼻⼻⟰ .
ayant aussi la signification de temple (1).

Ceci posé, si nous décomposons le mot ⌐⟋⟍⌐, comme nous avons
décomposé le mot ⌐⟋⼻⟰ , en isolant le groupe final ⌐⟋, de
l'ensemble de caractères qui le précède, et en attribuant encore au
mot ⟋⟍ le sens ᏃᎬᏆ, ᏁᏆ, demeure, que nous lui avons donné dans l'autre cas, il nous reste à découvrir le sens du groupe ⟍⌐, ôk. Le
lexique copte ne nous l'offre pas ; mais nous y trouvons les mots
ᏗᎬᏆᏦ. ᴛ. ᴀᏆᏦ. ᴍ., signifiant *dedicatio templi ;* ᏃᏆᎪᏆᏦ. ᴛ., ayant le même
sens ; d'où ᏃᏆ ᏌᏁᎪᏆᏦ. ᴍ., *dedicare ;* de sorte que ОІКНЕІ pour ᎪІКНЕІ,

---

(1) Nous avons cherché alors à expliquer la présence de se signe par la composition du
mot ⌐⟋⼻⟰, dans lequel entre le nom divin ⌐.⟰ . Mais nous n'avons pas dissimulé ce
que cette explication avait d'hypothétique.

33

devient la demeure dédiée, consacrée. Bien que cette version ne soit pas d'une vérité incontestable, je l'adopte franchement, et je ne me fais aucun scrupule de la proposer.

Revenons maintenant sur les raisons qui ont pu faire adopter l'emploi de ce mot ⌐ʌ⌐⌐, préférablement au mot ordinaire ⋗ⱶⱶⱶⰵⱶ, dans certains cas. Trois fois seulement nous trouvons le groupe ⌐ʌ⌐⌐, employé dans le décret de Rosette, et sur ces trois fois il y en a deux où il s'agit du ἱερὸν de Memphis, cité d'abord comme lieu de réunion des députations sacerdotales de toute l'Égypte, puis comme théâtre de l'une des cérémonies les plus importantes et les plus solennelles, du couronnement du roi. Quant au troisième passage où se rencontre le même mot (ligne 20), il est encore assez obscur pour que je ne puisse me permettre de tirer quelque conclusion de sa teneur. Ne serait-il pas possible de supposer que le mot ⋗ⱶⱶⱶⰵⱶ était le nom vulgaire générique de tous les temples proprement dits, tandis que ⌐ʌ⌐⌐ indiquait une enceinte consacrée, dans laquelle, comme à Memphis par exemple, pouvaient être placés un certain nombre de temples ⌐⋗ⱶⱶⰵⱶ ? Je n'insisterai pas sur ce point, et je laisse à de plus habiles le soin de l'éclaircir.

Je ne puis cependant me dispenser de transcrire ici la savante note 18 du précieux mémoire de M. Letronne, sur le texte grec du décret de Rosette, parce qu'elle me semble donner un très-solide appui à l'opinion que je viens d'émettre : « Il est singulier, dit « M. Letronne, que le temple où venaient se réunir les prêtres de « l'Égypte, ne soit pas désigné ici et plus bas (ligne 44) autrement « que d'une manière absolue ἐν τῷ ἐν Μέμφει ἱερῷ, comme qui dirait « dans le temple par excellence. On a toujours pensé, avec une « grande apparence de raison, que c'était le temple de Phtas, d'après « l'épithète du roi, chéri de Phtas. Mais alors il était d'autant plus « nécessaire de le désigner clairement, qu'à cette époque le temple « par excellence, à Memphis, devait être le *Serapieum*. Moins de « quarante ans après, sous Philométor, nous voyons ce Serapieum « désigné dans les papyrus par les mots analogues τὸ πρὸς (ou ἐν)

« Μέμφει ἱερὸν, ou Μέγα Σαραπιεῖον. C'était un vaste ensemble qui conte-
« nait, outre le Serapieum proprement dit, l'Apieum (Ἀπιεῖον) où Apis
« était adoré, l'Astartieum (Ἀσταρτιεῖον), dédié à la déesse phénicienne
« Astarté, l'Anubieum (Ἀνουβιεῖον), l'Aphrodisieum ou temple de
« Vénus, etc., ayant chacun leurs prêtres et leur culte particulier,
« mais soumis tous à une administration générale dans la main du
« gouvernement.

« D'une autre part, le temple d'Apis, ou Ἀπιεῖον, fut construit par
« Amasis dans l'enceinte du temple d'*Hephæstos* ou de *Phtas* (*Hé-*
« *rod.* II, 153), et comme le *Serapieum* contenait l'*Apieum* au
« temps des Ptolémées, la conséquence serait que le temple de Phtas
« s'y trouvait aussi renfermé. » Il semble donc que ce temple par
excellence doit être le Serapieum qui formait une espèce de Pan-
théon des dieux égyptiens et étrangers. Quoi qu'il en soit, le groupe
⌈ ⌉, se lisant ΟΙΚΗΕΙ, signifiait demeure dédiée, consacrée
aux dieux, et il désignait le temple de Memphis par excellence, c'est-
à-dire l'enceinte vénérée où s'accomplissaient les plus grandes so-
lennités de l'antique Égypte. _____

Phrase 10 — 49.

— CHDJROI — ϧαχροι.

Ce groupe nous représente sûrement le nom de Memphis, et c'est
ce que nous allons vérifier.

A la ligne 16, nous lisons : _____, il a exterminé ceux qui étaient à
Memphis, lorsqu'il vint pour la célébration de la susception de l'autorité suprême, de la manière à accomplir après son père.

La phrase grecque correspondante s'exprime ainsi : παραγενόμενος
εἰς Μέμφιν, ἐπαμυνῶν τῷ πατρὶ καὶ τῇ ἑαυτοῦ βασιλείᾳ, πάντας ἐκόλασεν καθηκόντως,
κατ' ὃν καιρὸν παρεγενήθη πρὸς τὸ συντελεσθῆ(ναι αὐτῷ τὰ) προσήκοντα νόμιμα τῇ
παραλήψει τῆς βασιλείας (lignes 27 et 28).

Ici il n'est pas question de l'enceinte sacrée de Memphis, mais bien

33.

de l'arrivée d'Épiphane dans cette ville, et le groupe ⟨signes⟩ se trouve isolé du groupe ⟨signes⟩ , qui l'accompagne dans les autres cas. A la ligne 26, se présente la phrase déjà citée :

⟨ligne de signes démotiques⟩

Lorsqu'il vint au temple de Memphis afin d'accomplir pour lui-même les cérémonies légales, pour célébrer la susception de la puissance suprême, de la manière qu'il faut les accomplir.

On voit que dans ce second passage, l'expression de l'idée temple de Memphis est identique avec celle à laquelle nous sommes actuellement arrêtés. Ce sont là les trois seules fois que le nom de Memphis se rencontre dans le décret. Voyons maintenant quelle est la lecture matérielle de ce groupe ; tous les signes nous en sont connus, sauf le premier ; c'est donc la valeur de celui-ci qu'il importe de déterminer.

A la ligne 14, nous lisons :

⟨ligne de signes démotiques⟩

Il a opposé des digues élevées aux canaux d'écoulement nécessaires pour faire arriver l'inondation à la ville. Ici les mots ⟨signes⟩ et ⟨signes⟩ signifiant inondants et inondation, peuvent être deux formes du radical copte ϣⲟⲣⲟ. T. M., *fluere, effundere, defluere*.

Plus loin, ligne 20, nous lisons : ....⟨signes⟩, Il a donné l'adjonction d'autels. Les deux mots offrant la lettre ⟨signe⟩, sont ϣⲱⲟⲩⲛϧⲉ, *conjunctio* (du copte ϣⲟⲩⲃ ou ϣⲟⲩϧ, avec un ϧ paragogique), et ϣⲉⲩ, pour le copte ϣⲏⲧⲉ, ϣⲏⲟⲧⲉ. T. ϣⲏⲟⲧⲓ. M., autel. Ce texte correspond à la phrase grecque καὶ ἱερὰ, καὶ ναοὺς, καὶ βωμοὺς ἱδρύσατο. Sans doute les mots que je viens de citer ne fournissent pas une démonstration absolue du fait que le signe   est un ϣ copte, mais ils nous donnent, du moins, de fortes présomptions en faveur de cette transcription. Remarquons enfin que le ϣ des Coptes est représenté certainement par les signes ⟨signe⟩ , ⟨signe⟩ , et ⟨signe⟩ , et qu'il y a incontestablement un grand air de famille entre ces signes et celui qui nous occupe, de telle sorte même que ⟨signe⟩ et ⟨signe⟩ sont un seul et même signe, diversement tourné. Aucune autre articulation, d'ailleurs, ne pouvant convenir aux groupes que j'ai cités tout à l'heure, il est, je crois, permis de regarder la valeur ꜧ du signe ⅃ comme extrêmement probable. Ceci posé, nous avons pour le nom de Memphis un groupe ꜧxpoι, que je ne me charge pas d'expliquer. Je me bornerai simplement aux quelques remarques suivantes :

1° Le nom égyptien de Lycopolis semble formé de la même manière, car il est écrit et se lit ꜧσοuл;

2° Le ꜧ s'ajoute intensivement en tête des radicaux ou bien il donne au radical le sens *solere*, avoir l'habitude de ;

3° xpoι pourrait être un mot en rapport avec le mot moderne xpo, victoire; de telle sorte que le nom de Memphis serait la victorieuse, comme qui dirait en arabe المنصورة, El Mansourah.

Malheureusement, le texte du décret nous ayant fourni le mot ⅃ ⅃ ᴜ , PIDJROK, la victoire, muni d'un ᴋ final, que le temps a fait disparaître de la prononciation, il me semble bien difficile que le mot d'orthographe toute différente ⅃ᴜ⅃, ait pu avoir la même signification. En définitive, je ne puis que répéter ici ce que j'ai dit tout à l'heure, que je ne me chargerais pas de fournir la véritable explication du nom égyptien démotique de Memphis.

Phrase 10 — 50.

⅃⅃ıı — ETTA — ⴄTTAⴄⴄ.

Il n'y a pas non plus de doute à conserver sur la signification de ce groupe qui veut dire : disant. C'est le participe du radical ⅃ et il est formé de la particule préformative ordinaire ⅃ıı , ET, qui est le pronom relatif *qui, quæ, quod*. Quant au radical ⅃ , il se rencontre très-fréquemment dans les contrats démotiques, et toujours il comporte le sens, dire, déclarer, que Young (*Dict.*, p. 60 et 67) a parfaitement reconnu.

Voyons d'abord les passages qui le contiennent dans le décret de

Rosette, puis nous examinerons le rôle qu'il joue dans quelques contrats.

La ligne 20 commence par les mots qui, dans le grec, ont pour équivalent le membre de phrase ἢ προσανομασθήσεται Πτολεμαίου (ligne 39).

A la ligne 30, on lit : ƎƖⵉꟾ ⵉꟾ, les prêtres habitants de tous les temples de l'Égypte, on les appellera prêtres du dieu régnant en haut par la munificence; et le texte grec correspondant s'exprime ainsi (lignes 50 et 51) : προσαγορεύεσθαι..... καὶ τοῦ θεοῦ Ἐπιφανοῦς εὐχαρίστου ἱερεῖς πρὸς τοῖς ἄλλοις ὀνόμασιν τῶν θεῶν, ὧν ἱερατεύουσι. Quant aux contrats démotiques, tous ceux dont le docteur Young a donné les protocoles (*Dict.*, pages 8 à 34), présentent, sans exception, après ces protocoles, la formule sacramentelle ꟾ , que partout le savant anglais rend avec toute raison par *it is declared*, il est dit, il est déclaré. Ces contrats ont été rédigés depuis le règne de Darius jusqu'à Césarion. Il n'y a donc rien de plus précis que la signification de ce groupe.

Enfin, les mêmes contrats démotiques nous présentent souvent à la place du grec τοῦ καὶ, ayant le sens évident de *surnommé*, les groupes suivants que Young a recueillis et rapportés, page 67 de son *Dictionnaire* ꟾ, (*Hieroglyphics*, 34, papyrus de Grey, A); ꟾ, (*Hierog.*, 51); ꟾ (*Hierog.*, 75); ꟾ, (*Hierog.*, 76).

La lecture de tous ces groupes est indubitable. Nous avons TEINF, et le mot du décret de Rosette se lit simplement ETT, si l'on fait abstraction de la petite barre horizontale qui surmonte la lettre ꟾ et dont le rôle ne m'est pas connu, quoique je suppose qu'elle soit un véritable point voyelle analogue aux motions de l'écriture arabe.

Quant à l'origine réelle de ce mot, elle peut se trouver soit dans les mots ⳁ. T. M. B., *dare*, *tradere traditione*, *docere*, TEI. T. B. THI. M., *dare*, TOI. M. TAAI. B., *dare*, d'où CTOI, *datum*, *concessum*, *licet*,

congruum est; soit de ᴛᴀᴛᴇ. ᴛ., *proferre, nominare, narrare, reci-*
tare; ᴛᴀoᴛo. ᴛ., *nominare, dicere, eñarrare, ostendere ;* ᴛᴀoᴛᴇ. ᴛ· ᴍ.,
producere, proferre, narrare, loqui, recitare ; ᴛᴀoᴛo, *asserere, de-*
signare; ᴛᴀᴛo, *nuncium, nunciatio.*

Les variantes 〢〢ᴖ semblent s'accorder avec le mot ᴛнι, ᴛᴇι, ✝ ;
le sens, au contraire, est plutôt celui du verbe ᴛᴀᴛᴇ. J'avoue que
je ne sais trop à laquelle de ces deux origines il faut donner la
préférence. Il n'en est pas moins certain que le mot se lit ᴛι ou ᴛᴇι,
au participe ᴇᴛᴛι ou ᴇᴛᴛᴇι, et qu'il signifie dire, déclarer, nommer.

De tout ce qui précède, il résulte que la dixième phrase du texte
démotique du décret de Rosette, se transcrit :

ᴅᴊᴇ ɴ нʀᴀ ᴇᴘɴ ᴘoᴜo : ɴᴛoᴜɴ ᴇ̀ʀ ɴιᴛι ᴇ̀ʀ ɴoᴜ.ᴀι ᴍ ᴍᴛ ʀᴍ oᴜ.ᴀ нι ᴛ
ᴘʀᴋô ? ɴ ɴᴛᴇ̀ʀoᴜ, ᴇ̀ʀ ɴsᴀ oᴄн ᴅᴊιoι, ᴇ̀ʀ ɴsᴀ ɴнᴇ ô̂ ɴнᴇ, ᴇ̀ʀ ɴᴋᴇι oᴜᴀ.ι
ᴇᴛᴘᴇᴛ ɴ ɴᴀᴘιнι ᴋᴍᴇʀ ᴘsᴍo ɴ ᴘᴋʀ ɴᴀᴛᴀᴛᴇo н ɴ ᴛ ᴍᴀᴛô̂ᴀʀ |(Pᴛʟoᴍιos)
ô̂ᴅᴊᴛᴇ, Fᴛᴀнʀғ, ᴘ(ᴛᴇ̀ʀ) нᴍ ᴍ ᴇᴛᴘᴇ ɴ ᴋнʀᴅᴊʀᴛ ɴsᴀ ɴ ᴇᴛoᴇ, ᴇᴛᴀᴀғ ɴ ọᴋн
ᴄнᴅᴊʀoι, ᴇᴛᴛᴇ.

Transcrivant de nouveau ce texte en lettres coptes, en y rétablissant les voyelles, les articles et les particules de flexion supprimées,
nous obtenons la phrase suivante :

ϫᴇ ɴ ϩoᴘᴀ ᴇᴘᴇɴ, ᴘoᴛo : ɴᴇᴛⲱoᴛɴ нᴘ ɴᴇιᴀᴛι нᴘ ɴoᴛᴀвι ⲙ ᴘιᴜᴛo ɴ̄
ɴᴇᴘвⲩoᴛᴀвϩнι ɴ̄ ✝ ɴᴘoᴘᴋoᴛ ɴ̄ ɴᴛнᴘoⲧ, нᴘ ɴᴄᴀι ⲱϫⲭᴀвιoι, нᴘ ɴᴄᴀι
ɴᴇϩι ⲱ ɴᴇϩι, нᴘ ɴᴇϭвι oⲧᴀвι ᴇᴛᴘнᴛ ɴ̄ ɴᴀᴘιϩᴇⲩ ɴ̄ ᴋнⲓᴇᴘ.... ᴘιсⲩoⲧ
ɴ ᴘιϭᴇᴘᴇ ɴ ɴᴇᴛᴀᴛᴇooⲧ ɴ ᴛϩᴇ ɴ̄ ✝ ɴ ⲙᴀᴛⲱᴀᴘ |(Пᴛoʟoⲙᴇιoс) ⲱϫᴇᴛᴇ,
Чᴛᴀϩᴘᴀϥ, ᴘᴛнᴘ ϩᴇⲩⲓ ɴ ᴇᴛᴘᴇ ɴ ϧᴇᴘϫιᴘᴛ ɴсᴀ ᴘᴇᴛoⲧᴇϥ, ᴇᴛᴀᴀϥ ɴ ᴘᴀιᴋϩнι
ɴ̄ ⲩᴀϫᴘoι, ᴇᴛᴛᴀᴛᴇ.

Laquelle se traduit ainsi :

Donc en ce jour, décret: les prêtres suprêmes et les voyants, et les
prêtres entrant dans les sanctuaires pour faire l'habillement des
dieux, et les scribes proclamateurs de gloire, et les scribes séparés
vivant dans la retraite, et les autres prêtres venus des temples de
l'Égypte pour la célébration de la prise de possession de la suprême
puissance, ainsi qu'elle est à accomplir pour le roi Ptolémée, tou-

jours vivant, chéri de Phtah, le dieu régnant en haut par sa munificence, après son père, réunis' dans l'enceinte sacrée de Chadjroi
(Memphis), disant.

Cette phrase est parfaitement d'accord avec le grec, sauf en deux
points : 1° elle mentionne implicitement par les mots $\mathcal{S}\text{-}\,\rho$, de
la manière que c'est à faire, un formulaire religieux, dont les pres-
criptions devaient être accomplies pour que le couronnement du
roi fût légalement célébré; puis le texte égyptien rend simplement
par les mots, après son père, $\mathcal{S}$, NSA ETOUE (ⲛⲥⲁ ⲡⲉⲧⲟⲧⲉϥ),
la tournure grecque ἣν παρέλαβεν παρὰ τοῦ πατρὸς αὐτοῦ.

Enfin, quant à la lacune qui existe au commencement de la cinquième ligne du texte démotique, comme elle correspond aux mots
grecs εἰς Μέμφιν τῷ βασιλεῖ πρὸς τὴν, x. τ. λ., il en résulte que forcément
le commencement de cette cinquième ligne devait contenir les mots
égyptiens :   , que nous retrouvons à la
ligne 16 dans la phrase où il est question (texte grec, lignes 27 et
28) de la venue du roi à Memphis pour la célébration de son couronnement. Je ne puis discuter ici, par anticipation, la valeur de
chacun des mots nouveaux de ce membre de phrase restituée; mais
j'espère, une fois arrivé à l'analyse de la ligne 16, démontrer d'une
manière satisfaisante la légitimité de la restitution que je propose
avec toute confiance. Je dois, toutefois, ajouter que l'intervalle laissé
en blanc par la brisure de la pierre, ne pouvait guère offrir autant
de lettres qu'il y en a dans les mots restitués; j'en conclus que le mot
 , subsistant un peu plus loin, n'était pas exprimé dans
le passage reconstruit, bien que le grec contienne les mots εἰς Μέμφιν;
abstraction faite de ce mot, il nous reste   ,
c'est-à-dire onze signes seulement. Or, la lacune de la ligne 3 en
contenait treize formant douze lettres; celle de la ligne 4 en contenait douze; donc, proportion gardée, la lacune de la ligne 5 en devait contenir onze, et c'est précisément le nombre que nous trouvons. La ligne 6 en contient également onze, formant dix lettres.

Transcription en lettres Coptes.

Texte restitué pour être comparé au Copte.

Ο	Ρ	ρεω	2	ρεωκ	ϩ	π̅ρ	Τ	υ
ειρεϥ	ΕΡ	ΚΗϢ	2ᵉ	ΚΗϢΕΡ — (π̅)	ϩε	π̅ρ	†	ū
ιcation faisant		l'Egy		issons l'Egypte (de)	la manière	à le mois faire pour		Traduction Littérale.

B.R

εκγονου — των τε ανω — (και των κατω Χωρων) — μεγας βασιλευς

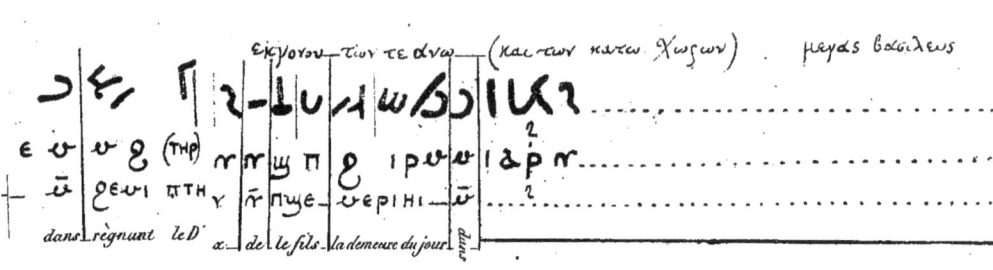

Ε	υ υ	ϩ (ΤΗΡ)	π̅	ϣ π ϩ	ιρωυιαρ̅π̅	....
ū	ϩεωι πτη	γ	π̅πϣε	ϣεριηι	ū	....
dans	régnant le D'	α	de le fils	la demeure du jour	deux	

του Αετου — ρων — θεων — και — ευεργετων — θεων — και αδελφων — θεων

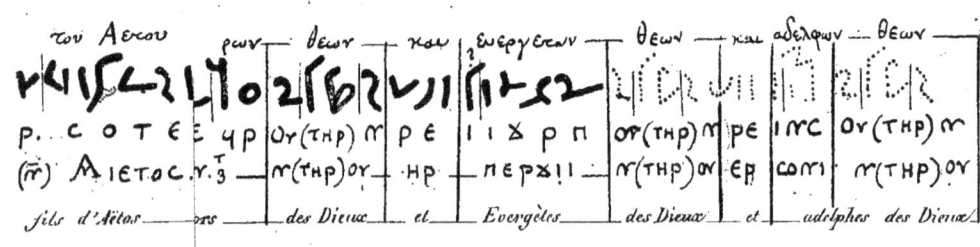

Ρ. ϹΟΤΕΕ	ϥρ	ΟΥ(ΤΗΡ)	π̅	ρε	ιιχρπ	ΟΥ(ΤΗΡ)	π̅ρε	ιΝϹ	ΟΥ(ΤΗΡ) π̅
(π̅) ΑιΕΤΟϹ.Υ.3	π̅(ΤΗΡ)ΟΥ	ΗΡ	πΕΡΧιι	π̅(ΤΗΡ)ΟΥ	ΕΡ	ϹΟΠ	π̅(ΤΗΡ)ΟΥ
fils d'Aëtos	ors	des Dieux	et	Evergètes	des Dieux	et	adelphes des Dieux

---

Προφηται — και — ens — φιλαδελφου — Αρσινοης — = φορ·

Τ	Ι	π̅	ρεερϩ.	π̅ϲ ϥρε	(ε ι c ρ A)	ϩϥ.ωΝ....
ΕΙΔΤΙ	ΕΡ	πε.ρ(αϥ).	εραϥϲοπ	(π̅)(Αρϲιποε)	....
les voyans	et	une	la Philadelphe	d'Arsinoé	

Transcription en écriture Coptes.